本书为第一批省级课程思政示范基层教学组织
"英语经典阅读教学团队"及浙江省教育科学规划重点课题
"经典作品长线阅读中学生'可能自我'的动态变化研究"
(编号：2023SB104)建设的阶段性成果

专业成才，精神成人

——新文科人才培养模式下的高校外语教学改革及课程思政研究

陈文娟　施　玲　杨仙菊　主　编

浙江工商大学出版社
ZHEJIANG GONGSHANG UNIVERSITY PRESS

·杭州·

图书在版编目(CIP)数据

专业成才,精神成人:新文科人才培养模式下的高校外语教学改革及课程思政研究 / 陈文娟,施玲,杨仙菊主编. —杭州:浙江工商大学出版社,2023.12

ISBN 978-7-5178-5336-7

Ⅰ.①专… Ⅱ.①陈… ②施… ③杨… Ⅲ.①英语—教学改革—研究—高等学校 Ⅳ.①H319.1

中国版本图书馆 CIP 数据核字(2022)第248509号

专业成才,精神成人

——新文科人才培养模式下的高校外语教学改革及课程思政研究

ZHUANYE CHENGCAI,JINGSHEN CHENGREN
——XIN WENKE RENCAI PEIYANG MOSHI XIA DE GAOXIAO WAIYU JIAOXUE GAIGE
JI KECHENG SIZHENG YANJIU

陈文娟　施　玲　杨仙菊　主　编

责任编辑	王　英
责任校对	韩新严
封面设计	张　瑜
责任印制	包建辉
出版发行	浙江工商大学出版社
	(杭州市教工路198号　邮政编码310012)
	(E-mail:zjgsupress@163.com)
	(网址:http://www.zjgsupress.com)
	电话:0571-88904980,88831806(传真)
排　　版	杭州朝曦图文设计有限公司
印　　刷	广东虎彩云印刷有限公司绍兴分公司
开　　本	710mm×1000mm　1/16
印　　张	17.5
字　　数	250千
版 印 次	2023年12月第1版　2023年12月第1次印刷
书　　号	ISBN 978-7-5178-5336-7
定　　价	70.00元

前　言

　　本书从选题策划到编辑出版,历时2年多。这是浙江工商大学杭州商学院外语学院教师集体智慧和实践的成果,彰显了我院外语学院紧扣时代脉搏,积极投身一流专业建设和课程思政实践,践行立德树人这一教育根本任务的精神。

　　在深入学习党的二十大精神、全国教育大会精神、教育部《高等学校课程思政建设指导纲要》,明确高校人才培养中把价值塑造、知识传授和能力培养融为一体,并将价值塑造置于首要位置这一宏大背景下,我院进行了外语课程思政研究与教学实践,成果汇集于此。

　　本书共收录理论研究9篇、案例研究17篇,汇集了学院近30位教师在高校外语课程思政教学改革中的亲身体验和反思感悟。

　　本书分为课程思政研究和课程思政案例两部分,后者包括英语专业课程思政、商务英语专业课程思政、大学英语课程思政及二外课程思政等内容。课程思政研究部分从宏观和微观的角度探讨了课程思政融于外语教学的相关问题,课程思政案例部分从课程思政育人理念与目标、课程思政元素与专业知识点的融合、教学设计与教学实施、教学成效与教学反思、教学特色与教学创新等5个方面展现了高校外语课程思政的具体实施方案和经验。

　　本书为第一批省级课程思政示范基层教学组织"英语经典阅读教学团队"及浙江省教育科学规划重点课题"经典作品长线阅读中学生'可能自我'的动态变化研究"(编号:2023SB104)建设的阶段性成果。本书得到外语学院专业硕士点建设经费的资助。

在本书付梓之际,我们向一直鼎力支持杭州商学院外语学院教学与科研发展的浙江工商大学出版社致以谢意,感谢责任编辑王英女士的专业精神和认真负责的态度。相信本书能够向外语界同仁展现外语学院课程思政的最新成果,促进外国语言文学学科的建设与发展。

由于时间和水平有限,文中不当之处,恳请广大专家、读者不吝批评指正。

编委会

浙江工商大学杭州商学院外语学院

2023年3月1日

目 录

课程思政研究

课程思政案例

—

课程思政研究

英语专业课程思政实施路径
——第一批省级课程思政示范基层教学组织"英语经典阅读教学团队"建设例析[*]

陈文娟[①]　黄秋林[②]

（浙江工商大学杭州商学院）

摘　要：全面推进课程思政建设是落实立德树人根本任务的战略举措，然而，令人遗憾的是，有些专业课教师对"课程思政"中"思政"的理解较为狭义化，出现了课程与思政"两张皮"现象。本文依据经典阅读的人文教育理念，基于《普通高等学校本科外国语言文学类专业教学指南　上　英语类专业教学指南》提供的经典阅读书目，以第一批省级课程思政示范基层教学组织浙江工商大学杭州商学院"英语经典阅读教学团队"建设为例，通过英语专业开展的基于价值塑造的"英语经典阅读四年不断线"长线工程，将知识传授、能力培养和价值塑造进行有机的结合，寻求人文教育课程思政与专业课学习的最优融合模式，探讨英语专业"专业成才　精神成人"人文教育理念的实施路径。

关键词：英语教育；人文教育；课程思政；英语经典阅读

---

[*]　本文为第一批省级课程思政示范基层教学组织"英语经典阅读教学团队"（负责人：陈文娟）及2022年浙江省一流本科课程"英语专业导论"（负责人：黄秋林）建设的阶段性成果。
[①]　陈文娟，浙江工商大学杭州商学院外语学院院长，教授，硕士，研究方向为英美文学。
[②]　黄秋林，浙江工商大学杭州商学院外语学院讲师，硕士，研究方向为二语习得。

一、引言

自 2020 年 5 月教育部印发《高等学校课程思政建设指导纲要》以来,思政已经全面纳入我国高等院校课程体系,全面推进课程思政建设是落实立德树人根本任务的战略举措。在外语教育界,许多学者已经指出英文经典阅读是众多国内外高校实施通识教育、提升综合素养、培养"全人"/"完人"的重要途径(尹晶,2021;刘岩,2020;徐贲,2015;阮炜、殷企平,2020)。

教育部于 2020 年 4 月出版的《普通高等学校本科外国语言文学类专业教学指南 上 英语类专业教学指南》(以下简称《指南》)[①]专门提供了英文经典阅读书目供高校英语专业学生参考。为更好地践行课程思政建设的理念,提高学生的综合人文素养,培养学生正确的世界观、人生观、价值观,国内高校纷纷将英文经典阅读以各种形式纳入英语专业课程大纲。那么,为何要读经典? 如何去读经典? 如何将经典阅读融入英语专业教育? 英文经典阅读究竟在哪些方面影响着学习者的精神世界,又是怎样影响的呢? 本文从经典阅读的人文教育理念入手,通过分析外语教育的本质特征,阐述经典阅读对外语人才培养的意义,探索经典阅读与外语专业课程思政融合的实施途径来回答上述问题。

二、基于经典阅读的人文教育

基于经典阅读的人文教育,也叫通识教育或通才教育,在英语国家又称自由教育或博雅教育(liberal education),通过对人类千百年积累下来的精神成果的吸纳和认同,培养学生独立的人格意志、丰富的想象力和创造性、高尚的趣味和情操、健全的价值取向、良好的修养,是一种培养学生对个人、家庭、国家负有责任感的教育理念。

[①] 本书中出现的"《指南》",如无特殊说明,均为《普通高等学校本科外国语言文学类专业教学指南 上 英语类专业教学指南》。

在西方,阅读经典文学作品历来是大学教育的传统。19世纪英国人J. H. 纽曼写过一部讨论通识教育的经典著作——《大学的理念》。纽曼认为,大学的核心是人文教育,其真正使命是"培养良好的社会公民"并促使社会和谐发展(纽曼,2012)。1929年,芝加哥大学校长哈钦斯提出以经典阅读为中心的现代大学通识教育思想,使芝加哥大学后来被公认为大学本科通识教育的典范。美国现代大学通识教育的基本内容是让学生在进入专业研究以前,不分系、科、专业,全都首先研读"西方经典"或所谓的"伟大著作"(great books)。因此,以西方经典阅读为中心的教学方式是美国高校通识教育的灵魂和核心。

在国内,孔子是中国教育史上第一个提出使受教育的人在仁、德、智、勇、善、美、才等方面全面发展的先师。对于文学经典阅读的作用,孔子有着明晰的表述,他认为:"小子何莫学夫《诗》?《诗》,可以兴,可以观,可以群,可以怨;迩之事父,远之事君;多识于鸟、兽、草、木之名。"孔子所推行的实质上就是人文素质教育,尽管他没有提出这个概念。民国时期,北京大学校长蔡元培先生和清华大学校长梅贻琦先生的大学教育理念也是"人格之培养"。

最早提出外语专业人文教育理念的是吴宓先生。1926年,吴宓在代理清华大学外文系系主任时,负责拟定办系方针和课程计划。他参考了美国哈佛大学比较文学系的培养方案和课程设置,针对我国的具体情况和需要,提出了以培养"博雅之士"为目标的教育模式。其办系总则是使学生成为"博雅之士","了解西洋文明之精神","熟读西方文学之名著,谙悉西方思想之潮流","创造今世之中国文学","汇通东西之精神思想,而互为介绍传布"(傅宏星,2008)。由此可见,外文系在最初的课程设置阶段就定下了"博雅"与"专精"二原则。吴宓先生提出的办外语专业的思想与西方的博雅教育相接,但旨在"汇通中西",培养中国文化建设的人才。为达到这个目标,他亲自为学生列出中外文学名著阅读书目,并在教学中践行。早期清华大学外文系能培养出钱锺书等一批学贯中西的大学者正是这种教育思想的体现。

2018年,教育部发布了《普通高等学校本科专业类教学质量国家标准》，其中明确提出，"外语类专业旨在培养具有良好的综合素质、扎实的外语基本功和专业知识与能力，掌握相关专业知识，适应我国对外交流、国家与地方经济社会发展、各类涉外行业、外语教育与学术研究需要"的各类外语人才（教育部高等学校教学指导委员会，2018）。为落实这一高规格育人目标，《指南》专门研制了一份面向外语类本科专业学生的经典阅读书目，该书目以文学为主，兼顾哲学、历史等其他领域，以帮助学生获取文化知识，提升综合素养，以达成全人教育之目标。

三、经典阅读对外语人才培养的意义

（一）经典阅读现状概述

中国历来崇尚阅读，一般来说，文学经典作为高校学生阅读的主要内容是理所当然的事情。然而，现实情况却并非如此，随着社会生活节奏的加快，我们的阅读时间缩减了，阅读的兴趣降低了，阅读的共鸣消失了。自20世纪90年代以来，国民阅读量持续下降，随着快餐文化在全世界的大规模流行，人们阅读的品质不断走低，文学经典在高校学生中遭受冷遇早已是不争的事实。有人统计，高校学生尤其是非中文类学生对文学经典的陌生程度令人吃惊，甚至有学生说不全3—5部文学经典的产生年代、作者和主要内容，而专注于阅读尤其是专注于经典阅读被认为是不合时宜的。

英语教育的重要本质特征是它的人文性（胡文仲、孙有中，2006；蒋洪新，2014；查明建，2017；金利民，2010；阮炜、殷企平，2020；刘伟，1995；邓颖玲，2013）。但由于市场经济的冲击，我国高校英语专业培养目标转型所带来的淡化人文教育的倾向已成为外语院校发展的致命伤。在相当长的一段时间里，过于强调语言技能训练而忽视学生人文素质发展的课程设置和教学模式导致外语专业学生人文基础薄弱、文化知识欠缺和思辨能力低下。

近些年来，虽然有不少专家呼吁恢复英语专业人文学科本位，加强人文教育，但他们的建议多为指导性意见。如何在有限的课时内，既保证外语技能训练的质量又加强人文教育之根本，仍然是英语专业面临的实际问题。因此，基于经典阅读的外语教学模式的构建研究大有可为。

（二）经典阅读对外语人才的培养

何为"经典"？梭罗称之为"人类思想最崇高的记录"。通俗地讲，"经典"就是经久不衰、具有典范性或权威性、经过历史选择且最有价值的书。我们今天所谓的"经典"一般是指古今中外各个知识领域中那些具有典范性与权威性、最有价值、最有意义的著作。布鲁姆（2005）曾言：经典是真正的记忆艺术，是文化思考的真正基础。曾任哈佛大学校长的洛威尔认为："它（经典）对于现代人就和对最初的读者一样具有魅力，因为它所打动的不是特定时代的人，而是整个人性本身。人生短暂，但人类的真实灵魂用其永恒手指所触摸到的每一页，无论发生在多么古远的时代，都像我们前人当年所看到的那样新鲜而美好。"（转引自白璧德，2004）经典是历经时间淘洗后，淬炼出的思想精粹和结晶，它是沟通古人和今人、今人和未来人的心灵桥梁。

"外语专业隶属人文学科，外语教育的本质是人文教育，重视心智训练和情感陶冶的价值。外语技能是该专业的基本功，其最终目的是通过外语理解它所承载的文学、历史、社会、政治、文化和精神。"（金利民，2010）而外语专业学生人文教育必须强调以经典文学作品阅读为主要内容和手段，因为经典文学能提升人文素养和审美价值，培养学习者的思维能力、想象能力及创造能力，同时又是掌握该语言技能的重要途径。

首先，文学能够塑造一个人，使他成为一个美好的人。文学作品中的美感，不仅能愉悦我们，而且能在无形中影响我们对人生的基本态度，甚至塑造我们的人格，树立我们的世界观、人生观、价值观。如陶渊明不为五斗米折腰的独立人格精神历来受到人们的赞赏，这也使他成为中国历史上影响极大的诗人之一。而且，文学和艺术的美在于超越了眼前的直观现实，使人的眼界和胸襟更为开阔，心思更为细腻、敏捷，情感和想象力更为丰富，因此文学和艺术就是培养这些特点的最好途径。爱尔兰诗人叶芝曾经说过："文学在我心中是世界上重要的教育力量，是所有价值的最高创造者,这种力量不仅通过人们所公认的圣书来展现,而且通过富有强度和力量的真诚的歌、故事和戏剧里的每一处想象来展示。"(转引自蒋洪新,2012)苏联作家高尔基认为文学是人学,"文学的目的就是帮助人了解自己,就是提高人的信心,激发他追求真理的要求,就是和人们中间的卑俗作斗争,并在人们中间找到好的东西,就是在人们的灵魂中唤起羞耻、愤怒和英勇,并想尽办法使人变得高尚有力,使他们能够以神圣的、美的精神鼓舞自己的生活"(转引自高闰青,2012)。

其次,掌握任何一种语言,最好的途径就是去读那种语言的文学作品。"因为任何一种语言最微妙、最精彩的部分,也是最困难的部分,都在那种语言的文学作品里。"(张隆溪,2007)要学好英文,必须培养英语语感,了解这个语言的节奏。这样,才能欣赏语言的美,知道词语怎么搭配,怎样使前后语气连贯。这些不是靠简单的语法书就能够学到的,只有通过多读公认的经典文学作品,才能体会这种语言的精妙之处。

四、以经典阅读长线工程为抓手的英语专业课程思政团队建设

课程思政是新时代背景下的一种创新的教育理念,与传统人文教育的育人理念目标一致,对外语专业人才培养意义重大。最近几年,我国外语界在外语课程思政内涵、外语教材、教学设计、教学评价、教师发展等各个领域进行了探讨,但是针对如何在课程设置上自然融入人文教育、思政元素尚缺乏研究和探索。很多教师将思政教育和外语教学看作"两张皮",而这很难真正达到人文教育课程思政的目的和效果。

人文学科英语专业学生不仅要操练好外语的"五会"技能,还必须具有广博的专业知识和人文知识,具有融汇中西、跨越中外人文视野的思辨能力。英语教育的目的应该是学生通过英语来学习文化、认识世界、培养心智,为终身发展打下基础。本着这个理念,浙江工商大学杭州商学院外语学院在第一批省级课程思政示范基层教学组织"英语经典阅读教学团队"的建设与实践中,以立德树人的教育理念为指导,将本科四年的英语

教育看作一个系统工程,从建设目标、建设机制、课程群建设及实施途径等方面对构建新的英语人才培养模式进行了探索和实践。

(一)建设目标

2021年7月,浙江工商大学杭州商学院外语学院第一批省级课程思政示范基层教学组织"英语经典阅读教学团队"项目立项。该团队遵循"立德树人"的教育理念,按照"人文教育、英语学科特点与教师教育相融合,价值塑造、知识传授和能力培养为一体"的人才培养思路,探索创新课程思政教学方法与途径。团队根据《指南》提供的经典书目,在英语专业学生中开展"经典阅读四年不断线"长线工程。首先,将《指南》推荐的65部经典作品,从词频、句长、语法、篇幅、体裁等多个维度,做了可读性分析;其次,结合实际学情,按难易程度分为7个级别,分别对应第1至第7学期,确定了涵盖大一到大四的阶梯书目;最后,提炼出经典名著中蕴含的爱国情怀、社会责任、文化自信、人文精神等价值范式,实现知识传授与价值引导的有机统一。通过经典阅读长线工程,培养学生的英语应用能力,增强其跨文化交际意识和交际能力;同时发展学生的自主学习能力,提高其文化素养,培养其人文精神和思辨能力,将学生的价值观塑造有机融入知识传授和能力培养之中。

(二)建设机制

我们参考和借鉴文秋芳教授(2021)关于外语课程思政实施的"纵向和横向双维度"理论框架(见图1),结合经典阅读工程融入专业课程的教学实际,完善"经典阅读四年不断线"长线工程的机制建设。纵向维度可细分为思政范围、主要任务和关键策略。思政范围说明"以经典阅读为主要抓手"的外语课程思政的大致活动空间,包含外语教学内容、教学环境治理、外语学习评价和师生交往4个主要空间。它们形成一个内嵌经典阅读、相互关联依存、全方位、有特色的思政教育体系。主要任务侧重说明团队教师在推进"经典阅读四年不断线"长线工程中应履行的主要职责,包括挖掘育人元素、精心设计教案,建立规章制度、发挥骨干作用,构建新评价体系和完善自我修养。关键策略列出了实施"经典阅读融入专业课程教学"的4类方法：潜移默化、润物无声，依规管理、适时表扬与批评，显性化评价过程中的思政元素，言传身教、严慈相济。

横向维度可细分为4条思政链，简称内容链、管理链、评价链、教师言行链。每条链都由3部分组成，即范围、任务、策略。内容链要求团队教师从课程内容和经典阅读双资源入手，充分挖掘育人元素，精心设计教案，通过经典阅读的自然融入，潜移默化、润物无声地切入课程思政，培养学生美好的阅读品位，促使个体心灵向经典文化的开放。管理链要求团队教师从教学管理和项目推进入手，建立严格的规章制度，发挥班级骨干作用，通过依规管理和适时表扬与批评的策略，在为学生提供经典阅读支架性帮助的同时，努力创设良好的、可持续发展的教学生态环境。评价链要求团队教师构建多元评价体系，使思政功能显性化，通过读书报告评比、经典舞台剧大赛等，丰富评价方法，激发学生的阅读积极性，从而加强评价过程，以达到多维度、全过程育人，所谓评价即教学。教师言行链要求教师在实施"经典阅读四年不断线"长线工程中，也开启经典阅读之旅，不断提升自我，通过言传身教、严慈相济的策略，做学生经典阅读路上的领路人、知识的传授者、心灵的开启者。

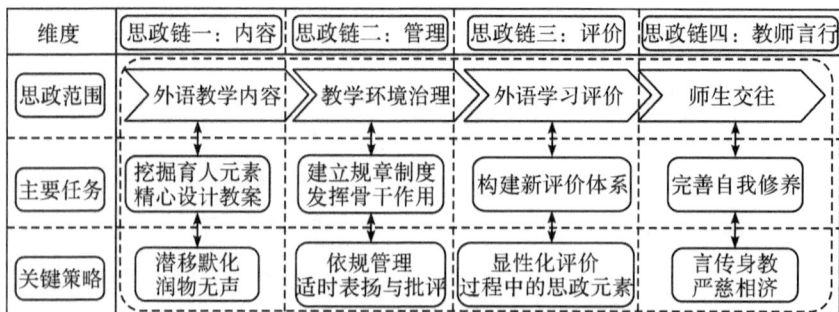

维度	思政链一：内容	思政链二：管理	思政链三：评价	思政链四：教师言行
思政范围	外语教学内容	教学环境治理	外语学习评价	师生交往
主要任务	挖掘育人元素 精心设计教案	建立规章制度 发挥骨干作用	构建新评价体系	完善自我修养
关键策略	潜移默化 润物无声	依规管理 适时表扬与批评	显性化评价 过程中的思政元素	言传身教 严慈相济

图1　外语课程思政的实施框架（引自文秋芳，2021：48）

（三）课程群建设

我们开展的"经典阅读四年不断线"长线工程要求各课程组分别根据

课程性质和特征,选取相应的作品,将品读经典作品的过程有机融入专业核心课程教学,即大一的"综合英语""英语阅读"课程,大二的"综合英语""英语写作"课程,大三的"高级英语""英美文学""英美戏剧"课程,以及大四的"学术英语写作""毕业论文写作",有序组织学生在课堂内外进行学习,并以丰富多彩的形式展示学习成果。具体如下。

"综合英语"课程组结合课本文章的内容和主题,在学生中推广共读《指南》推荐的部分阅读书目,从中挖掘中国哲学思想和传统文化的新时代价值,从本土视角探索解决现实问题的方法,增强文化自信。

"英语阅读""英美文学"课程组通过将低年级的阅读课与高年级的文学课接力捆绑,整合建构主义学习理论和接受理论思想,在以教师为主导的阅读和文学课程之外引入以学生为主导的经典阅读,促使学生在自主阅读中建构意义、发生兴趣、形成价值评判与思考,直至学术评论的写作。通过质量与评估联动("自主阅读—阶段性测评—读书报告写作—考核"相结合)、课内与课外联动("课内小组分享与课外专题沙龙"相结合)、线下与线上联动("线下学生阅读—线上分享/教学平台—教师指导"相结合)等措施,保障学生投入,促进思想产出和深层次交流,突破思想交流空间壁垒。

"英语写作"课程组遵循"两性一课"的金课标准和"以读促写、产出导向"的教学理念,将"英文经典阅读"融入课程教学,以"英文讲述中国"为产出任务,对描写、记叙、议论三大类体裁作文进行系统化教学,强化语言应用能力,提升学生用英文宣传中国国家形象的能力,同时利用文学作品中的句段描写提升学生的语言水平,通过深入分析名家的写作手法提升学生的谋篇布局技能。

"高级英语"课程组将经典阅读延伸到第二课堂,组织学生在寒暑假进行"按主题读作品"的自主学习,以提升学生的跨文化思辨能力和文学欣赏水平。

"英美戏剧"课程组将经典阅读和课程作业深入融合,将学生的结课作业设置为选取文学作品中的经典片段进行英文舞台剧表演,实现阅读、改编、演绎的立体化教学。

这样，四年的英语教育就会形成一个系统工程。从大一、大二的基础课程开始，重视学生文学感悟力的开发和培养，通过分析各种语境中语言的选择和使用，加强学生对语言风格和变体的敏感度；通过分析作品体裁，帮助学生建立英语文学语篇图式及其构架过程对表达某一主题的作用；通过批判性阅读，启发学生深入阐释语篇。教师的任务是帮助学生包容文化差异、理解人物行为和作者观点背后的价值观，使学生通过作品本身与作者进行审美互动。同时，学生通过分析作品、讨论交流、阐述观点等活动，可以使语言技能得到真实而有意义的运用。阅读文学作品不仅仅是了解情节信息，还需要读者全身心投入。

（四）实施途径

我们的课程群思政教学途径可概括为"12字"方针：数字赋能、目标落地、产出导向。首先，我们积极开发数字资源，如电子书、有声书、在线测试、论坛等，引导学生欣赏文学作品，培养其阅读习惯和审美情趣。其次，将《指南》推荐的65部经典作品按难度分成7级，明确各学期阅读目标。最后，创设多种场景任务，如读书报告、微电影、课堂演示、经典舞台剧等，引导学生加工真实语言信息，思考社会现象，进行价值判断，实现"学习中心""学用一体"。

五、结语

在这个碎片化阅读时代，很少有人去读大部头的书。读书到底有什么意义？杨绛先生留给后人的答案是："读书的意义大概就是，用生活所感去读书，用读书所得去生活吧。"阅读首先应带给人愉悦，但其最终目的应是带给人深思，深思才是阅读的意义所在。面对风云变幻的国际形势，我们必须培养学生的批判性思维和独立主体性，使其能够辨是非、明事理，从而真正在教学中融合"智育"与"德育"。胡文仲、孙有中认为，英语专业应该在教学中特别强调对学生的原著阅读和批判能力的培养（2006）。虞建华指出："我们的着眼点就不能仅仅是语言能力，而应该超越应用,让学生获得包括文化视野、健全人格以及想象能力、创造能力……感受能力在内的并不属于某一项专门技艺,但比实用技能更重要的抽象的东西。这个抽象的东西我们今天称之为综合素质。而学习外国文学是提高人的整体素质有效而重要的一环。"(2010)提倡阅读经典,是一个已经被无数事实证明了的、行之有效的提升大学生文化素质的途径。英语专业的人文学科归属"必然要求在课程设置和教学大纲中把握人文教育的理念,并围绕经典阅读展开,只有在大量阅读经典和阐释经典的过程中,学生才能提升'跨文化包容性和批判性意识',了解并理解不同文化的差异性"(刘岩,2020)。经典阅读对人的意识层面的渗透力和影响力深刻而持久,其对读者心智、人格潜移默化的熏陶和印记难以磨灭,对国家、民族的发展和文化的传承意义重大。

笔者所在学院的经典阅读长线工程,以阅读经典原著与低年级阅读课捆绑、高年级文学课接轨为改革突破口,组建高水平的教学团队并形成合力,这不仅有利于英语专业学生专业水平和人文素质的提高,而且能逐步实现团队教师的教学观念的转变,同时能激发教与学双方的主动性、创造性,为高校英语专业课程思政和课程改革做了有益的尝试。

参考文献

白璧德,2004. 文学与美国的大学[M]. 张沛,张源,译. 北京:北京大学出版社.

布鲁姆,2005. 西方正典[M]. 江宁康,译. 南京:译林出版社.

查明建,2017. 英语专业的人文学科属性与人文课程的意义:以《国标》人文课程为中心[J]. 外国语言与文化,1(1):18-26

邓颖玲,2013. 注重英语专业的人文性:国家级教学团队"读议写"模块课程建设例析[J]. 外语教学与研究,45(3):436-441.

傅宏星,2008. 吴宓评传[M]. 武汉:华中师范大学出版社.

高尔基,1981. 高尔基文集(第2卷)[M]. 北京:人民文学出版社.

高闰青,2012. 积极倡导文学的教育价值[N]. 光明日报,07-31(14).

胡文仲，孙有中，2006. 突出学科特点，加强人文教育：试论当前英语专业教学改革[J]. 外语教学与研究，38(5)：243-247.

蒋洪新，2012. 英美诗歌选读[M]. 长沙：湖南师范大学出版社.

蒋洪新，2014. 关于《英语专业本科教学质量国家标准》制定的几点思考[J]. 外语教学与研究(外国语文双月刊)，46(3)：456-462.

教育部，2020. 高等学校课程思政建设指导纲要[EB/OL].（2020-05-28）[2023-08-24].https://www.gov.cn/zhengce/zhengceku/2020-06/06/content_5517606.htm.

教育部高等学校教学指导委员会，2018. 普通高等学校本科专业类教学质量国家标准[M]. 北京：高等教育出版社.

教育部高等学校外国语言文学类专业教学指导委员会英语专业教学指导分委员会，2020. 普通高等学校本科外国语言文学类专业教学指南 上 英语类专业教学指南[M]. 北京：外语教学与研究出版社.

金利民，2010. 注重人文内涵的英语专业课程体系改革[J]. 外语教学与研究，42(3)：176-183,240.

刘伟，1995. 关于外语院校培养目标转型的几点思考[J]. 外语教学(4)：18-23.

刘岩，2020. 经典阅读与大学英语专业人文教育[J]. 山东外语教学，41(5)：55-60.

栾锦秀，2011. 咬文嚼字读《论语》[M]. 北京：中国青年出版社.

纽曼，2012. 大学的理念[M]. 北京：中国人民大学出版社.

阮炜，殷企平，2020. "英语专业与人文教育"二人谈[J]. 山东外语教学，41(2)：53-59.

文秋芳，2021. 大学外语课程思政的内涵和实施框架[J]. 中国外语，18(2)：47-52.

徐贲，2015. 阅读经典：美国大学的人文教育[M]. 北京：北京大学出版社.

尹晶，2021. 经典阅读与思政教育：英国文学课程思政体系之尝试性建构[J]. 中国外语，18(2)：84-90.

虞建华，2010. 谈我国高校英语专业"两个走向"问题：兼及英美文学教学

[J]. 中国外语(3):14-18.

查明建,2017. 英语专业的人文学科属性与人文课程的意义:以《国标》人文课程为中心[J]. 外国语言与文化(1):18-26.

张隆溪,2007. 中国文学中的美感与通识教育[G]//陆挺,徐宏. 人文通识讲演录:人文教育卷. 北京:文化艺术出版社.

课程思政融入外语教学的探索与实践[*]
——以"综合英语"课程为例

项茂英^①

（浙江工商大学杭州商学院）

摘 要:课程思政建设要求把价值塑造、知识传授和能力培养融为一体,并将价值塑造置于首要位置。在聚焦讨论外语课程思政目标、内涵、意义以及实施路径的基础上,本文以"综合英语"课程思政建设为例,探讨如何深度挖掘课程教材中的思政元素和增补课程思政素材,增加课程思政内容,增强思政课堂的互动性,提升课程思政教学效果。本文指出,在外语课程思政建设中,教师必须发挥主导作用。

关键词:外语课程思政;综合英语;思政素材;教师

一、引言

2020年5月,教育部印发的《高等学校课程思政建设指导纲要》(以下简称《纲要》)明确指出:"落实立德树人根本任务,必须将价值塑造、知识传授和能力培养三者融为一体,不可割裂。全面推进课程思政建设,就是要寓价值观引导于知识传授和能力培养之中,帮助学生塑造正确的世界观、人生观、价值观,这是人才培养的应有之义,更是必备内容。"(教育部,2020)这一表述阐释了课程思政的内涵,明确了高校人才培养中价值、知

* 2022年度浙江省课程思政教学项目(编号:PX-1222481)的阶段性成果。
① 浙江工商大学杭州商学院教授,博士,研究方向为外语教育。

识和能力三个核心要素之间的关系,即价值塑造是育人工作的第一要务,价值塑造要有机融入知识传授和能力培养之中。

我国外语界在外语课程思政内涵、外语教材、教学设计、教学评价、教师发展等各个领域对外语课程思政进行了探讨,并按照课程思政要求进行了一系列实质性的教学改革。课程思政不仅要求教师深入挖掘教学内容中蕴含的思政元素,更要求教师在课堂内外全面贯彻全员、全过程、全方位育人的"三全育人"理念(罗良功,2021)。就外语课程而言,还需要把价值观引领与语言知识传授和语言应用能力培养有机结合(肖琼、黄国文,2020)。教材内容不仅包含知识和技能,而且隐含社会主义核心价值观,这对课程思政功能的实现具有引领作用。孙有中(2020)从跨文化对比、价值观思辨、外语表达中国文化以及体验式语言学习四个角度提出了外语教材内容的思政融入路径。评价机制对教学具有监管、督促功能。在课程思政建设的背景下,应以检验课程思政效果为目标创新评价标准,兼顾语言与思想(张敬源、王娜,2021)、认知与情感(李志英,2020),从而完善课程思政背景下的外语教学评价体系。作为课堂教学的设计者和实施者,外语教师应提高自身的政治理论素养、中国历史文化素养和对社会议题的敏感度(陈法春,2020)。外语教师应通过定期示范学习和专家研讨等活动,提高课程思政教学能力(肖玥瑢,2020)。文秋芳(2021)强调教师言行对课程思政效果的影响,要求教师在外在表现、精神世界和对学生的态度三个维度自我约束,以达到言传身教的思政教育效果。

现有研究在一定程度上统一了外语教师的思想,提高了教师对外语课程思政的认识。但是,如何将课程思政理念真正贯穿外语教学的各个环节,扎实推进落实立德树人根本任务? 如何贯彻落实《纲要》,立足《普通高等学校本科外国语言文学类专业教学指南 上 英语类专业教学指南》(以下简称《指南》)新要求,有效推进基于外语课程思政的教学改革?本文结合具体教学案例对诸如此类问题进行了深入的探讨。

二、外语人才培养目标和外语课程思政意义

（一）外语人才培养目标

2020年出版的《指南》在培养规格的"素质要求"中明确提出："本专业学生应具有正确的世界观、人生观和价值观，良好的道德品质，中国情怀与国际视野，社会责任感，人文与科学素养，合作精神，创新精神，以及学科基本素养。"这强调了培养学生树立正确"三观"的重要性，把中国情怀提到了与国际视野并重的位置。"知识要求"提出，学生不仅"应掌握英语语言、文学和文化等基础知识，了解主要英语国家的历史、社会、政治、经济、文化、科技等基本情况"，还应"熟悉中国语言文化知识，了解我国国情和国际发展动态"。这强调了英语专业学生了解中国语言文化知识的重要性。"能力要求"提出："学生应具有良好的英语语言运用能力、英语文学赏析能力、英汉口笔译能力和跨文化能力，具有良好的思辨能力、终身学习能力、信息技术应用能力、创新创业能力、实践能力和一定的研究能力；具有良好的汉语表达能力和一定的第二外语运用能力。"这强调了学生在具备良好的英语语言运用能力的同时，要具备良好的汉语表达能力。由此可见，《指南》强调外语类专业人才培养要服务于国家发展战略，应培养具有中国情怀、国际视野、文化自信，并具备跨文化交流能力、思辨创新能力、自主学习能力、研究能力等核心能力的外语人才。

（二）外语课程思政意义

外语教学作为一种语言类教学，其深层的含义是文化、价值观的传播和教育。学习外语不仅是为了更好地向西方学习，更是为了让国际听到更多、更真实的中国声音。因此，外语教师在教学中尤其需要加强课程思政建设。教师教学不能仅仅停留在中外两种语言的互译和语际转换层面上，而应在激发学生学习外语的兴趣、提高他们的外语知识水平和语言表达能力的同时，更注重立场、观点、价值取向的引导和培养；应通过中外文化比较，有机融入中国元素，传递正向的价值观。另外，由于外语教学主

要针对外国文化知识、语言技能,在客观和主观上容易造成学生对外国文化和语言的过度重视,而对本国价值观和文化的关注度不够,因此需要加强课程思政建设,强化外语教学的价值观教育,将价值塑造寓于知识传授、能力培养之中。外语课程思政能够引导学生树立正确的价值观,引导学生批判性地分析中西方文化差异和意识形态差别,赋予学生用外语讲好中国故事的能力,有助于为国家培养一批政治素质过硬的国际化专业人才。

三、课程思政融入"综合英语"课程教学的探索与实践

(一)课程简介

"综合英语"课程是一门贯穿英语专业基础阶段四个学期的综合技能课程,旨在培养学生综合运用英语语言知识和技能进行语言交际的能力和批判性思考的能力。在教学活动中,教师一般会结合现实生活中的实际问题或热点话题展开讨论,引导学生表达观点,培养学生的思辨能力。

本课程按题材主题组织教学单元,教学内容充分体现课程的"综合"特色,融语言、文学、翻译和文化知识为一体,通过语言交际任务促进听、说、读、写、译等技能的综合运用和全面提升。本课程教学内容涉及大量国外(特别是英美)的价值观念、生活方式、宗教信仰、政治体制、意识形态等,为跨文化比较与反思提供了丰富的资源。本课程的教学目标不仅仅在于培养学生综合运用英语语言知识和技能进行语言交际的能力,还旨在培养学生具备人文素养、价值取向、国际视野,坚定文化自信,树立人类命运共同体意识。

(二)课程思政内涵

课堂教学是落实每门课程教学任务的主渠道。我国外语界著名学者文秋芳将外语课程思政的内涵解读为:"以外语教师为主导,通过外语教学内容、课堂管理、评价制度、教师言行等方面,将立德树人的理念有机融入外语课堂教学各个环节,致力于为塑造学生正确的世界观、人生观、价

值观发挥积极作用。"（2021：48）这一定义包含了四个要素：思政执行者、思政覆盖范围、思政方法和思政功能。第一，外语课程思政的执行者是外语教师。外语教师不单单要培养学生运用外语进行有效交际的能力，更要在学生理想信念的树立、价值观的塑造上起到引领作用。教师应该把价值观引领与语言知识的传授和语言应用能力的培养有机地结合起来，要有意识地在知识传授和能力培养的过程中，重视价值观的引领作用，并把价值观引领摆在重要的位置（肖琼、黄国文，2020）。第二，外语课程思政的范围应涵盖外语教学的方方面面，从教学内容到课堂管理，从教学评价到教师言行，应该全方位、多维度、多层次、全覆盖，做到无死角、无盲点（吴卫芬 等，2020）。第三，外语课程思政不是简单的"外语课程"加"思政"，不是在外语专业课程中拨出几个课时讲授思政内容（许涛，2019）。外语课程思政是要将育人有机融入教学活动中，不能将思政教育和外语教学看作"两张皮"（文秋芳，2021）。第四，外语课程思政的功能是协同其他课程，帮助学生树立正确的世界观、人生观、价值观。通过跨文化比较，坚定文化自信和树立人类命运共同体意识；通过价值观的引领，强化社会主义核心价值观；通过外语表达中华优秀传统文化，提升人文素养、文化自信和跨文化能力（孙有中，2020）。

（三）课程思政教学目标与课程思政教学实施

教学目标作为课程教学设计的关键和主导，对教学内容具有指引作用，确立课程思政的教学目标是推进课程思政教学的必要条件。我们根据《纲要》精神和《指南》要求，制订了"综合英语"课程的"三维教学目标"，将本课程思政教学目标细化为对知识、能力和思政三个维度的要求。在知识维度上，重视词汇、语法、语篇和交际策略等语言层面的教学；在能力维度上，重视培养学生的英语语言运用能力、英语文学赏析能力、英汉口笔译能力和跨文化交际能力、自主学习能力、批判性思维等；在思政维度上，着重培养学生的正向价值观，激发学生的主动意识和合作意识，并帮助学生坚定文化自信、民族自信。我们根据目标从教学内容、教学活动、教学方法、教学管理、教学评价等多个维度设计具体的教学环节，从而使课程思政教学更加行之有效。

为了实现"三维教学目标","综合英语"课程基于文秋芳提出的外语课程思政实施框架,从内容链、管理链、评价链及教师言行链四个维度探索思政教育与"综合英语"课程教学有机融合的路径与方法。内容链指教师应充分挖掘教学内容的育人元素,培养学生人格、陶冶学生情操、提高学生品位、坚定学生信念。教师应通过"润物无声"的引导,将隐性目标显性化(如密切跟踪海内外主流媒体报道、针对学生感兴趣的新闻进行思政互动、培养学生的批判性思维等)。管理链指教师通过建立严格的规章制度为学生的健康成长创造良好的教学生态环境。教师在开学第一课发布授课提纲,明确课堂规章制度和奖惩原则,规范学生的学习行为,对学习效果提出明确的量与质的要求。评价链指教师构建能够涵盖思政维度的评价体系,实现全方位育人。我们采用以形成性评价为导向的评价体系,既检测课程显性教学目标的达成程度(如通过听写、背诵、测验等考查学生的语言应用能力),也考查隐性思政目标的实现程度(如通过对作业是否准时提交的观测引导学生端正学习态度,通过小组任务考查学生的合作能力和领导能力等)。教师言行链要求教师在与学生的交往过程中通过言传身教和严慈相济等策略达到学生"亲其师,信其道"的效果。在课堂上,教师应始终以饱满的精神状态授课、组织活动,及时回答学生提出的各种问题;对基础较弱的学生给予特别关注,增强他们的自信;虚心接受学生提出的合理意见并做出相应调整。

因此,作为教学活动的主导者和执行者,教师应通过教学内容、课堂管理、评价制度、日常交往、教师行为示范等途径,将立德树人的理念有机融入外语课程教学的各个环节,从知识、能力和思政三个维度实现课程教学目标。由于篇幅有限,本文着重探讨如何通过挖掘教学中的思政元素,实现课程思政目标。

(四)教学案例

外语教学以特定的教材为载体,而英语专业的自身特点决定了选用教材的英语化特征,即教材绝大部分内容是英语作家(主要是英美作家)

作品及相关材料,侧重英语文化,有关中国文化的题材可以说是少之又少。教师课堂授课的重点也放在英语文化上,逐渐形成了一种"中国文化失语"现象(曾艳钰,2019)。目前笔者使用的综合英语教材虽然历经三次改版,但"中国文化缺失"现象依然明显。因此,教师需要深度挖掘教材中蕴含的思政元素(见表1),通过精心设计的课堂活动实现教学目标。

表1 《综合英语3》中的单元主题及核心价值(部分)

单元	单元主题	核心价值
Unit 2 Why My Great-uncle Gave Up the Ministry	Impressions of a Person	Learning Lesson from Life
Unit 3 Saved by His Mistakes	Coping with Difficult Situation	Courage and Persistence
Unit 4 The Two Roads	Reflection of Life	Importance of Reflection & Responsibility
Unit 6 My First Class	Education Philosophy	Opposition to Corporal Punishment
Unit 7 Genius Sacrificed for Failure	Gender Discrimination	Equality
Unit 8 A Horse and Two Goats	Means of Communication	Acceptance of Culture Difference

根据单元主题和课程内容安排,每个单元的思政侧重点各不相同(见表2),但同样的思政元素在不同章节会反复融入,从而得到巩固。总的来说,对学生人文素养的提升、正向价值观的引导、文化自信和民族自信的建立等会贯穿大一、大二年级教学全过程。

表2 课程单元思政育人要点示范(部分)

授课内容	思政融入	教学方式	预期效果
Unit 4 The Two Roads	了解不同道路选择对人生的影响	名诗欣赏,即兴讨论	唤醒冒险意识,培养冒险精神
	引导学生对大学生活进行反思	个人展示	养成良好的生活习惯和积极的生活态度,适时调整学习计划和学习策略

续　表

授课内容	思政融入	教学方式	预期效果
Unit 4　The Two Roads	对当今青年一代的思考和探讨	小组讨论	树立危机意识,提高责任感和使命感
	正确选择的重要性	校园采访,小组展示	培养合作精神和共情能力
Unit 8　A Horse and Two Goats	了解身体语言的作用	游戏	培养有效的沟通能力
	了解不同文化中身体语言在沟通中的运用	讨论	接受世界文化多样性
	中美文化观念对比	写作	了解文化差异,客观看待中外文化

　　由于所使用教材的“中国文化失语”现象,我们围绕篇章主题着重增补相应的中国文化材料,选取国内外主流媒体介绍汉语和中国文化的材料作为教辅材料,这些材料一方面能使学生获得良好的本土文化意识,对人类命运共同体有更深刻的理解,提升对外宣传本国文化的能力;另一方面通过比较中外语言、文学和文化的异同,使学生能够做到文明互鉴,客观看待中外文化,坚定文化自信。

　　为了增加课程思政素材和课程思政教学机会,我们积极开辟第二课堂。一方面,我们鼓励和支持学生参加各级各类英语竞赛,说服他们走出“舒适区”,迎接各类挑战,通过竞赛培养学生的竞争意识和应对挑战的能力。另一方面,我们要求学生定期定量阅读国内外主流媒体的新闻报道,通过一周两篇的报刊摘抄了解国内外时事,使他们真正成为道德人、中国人和世界人(罗良功,2021)。同时我们要求每名同学一学期至少进行一次新闻播报,并就播报的内容展开讨论(见表3)。

表3 第二课堂思政育人要点示范（部分）

新闻主题	思政融入	预期效果
2021普利策新闻奖	辨别行为背后的意图	培养思辨能力和爱国情怀
网络暴力	创建干净、文明的网络环境	培养文明、有素养的网民
谷爱凌冬奥会拿金牌	总结谷爱凌成长史和奋斗史	锤炼奋斗精神
北京冬奥会的餐饮	介绍中国美食文化	坚定中国文化自信
神州十三号飞船归来	回顾中国航天员的故事	增强民族自豪感

西方的新闻报道常常包含西方的政治体制、宗教信仰、价值观念，这些会对学生的价值观和人格培养产生潜移默化的影响。因此，教师应根据新闻主题，及时引导学生批判性地解读国外相关报道。对于热点新闻或者学生感兴趣的新闻，教师应要求学生课后查找相关资源，阅读相关资料，充分调动学生学习的积极性，激发学生的学习动机，培养学生的学习能力和研究能力。在针对新闻中的相关思政专题展开讨论时，教师应加强课程思政教学中的互动，在互动中提高学生对实际问题的思辨能力和分析判断能力。

四、结语

教育部发布的《普通高等学校本科专业类教学质量国家标准》（2018）和《指南》（2020）都强调外语类专业人才培养要服务于国家发展战略，要培养具有中国情怀、国际视野、文化自信，并具备跨文化交流能力、思辨创新能力、自主学习能力、研究实践等核心能力的外语人才。为将课程思政融入"综合英语"课程教学，教师必须确立明确的课程专业教学目标和思政目标，帮助学生树立正确的价值观，培养学生的成长型思维，塑造其坚毅性格，提高学生明辨是非的能力，增强其文化自信和民族自豪感。

在外语课程思政建设的过程中必须发挥教师的主导作用，提升教师课程思政建设的意识和能力。通过教研室、教研团队等基层组织的集体教研活动,教师可以从思想意识上正确认识课程思政,理解课程思政的意义。同时,加强教师课程思政的建设能力,建立健全优质资源共享机制,开展常态化的典型经验交流、现场教学观摩、教师教学培训等活动,帮助教师找准育人角度,提升育人能力,提升全体教师的育人素养。

参考文献

陈法春,2020. 外语类本科专业课程思政内容体系构建[J]. 外语电化教学
    (6):12-16.

教育部,2020. 高等学校课程思政建设指导纲要[EB/OL]. (2020-05-28)
    [2023-08-24]. https://www.gov.cn/zhengce/zhengceku/2020-06/06/content_
    5517606.htm.

教育部高等学校教学指导委员会,2018. 普通高等学校本科专业类教学质
    量国家标准[M]. 北京:高等教育出版社.

教育部高等学校外国语言文学类专业教学指导委员会英语专业教学指导
    分委员会,2020. 普通高等学校本科外国语言文学类专业教学指南 上
    英语类专业教学指南[M]. 北京:北京教学与研究出版社.

李志英,2020. 高校翻译课程思政教学探索:情感学习理论视角[J]. 外语
    电化教学(4):22-26.

罗良功,2021. 外语专业课程思政的本、质、量[J]. 中国外语,18(2):
    60-64.

孙有中,2020. 课程思政视角下的高校外语教材设计[J]. 外语电化教学
    (6):46-51.

文秋芳,2021. 大学外语课程思政的内涵和实施框架[J]. 中国外语,18
    (2):47-52.

吴卫芬,张亚珍,苗森,2020. 专业课程思政有效实施的思路与途径[J]. 教
    育现代化(43):193-196.

肖琼,黄国文,2020. 关于外语课程思政建设的思考[J]. 中国外语,17(5):
    1,10-14.

肖玥瑢,2020.高校外语专业课程思政的探索实践[J].中国高等教育(23):42-43.

许涛,2019.构建课程思政的育人大格局[N].光明日报,10-18(15).

曾艳钰,2019.《英语专业本科教学指南》解读[J].外语界(6):2-8.

张敬源,王娜,2021.基于价值塑造的外语课程思政教学任务设计:以《新时代明德大学英语综合教程2》为例[J].中国外语,18(2):33-38.

英语专业知识课程育人元素的挖掘与融入
——以"英语语言学导论"课程为例*

杨仙菊①

（浙江工商大学杭州商学院）

摘　要：外语专业课程思政的实施需要考虑专业特性和课程特色。本文以"英语语言学导论"（以下简称"语言学"）课程为例，探讨英语专业知识课程（相较于公共英语、专业技能课程等）育人元素的挖掘与融入。本文基于课程性质和教学内容，从宏观的顶层设计和微观的课堂教学两方面探讨如何挖掘并在教学中落实课程的育人元素。首先深挖单元主题中独特的育人元素并将其融于案例、作业、项目实践以及评价中，潜移默化地帮助学生树立科学的语言观、正确的文化观，以及理论结合实践的学习观，彰显课程育人特色。

关键词：课程思政；英语专业知识课程；英语语言学导论；育人元素；价值引领

一、引言

党的十八大报告明确提出，教育的根本任务是立德树人。课程思政是我国教学改革的重要课题，是落实立德树人根本任务的重要举措，是一项长期性、系统性的工程。所谓课程思政，就是把思想政治教育贯穿人才

---

* 本文为浙江省一流课程"英语语言学导论"的阶段性建设成果。
① 杨仙菊，浙江工商大学杭州商学院外语学院教授，博士，研究方向为英语教学、语用学。

培养体系，发挥好每门课程的育人作用，落实立德树人根本任务（教育部，2020）；也指在所有的课程教学中将知识传授与价值引导有机统一，提炼出课程中蕴含的爱国情怀、社会责任、文化自信、人文精神等价值范式，使学生在认知、情感和行为方面有正确的方向（肖香龙、朱珠，2018）。就其本质而言，课程思政不是一门课，而是"课程承载思政、思政寓于课程"，是一种理念与价值的培育与输送（邱伟光，2017）。因此，大学开设的所有课程应该具有知识传授和价值引导的双重功能，并在传播知识的时候强调价值引领的作用，将传授知识、培养能力与思政教育有机融合，培育大学生践行社会主义核心价值观，做爱国爱党、全面发展，具有浓厚家国情怀的社会主义建设者和可靠接班人（教育部，2020）。

二、外语专业课程思政

（一）外语专业课程思政的独特性

要有效推进外语课程思政建设，必须结合外语学科专业特点和课程特色，构建合理的课程思政教学体系。外国语言文学类专业本科课程由公共基础类课程、专业核心课程、专业方向课程和实践教学环节组成，凸显专业技能和专业知识，围绕语言学、文学、比较文学与跨文化、翻译、国别和区域等专业方向深度融合实践教学。外语专业课程直接面对的是国外的意识形态和西方的主流话语，因而其教学过程与人才培养具有鲜明的独特性，具有独特的思政元素。外语学科的人文属性也决定了在外语课程教学中融入课程思政教育理念既有必要性、特殊性，又具备一定的学科优势和独特的语言资源优势（谢森，2021），是进行核心价值引领的理想场所。

此外，外语专业的师生承担着不同文化之间的"中介人"或传播者的角色，尤其要坚定文化自信、增进政治认同。为此，在外语课程思政教学中，除培养学生的语言能力外，要强调和提高学生向世界传播中国声音、贡献中国智慧、提出中国方案等的能力。教学中需注重对学生世界观、国际视野、爱国精神、跨文化交际能力等方面的培养（肖琼、黄国文，2021）。

(二)外语专业课程思政的相关研究

课程是专业教育的基本元素。课堂教学是落实课程教学任务的主渠道(文秋芳,2021)。传统外语课程的教学围绕外语知识展开,注重培养外语技能和应用能力,价值观和思想文化等深层次问题通常没有得到足够的重视,有时甚至被忽视了(肖琼、黄国文,2021)。作为全方位思政育人中不可或缺的一种途径,外语专业课程思政应发挥专业特色和属性(徐锦芬,2021)。

自相关政策颁布以来,围绕外语专业方向、以课程思政为主题的学术研究不断涌现。外语学者对课程思政的探讨以宏观角度的理论思辨和论证为主。这些成果多从课程思政内涵、实施框架、体系建构、思政内容融入等方面展开研究(崔戈,2019;肖玥瑢,2020;肖琼、黄国文,2020;文秋芳,2021),涉及的外语课程集中在大学英语、综合英语等技能课程上(蒙岚,2020;叶俊、盘华,2020;张敬源、王娜,2021),涵盖了教材编写、教学目标、教学内容、教学形式、教学评价等方面的理论或实践问题。

但是,针对专业知识类课程思政的学术探究起步较晚。已有研究结合专业课程的特色和优势挖掘、探索了不同类型课程中的思政点。例如,在《外语电化教学》(2020)、《外语界》(2021)和《中国外语》(2021)的思政专刊中,外语学界知名学者(文旭,2021;杨正军、李勇忠,2021;常晨光 等,2021;尹晶,2021;丁凤 等,2021)围绕语言学、翻译、国别和区域、文学、比较文学与跨文化等专业方向深度融合实践教学,探讨不同类别课程蕴含的思政元素,如何将思政元素和课程内容进行系统性融合,以及如何落实课程思政,实现立德树人根本任务。

从整体上看,外语专业课程思政的推进尚缺乏系统的顶层设计、科学的课堂教学设计以及可操作的教学效果评价方式,专业知识类课程思政尤其缺乏系统研究。

三、如何在英语专业知识课程教学中实施课程思政

在教学理念方面,笔者认为,外语专业思政教育应结合专业特色、课程特点以及学生特点科学重构课程教学内容。拒绝思政教育的"盖浇饭"或"三明治"模式,努力使其成为核心汤料,煲一锅色香味俱全的"滋补汤"。下文以"语言学"课为例,从宏观的顶层设计和微观的课堂教学两方面探讨如何挖掘并在课堂教学中落实课程中的育人元素。

第一,顶层设计:基于教学大纲及教学内容,逐章挖掘和提炼育人元素。

第二,课堂教学实施:依托课堂教学手段(线上+线下),采取适合教学内容和学生特点的教学方法,整合知识目标、技能目标和育人目标,在学、用中实现课程思政和教学过程的自然、有机、有效的融合。

(一)课程性质及教学目标

语言学是《高等学校英语专业英语教学大纲》(2000)和《普通高等学校本科外国语言文学类专业教学指南 上 英语类专业教学指南》(2020)规定的英语专业知识类核心课程,是一门系统研究语言现象及规律的学科,旨在"培养学生对人类语言的理性认识,提高学生的语言文化意识和思辨能力"。通过课程学习,学生能初步掌握基本的语言学知识,并能"运用语言学知识观察和分析语言现象,促进外语学习"(教育部高等学校外国语言文学类专业教学指导委员会英语专业教学指导分委员会,2020)。长期以来,该课程因内容抽象,教师注重知识传达,教学过程"学用分离"明显,被普遍认为"内容深奥、学习无用",学生学习兴趣低下。在"全面推进课程思政建设,构建思政育人新格局"的大背景下,语言学课程也应"种好责任田",用好课堂教学"主渠道",承担育人使命。鉴于此,本文尝试对课程的教学内容、教学实施和评价方式等进行改革。

融入课程思政后的教学目标可分为显性目标和隐性目标。前者与外语知识和技能相关,后者与思政育人相关。外语教学通常把重心放在显

性目标上,对隐性目标关注不够(文秋芳,2021)。在教学设计中,隐性目标不需要告诉学生,教师将其体现在教学活动中即可,这便是"润物无声"的含义。

(二)挖掘课程思政元素

在社会主义核心价值观的引领下,深挖语言学课程独有的育人元素,例如:

(1)政治认同、国家意识:学习英语语言学理论知识,解读中国的语言现象;

(2)科学的方法:多维、全面认识语言的本质;

(3)高阶思维:批判性思维、开放式思维;

(4)品德养成:友善、包容、和谐、共情等;

(5)人文素养和跨文化交流能力:坚定文化自信,树立人类命运共同体意识。

具体做法如下:

首先,以教学目标和教学内容[①]为指导,分别提炼现代语言学主要分支凸显的思政目标以及基于章节内容的具体思政结合点。其次,将育人目标融于语言学知识点、案例分析、课堂讨论、课后作业、文献学习等环节中,旨在实现知识传授、能力培养和价值引领的有机融合。详见表1。

表1 "语言学"课程思政教学设计思路

章节思政要点	主要内容	对应的育人元素	教学示例及方法
第1章 导论 以科学的方法探究语言本质	语言的定义	(1)马克思主义科学研究方法 (2)培养批判性思维、创新思维,区分事实和观点	问题讨论: (1)语言是什么? (2)语言的定义是否全面、合理?动物、植物是否有语言?

---

① 教学内容参照了戴炜栋、何兆熊主编的《新编简明英语语言学教程》(1—6章)以及杨仙菊编著的《英语语言学入门教程》(1—6章)。

续　表

章节思政要点	主要内容	对应的育人元素	教学示例及方法
第1章 导论 以科学的方法探究语言本质	语言的功能	(1)对客观世界的反映 (2)提升人文素养 (3)语言的人际、情感、娱乐功能 (4)了解英语作为"通用语"(lingua franca)的属性和功能	案例分析： (1)利用元功能理论分析话语(如各国新闻报道、领导人发言)的功能 (2)分析汉英文学作品中的语言的功能 (3)分析脱口秀、小品、广告等语言特点 课后作业： 小组合作完成"月饼销售"，展现语言的功能，培养合作学习的能力
	西方语言学流派	(1)培养人文素养 (2)增强民族自豪感、爱国情怀	文献学习： (1)介绍西方语言学流派 (2)补充中国杰出的语言学家，如周有光、赵元任、吕叔湘等
第2章 语音学和音位学 语音：人与社会的纽带、身份的载体	英语发音特征和发音规则	(1)客观对待英语中的语音差异，求同存异 (2)了解语音的社会属性，增强同理心，培养正确的人生观	课外实践： (1)对比英式英语和美式英语的异同，调查方言发音对英语通用语发音的影响，识别汉语和英语发音系统的异同 (2)了解口音(accent)和社会地位、身份的关系
第3章 形态学 学词观史：学词汇、知世界、明人生	(1)英语构词法 (2)词源和词的演变历史 (3)网络热词	(1)以发展的眼光看待中国(汉语)的影响 (2)从用词出发，构建和谐、积极、文明的语言环境 (3)培养正确的语言观，抵制网络语言糟粕，创造和谐的网络语言使用环境	实践作业： (1)总结从古至今英语中的汉语外来词，增强文化自信(如tea、taikonaut) (2)了解英汉网络热词、时事词汇的成因、构词法以及价值取向和教育意义 (3)利用英语构词法构造新词 案例分析： "网红"中文菜名、常见饭店名的命名及语言景观分析

续　表

章节思政要点	主要内容	对应的育人元素	教学示例及方法
第4章 句法学 求同存异:解析句子结构,探究中西思维	(1)句子的结构分析 (2)汉英句子结构异同	(1)用科学的方法分析句法结构 (2)探究语言、文化和思维的辩证关系	文献学习: (1)借树形图分析成分,辨析句子结构 (2)对比汉英句法特征异同,探究语言背后的文化和思维
第5章 语义学 辨义:考察英汉语言的音美、形美、意美	(1)意义的哲学研究 (2)词汇、句子的语义分析	(1)语义学的哲学渊源及科学性探究 (2)发现汉语表义之美,激发爱国情怀,增强文化自信 (3)依靠科学的研究方法解释词汇搭配规律,如通过语料库解释常用 enjoy happiness 而非 suffer happiness 的原因	文献学习: (1)不同哲学流派的意义观 (2)分析中英诗歌等文学作品、广告中的上下义、同音异义、同形异义等意义表现手段,发现各国语言的形美、意美 (3)学习语料库的常用检索功能,助力词汇学习
第6章 语用学 以言成事:语言是实现成功交际的工具、维持和谐关系的纽带	语言的哲学观:言语行为——交际中的合作原则、礼貌原则	(1)语言学的哲学渊源 (2)在实践中验证理论的科学性,解读西方礼貌原则、合作原则的内涵,并对中西方礼貌用语及深层文化差异进行批判性思考	文献学习: (1)语言的功能观:语境中的意义 (2)言语行为理论 案例分析: (1)通过实例分析西方礼貌原则在中国本土的适切性 (2)中国文化背景下的礼貌原则及人际交往原则(礼、孝、谦、和等) 课后作业: 以小组为单位调查礼貌原则中的年龄、性别、职业等差异

(三)语言学课程思政课堂教学设计

下文通过具体案例简要探讨思政元素融入语言学课程的切入点和教学理念。

1. 以学生为中心，科学设计思政元素切入点

在将思政元素融入语言学课程的过程中，除考虑课程的性质和特色外，还要考虑育人的对象。教师应兼顾当代大学生身处的时代背景、认知特点、兴趣、学习方式等设计课堂教学内容，避免生硬地融入思政点。在教授第3章"英语构词法"时，教师可以列举大学生熟悉的网络热词以及官方发布的新词，兼顾育人性、趣味性和知识性。例如：phubber一词由"phone（电话）＋snub（冷落，无视）＋er"拼缀而成，意为"低头族"；plogging由"plocka（捡垃圾）＋jogga（慢跑）"组成，意为"边跑步边捡垃圾"的环保健身方式。这些例子和传统的motel、sitcom相比，更容易吸引学生的注意力，而且其中的育人导向不言而喻。phubber一词让学生意识到过度使用电子产品成为一种普遍存在的社会现象，而且可能对正常的人际交往产生负面影响。plogging一词正面宣扬了一种积极、健康的生活方式，也唤起了学生节约资源和保护环境的意识，体现了社会主义核心价值观中的"友善"。

2. 以教材内容为载体，实现价值引领

以教材内容为载体，具化立德树人在语言学知识点中的体现，同时将特色汉语素材融入英语语言学课堂，重构教学内容，润物无声地实现育人目标。下文以"语言的功能"为例，展示如何在教学中自然融入育人元素。

语言是连接人类和客观世界的纽带，同时具备传达情感和维护人际关系的功能。俗话说：良言一句三冬暖，恶语伤人六月寒。教师在案例讨论环节，分享了一条中文微博。其中不乏谩骂、带有人身攻击倾向或讽刺性的语言，通过分析微博评论，学生非常直观地感受到了语言的破坏性，深刻认识到语言是一种"武器"，它既可促进和平，亦可引发冲突。下面这则广告语却充满了爱意和正能量：

> 5月27日——"我爱妻"
> 在刚刚过完了"5·20"后"5·27"又如期而至
> 在向往幸福的道路上
> 每天都是"情人节"（某微商广告）

教师首先引导学生发现广告语中的修辞手段——谐音，进而指出广告语巧妙利用了数字和汉字之间的"同音异义"现象。在这个特殊的日子里，如果"妻子"收到了来自爱人的礼物，那一定情义满满。学生们在轻松的氛围中也感受到了语言带来的温情（语言的情感表达功能）。由此可见，教师精心挑选的案例既体现了语言的功能，也潜移默化地影响了学生的人生观。

以上案例中所体现的对语言学知识点的重构，尽管来自教材内容但超越了教材。教师在教授知识的同时，不仅培养了学生分析问题、判断是非的能力，而且影响了学生的世界观、人生观和价值观。

3. 以显性语言产出为载体，隐性评价育人效果

思政教学当"润物无声"，对教学效果的评价也要自然融入课程的各项产出活动。教师通过布置和教学内容匹配的各项产出任务，对思政育人效果做形成性评价。语言学课程的主要产出任务见表2。

表2　语言学课程思政评价方式

产出任务	话题举例	育人效果评价
话题讨论	(1)你认为动物有语言吗? (2)西方礼貌原则可否解读为汉语中的礼貌?	通过开放式讨论，检验学生是否可以多视角看问题，是否善于观察身边的语言现象，而不是局限于记忆语言学概念和理论
小组汇报	(1)分析英语新词构词法 (2)电影《窈窕淑女》的语音学解读	学生以小组汇报形式分享具有中国特色的英语词汇，教师从新词的内容、新词反映的社会现实和蕴含的正能量等方面进行评价，考查学生对语音和受教育水平、社会身份之间的关系的理解程度
课程论文	(1)广告语言的修辞特征 (2)积极心理学与语言的人际功能	考查学生是否能挖掘出语言现象背后的语言学原理及创意理据(如："5·20"谐音传递友爱和善的情感，NIKE广告语"just do it"传递积极向上、奋斗拼搏的精神)，是否能充分理解语言的人际关系管理功能

续　表

产出任务	话题举例	育人效果评价
毕业论文	(1)中英"花语"的文化对比研究 (2)"老师"一词的语义泛化研究	论文写作检验学生能否在语言学理论的指导下科学、系统、深入分析中英文语言现象
课外实践项目 （多人合作）	(1)微博评论语言的批评话语分析 (2)生态语言学视角下弹幕的语言景观调研 (3)"迎亚运，树新风"桐庐旅游景点英译勘误	评价学生的社会责任感、担当意识，注重个人修养，推动语言文明 培养学生的社会服务意识，实现人生价值

四、结语

本文首先探讨了外语专业课程思政的特殊性，然后提出在教学中结合外语专业特色、课程性质以及学生特点深入挖掘并有机融入育人元素。在教学理念上，拒绝思政教育的"盖浇饭"或"三明治"模式，倡导育人元素做核心汤料，煲出色香味俱全的"滋补汤"。

在此理念下，本文深挖了英语专业知识课程语言学内容中的特色育人元素，并探讨了相应的课堂教学实施方法。在实现知识目标和能力目标的同时，帮助学生塑造正确的语言观和世界观，客观认识语言和世界的关系，培养探究科学的精神，培养明辨文化差异、融通中西的能力，提高人文素养，发展批判性思维能力、跨文化交际能力以及使用和谐友善的语言进行人际交往的能力。语言学课程思政教学的实施以学生为中心，灵活采用案例分析、文献学习、课堂讨论、课外实践等多种教学方法，通过话题讨论、小组汇报、课程论文、毕业论文、课外实践项目等形式，检验和考查学生对育人元素的理解和使用情况。除本文所提及的之外，该课程的育人元素和教学实施方式有待进一步探讨。

参考文献

常晨光,周慧,曾记,2021.国别与区域研究课程中的课程思政:理念与实践[J].中国外语,18(2):78-83.

常俊跃,李辰超,2020.发挥外语专业自身特殊优势,促进思政与专业教育深度融合[J].外语电化教学(6):17-22.

崔戈,2019."大思政"格局下外语"课程思政"建设的探索与实践[J].思想理论教育导刊(7):138-140.

丁凤,王蕴峰,欧阳护华,等,2021.全人教育理念下的课程思政:以"交际英语"课程为例[J].中国外语,18(2):91-96.

教育部,2020.高等学校课程思政建设指导纲要[EB/OL].(2020-05-28)[2023-08-24].https://www.gov.cn/zhengce/zhengceku/2020-06/06/content_5517606.htm.

高等学校外语专业教学指导委员会英语组,2000.高等学校英语专业英语教学大纲[M].北京:外语教学与研究出版社.

教育部高等学校外国语言文学类专业教学指导委员会英语专业教学指导分委员会,2020.普通高等学校本科外国语言文学类专业教学指南 上 英语类专业教学指南[M].北京:外语教学与研究出版社.

蒙岚,2020.混合式教学模式下大学英语课程思政路径[J].社会科学家(12):136-141.

邱伟光,2017.课程思政的价值意蕴与生成路径[J].思想理论教育(7):10-14.

文秋芳,2021.大学外语课程思政的内涵和实施框架[J].中国外语,18(2):47-52.

文旭,2021.语言学课程如何落实课程思政[J].中国外语,18(2):71-77.

肖琼,黄国文,2020.关于外语课程思政建设的思考[J].中国外语,17(5):1,10-14.

肖琼,黄国文,2021.《新时代明德大学英语》的多元大纲和潜在的教学法

[J].中国外语,18(2):17-24.

肖香龙,朱珠,2018."大思政"格局下课程思政的探索与实践[J].思想理论教育导刊(10):133-135.

肖玥瑢,2020.高校外语专业课程思政的探索实践[J].中国高等教育(23):42-43.

肖振南,廖彬彬,2011.试论提高外语专业学生思想政治教育的有效性[J].湖北经济学院学报(人文社会科学版),8(4):137-138.

谢森,2021.以赛促教　课程育人:首届全国高等学校外语课程思政教学比赛综述[J].中国外语,18(2):110-111.

徐锦芬,2021.高校英语课程教学素材的思政内容建设研究[J].外语界(2):18-24.

杨金才,2020.外语教育"课程思政"之我见[J].外语教学理论与实践(4):48-51.

杨正军,李勇忠,2021.翻译专业课程思政建设研究[J].中国外语,18(2):104-109.

叶俊,盘华,2020."四个自信"视域下大学英语课程思政功能的实现路径[J].学校党建与思想教育(20):45-46,49.

尹晶,2021.经典阅读与思政教育:英国文学课程思政体系之尝试性建构[J].中国外语,18(2):84-90.

张敬源,王娜,2021.基于价值塑造的外语课程思政教学任务设计:以《新时代明德大学英语综合教程2》为例[J].中国外语,18(2):33-38.

基于"网络+课堂+实践"的大学英语课程思政教学改革研究*

施 玲①

（浙江工商大学杭州商学院）

摘 要：课程思政是高校"大思政"格局的内在要求，作为重要的高校育人指导思想，正在引领现在以及将来中国本科教育的发展方向，即以立德树人为根本，全面推动学生素质教育，从根本上解决培养什么样的人、如何培养人以及为谁培养人这个重大问题，使本科教育能切实培养出推动中国特色社会主义建设和发展的高质量人才。本文拟从课程思政研究的角度出发，以大学英语教学改革为例，探讨课程思政和大学英语课程各自的内涵和特点，分析课程思政融入大学英语教学的难点，探究全程育人的有效途径，即通过思想、资源、工具、平台的整合，构建基于"优学院"多终端的"网络+课堂+实践"三位一体"大学英语"课程思政教学模式，以达到大学英语课程思政教学的目的。

关键词：课程思政；大学英语；教育改革；多终端

---

* 本文为2021年教育部第一批产学合作协同育人项目"基于'优学院'多终端的'网络+课堂+实践'三位一体'大学英语'课程思政教学改革研究"（编号：202101067016）的阶段性研究成果之一，也是浙江工商大学杭州商学院2021年院级课程思政教学研究项目阶段性研究成果。
① 施玲，浙江工商大学杭州商学院副教授，硕士，研究方向为二语习得、教育学。

一、引言

习近平总书记在全国高校思想政治工作会议上指出：要坚持把立德树人作为中心环节，把思想政治工作贯穿教育教学全过程，实现全程育人、全方位育人，努力开创我国高等教育事业发展新局面。《教育部关于加快建设高水平本科教育全面提高人才培养能力的意见》(2018)也强调了课程思政融入本科教育的重要性，并提出要求，即坚持正确的办学方向，坚持德才兼修，提升思政工作质量以及强化课程思政和专业思政。高校人才培养要形成有效的全程育人、全方位育人、全员育人。《高等学校课程思政建设指导纲要》(以下简称《纲要》)明确指出："全面推进课程思政建设，就是要寓价值观引导于知识传授和能力培养之中，帮助学生塑造正确的世界观、人生观、价值观，这是人才培养的应有之义，更是必备内容。"(教育部，2020)因此，课程思政作为重要的高校育人指导思想，正在引领现在以及将来中国本科教育的发展，即以立德树人为根本，全面推动学生素质教育，从根本上解决培养什么样的人、如何培养人以及为谁培养人这些重大问题，使本科教育能切实培养出推动中国特色社会主义建设和发展的高质量人才。

课程思政是高校"大思政"格局的内在要求，是从国家意识形态的战略高度考虑的。在"大思政"格局下，思政理论课、公共课和专业课应同向同行，全程育人。课程思政要求公共课和专业课以课堂为抓手，在传授知识的同时，进行价值引领，最终实现立德树人。目前，大学英语教学计划以各院校人才培养要求为依托进行修订，随着翻转课堂和线上线下混合式教学模式的推广，传统教学模式进入重构创新阶段(翟峥、王文丽，2021；蔡满园，2022；肖维青、赵璧，2023)。另外，中国进入大数据时代，社会意识问题呈现复杂性，仅凭英语语言技能的教学不能解决高校育人问题。将课程思政融入大学英语课堂，既能培养学生的语言应用能力，又能培养学生的家国情怀，开阔其全球视野。本文拟从课程思政的研究视角出发，以大学英语教学改革为例，依托"优学院"在线教学平台，通过思想、资源、工具、平台的整合,构建基于"优学院"多终端的"网络+课堂+实践"三位一体大学英语课程思政创新教学模式,以期打造课程思政混合式金课,实现全员育人、全过程育人、全方位育人的人才培养目标。

二、课程思政的内涵及融入大学英语课程的必要性

课程思政不是一门特定的课程,并非传统意义上的思政课,而是一种新的教育教学理念和思维模式,其含义是大学所有课程都具有传授知识、培养能力及思想政治教育功能,承载着引领大学生世界观、人生观、价值观确立的作用。这就意味着全体高校教师应该发挥专业课的德育功能,把课程思政作为课程教学目标中不可或缺的一部分,并且有意识地将其融入教学过程,与专业知识的传授有机结合起来。不能生硬说教,而是要"润物无声",在潜移默化中提升高校大学生的思想道德品质,使其具有良好的品行。

高等教育的目标不仅是传授知识,还要立德树人,这也是检验高校工作的根本标准。当代大学生不仅要掌握扎实的专业知识,还要具备良好的品德、健全的人格和正确的价值观。这就要求高等教育把社会主义核心价值观教育融入教学的每一个环节,融入各类课程的实际教学,激发学生的爱国热情,提升他们的民族自豪感,激励他们为实现伟大的中国梦而不断努力奋斗。由此可见,课程思政在高等教育实现立德树人这个目标的过程中起着举足轻重的作用。

大学英语课程作为公共基础课,是很多高校开设的一门重要的公共必修课。与其他一些公共基础课相比,大学英语课程学分多,学生涉及面广,几乎覆盖所有专业的学生,且授课时间跨度长,主要在大一和大二学年。可以说,英语学习占据了大学生学习的大部分时间,同时大一、大二也是学生价值观形成或转变的关键时期。其间,英语教师是学生接触较多的老师之一,陪伴学生的时间也较长。因此,学分多、专业广、授课时间长、学生与教师接触时间多等因素决定了大学英语课堂是进行思政教育的有效场所,为实现课程思政提供了可行性。

此外，大学英语是一门语言类课程。学生在学习期间习得语言技能的同时，也会接触到外国文化。因此，大学英语课程还起着文化传播的功能。学生很容易被新颖的外国文化所吸引，可能会出现盲目推崇外国文化、摈弃中华优秀传统文化和价值观的现象。将课程思政理念融入大学英语课堂教学是非常必要的，这样有助于学生牢记中国特色社会主义核心价值观，培养学生的民族自豪感。在与不同语言和文化的碰撞过程中，学生可以形成开放性和批判性思维，更容易接纳新事物和新想法，同时也能辩证地看待外国文化和价值观。带有课程思政的大学英语课程能培养更多具有国际视野和优秀文化素养的双语人才，使他们更好地为社会主义事业的发展服务。

三、课程思政的实施现状和难点

公共课和专业课在人才培养体系中的课程内容、目的和授课理念等方面的固有特点，使得课程思政的融入和推行困难重重。现以大学英语课程为例分析如下。

（一）课程的属性和基本内容

应用型本科院校的大学英语课程基本都以《大学英语课程教学要求》（2017）为指导进行设置，适用于高校公共英语基础阶段。在为期两个学年的课程教学中，要加强学生听、说、读、写、译的基础训练，巩固语音、词汇、句型和语法的基础知识，以提高学生的英语文章阅读能力，培养基本的语言使用技能和跨文化交际意识，使学生掌握有效的学习方法和学习策略，具备阅读和翻译与本专业有关的英语资料的基本能力，并为进一步提升学生的就业竞争力及未来的可持续发展打下必要的语言基础。

大学英语课程在内容安排上，基本体现生活性、实用性和职业性。各单元主题以大学生的生活为主，从刚开始的大学校园生活到后面的社会热点问题，最后为商务及就业内容。可以看出，由于课程属性和内容的固有特点，大学英语课程主要以英语语言技能的习得为主，而对学生的思政教育内容有所忽略,这就导致了课程思政在大学英语教学的实施过程中首先面临着课程差异这道"坎"。

(二)学生的现状

随着"05后"成为大学校园主力,新一代大学生正呈现出新的特点。他们大部分是独生子女。其父母基本都是"70后"和少数"80后",出生于中国的改革开放已有显著成效之后。他们对新事物有敏锐的洞察力,有自己群体独特的思维方式和思想观念。再加上移动互联网技术的飞速发展,资讯信息以手机为主要载体,以QQ、微信、微博和各种直播平台为主要获取手段。

目前高校大学生的基本特点是:第一,思想开放而活跃,不保守,对新事物有较强的理解力;第二,有理想,有个性,自我意识很强,普遍带有极其现实的生活目标;第三,独立性强,能多角度看待问题,但思想波动大,容易受到外界的影响。固有的传统教育方式和宣讲手段很难吸引现代大学生的注意力,这就是在一些课堂上教师讲得精彩纷呈,但是学生玩得忘乎所以的根源。

(三)教师的理念认知

由于专业知识背景的差异,教师在理念认知上存在误区,主要表现为:第一,不能厘清学生的思想政治教育与自己所授课程之间的关系,甚至担心进行思想政治教育会干扰教学活动,削弱教学效果,所以对学生的思想政治教育基本采取消极应付的态度;第二,缺乏"大思政"课程的授课理念,坚持课程本身的知识技能传授特性,而忽视课程所包含的育人成才理念。

据相关研究调查(黄佰宏,2020)和笔者近几年的课堂教学观察,高校中的许多大学英语教师仍旧遵循着"单词—句型—文章—练习"的传统授课模式,重视英语语言技能的传授,忽视学生的思想政治教育。

四、课程思政教育改革的有效途径

　　大学英语是一门语言类课程，其教学目的主要是讲授英语语言知识，提高学生对英语的综合应用能力，增强学生的跨文化意识，从而提高他们的跨文化交际能力。如何基于大学英语课程特点有效地进行课程思政建设也是很多高校英语教师及教育学者重点关注和研究的问题。笔者将从课程体系建设、师资力量建设、教材及课程评价体系三个方面，探究课程思政融入大学英语教学的有效途径。

（一）大学英语课程思政的课程体系建设

　　抓好第一课堂，拓展第二课堂，做到"全程育人、全方位育人、全员育人"。大学英语课程思政的课程体系建设的关键在于：课堂教学理念、课堂教学内容和课堂教学方法的改革与优化。根据我国高等教育的使命和格拉夫斯（Graves，2008）的动态化外语课程设计系统理论，以及文秋芳（2021）提出的大学外语课程思政的实施框架，从宏观上搭建大学英语课程思政框架，构建大学英语课程思政的课程体系，具体见图1。引入"产学研"校企协同育人模式，创新基于多终端的"网络＋课堂＋实践"三位一体大学英语课程思政教学模式，转变单一的大学英语教学模式，深入推进在线教学。利用"优学院"教学平台，实现大学英语课程思政知识的学习和知识的内化：课前导入为学生在线自主学习，如观看单元知识微视频、学习翻转课堂配套PPT；课堂教学为教师引导小组探讨和对比分析；课后反馈为知识拓展、在线作业互评。线上线下活跃第二课堂，以赛促学；并加入实训实践教学，服务社会教育第三课堂。

　　首先在课堂教学理念上，教师应提升大学英语课程思政的意识，充分把握课程特点，并与思政教育相结合，使学生易于接受。其次在课堂教学内容上，把语言与文化学习结合起来，让学生了解国家与世界历史，了解中国的社会主义道路的必然性，坚定道路自信。让学生在国外文化与中国文化的对比学习中，能够取其精华、去其糟粕，学习中国优秀的传统文化并进一步发扬光大,坚定文化自信,坚定制度自信。大学英语授课内容丰富,涉及名人传记、医学故事、神奇发明、自然现象、现代科技、动物科普等等,在这些材料中找到课程思政的突破口并不是难事,难的是大学英语与课程思政的自然衔接。

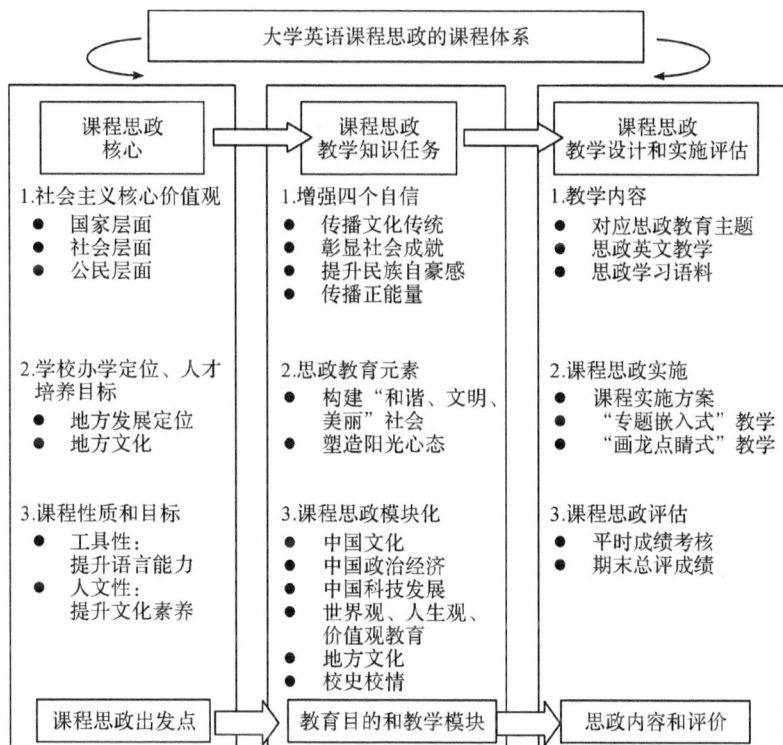

大学英语课程思政的课程体系

课程思政核心	课程思政教学知识任务	课程思政教学设计和实施评估
1.社会主义核心价值观 ● 国家层面 ● 社会层面 ● 公民层面	1.增强四个自信 ● 传播文化传统 ● 彰显社会成就 ● 提升民族自豪感 ● 传播正能量	1.教学内容 ● 对应思政教育主题 ● 思政英文教学 ● 思政学习语料
2.学校办学定位、人才培养目标 ● 地方发展定位 ● 地方文化	2.思政教育元素 ● 构建"和谐、文明、美丽"社会 ● 塑造阳光心态	2.课程思政实施 ● 课程实施方案 ● "专题嵌入式"教学 ● "画龙点睛式"教学
3.课程性质和目标 ● 工具性:提升语言能力 ● 人文性:提升文化素养	3.课程思政模块化 ● 中国文化 ● 中国政治经济 ● 中国科技发展 ● 世界观、人生观、价值观教育 ● 地方文化 ● 校史校情	3.课程思政评估 ● 平时成绩考核 ● 期末总评成绩
课程思政出发点	教育目的和教学模块	思政内容和评价

图1 大学英语课程思政的课程体系建模

　　最后,大学英语教师除了强化课程思政教育意识、丰富课堂教学内容外,还应该研究新的教学方法和手段,寻找语言文化教学和思政教育的契合点,使大学英语课程更好地体现其德育功能,实现有效的教学。大学英语教师应该仔细研读教材,在明确教学重难点的基础上,深入挖掘其中可以进行思政教育的关键点和内容素材,探索新的教学方法,如"专题嵌入式"和"画龙点睛式"的创新"寓"教方法(郝红梅,2018),将思政教育与英语语言教学有机结合,应避免出现强行灌输的现象,防止学生产生抵触情绪。

教师可以运用"专题嵌入式"教学法，在大学英语学习中加入马克思主义辩证法，引导学生用辩证的眼光看待中西方文化的差异，分析其背后的文化根源。专题嵌入可以培养学生的思辨性，引导他们辩证地看待西方的文化思想，既不全盘拒绝，也不盲目跟从；在面对中华民族深厚悠久的文化时，既要继承传播，也要与时俱进。对于英语课堂来说，"画龙点睛式"教学是一种更灵活、更容易操作的思政教育方式。教师在讲授完某个知识点后，随即加上思政教育内容，画龙点睛式地从思政角度再一次对知识点进行解释和补充，使学生产生新鲜感。这更容易让他们接受，并引导他们思考，从而达到思政教育的目的。以大学英语课程中"节日文化"主题的单元为例，笔者在讲授时刚巧碰到重阳节，在引导学生思考如何建立良好的亲子关系时，跟学生分享了习近平总书记时常陪母亲散步的故事，借此强调习近平总书记关于弘扬中华优秀传统文化的重要论述，教育学生学习、继承和发扬中华孝道文化，并鼓励学生多与父母交流，与他们建立良好关系。这样画龙点睛式的思政教育，比直接讲授思政理论更有趣味性，也更有成效。

拓展第二课堂，充分利用英语学科的优势，开展思政教育"经典英文"诵读活动，内容包括马克思主义经典理论、中国特色社会主义理论、中国文化英语译作等。这既是语言的学习，也是中外文化的结合与碰撞，学生在这个过程中对社会主义理论和英语语言的学习都有所加深。拓展第二课堂的同时，培育良好的校园文化。学校是教育的重地，只有保证学校这块阵地思想与理论的正确性，才能保证整个教育在良性的轨道上循环和发展。

（二）课程思政师资力量建设

在课程思政建设中，师资队伍建设必须先行，即教师队伍应具有高水平的语言文化知识和深厚的思想理论素养。大学英语教学改革的深化，专业知识需求的日新月异，使得高校英语教师不断面临挑战。因此，教师必须具有终身学习的习惯和能力。大学英语课程思政教学对教师提出了更高要求，教师既要了解学生当下的认知水平，真诚地对学生进行思政教育,切忌"假大空"的说教;又要广泛学习政治、经济、文化等方面的知识,永葆一颗求知心,以培养学生的好奇心与求知欲。跨学科学习对教师的学习能力也提出了更高的要求,教师应在育人过程中与学生同进步、共成长。一方面,鼓励教师参加大学英语教学研讨会、课程思政专题学习和高校思政培训课程,以及在线课程建设技术培训;增强外语教师的德育意识,培养和提升教师的德育能力,使教师能够精准定位大学英语课程思政建设的结合点,从而保障课程思政混合式教学有步骤、有计划地实施。另一方面,通过搭建课程思政工作室等平台,整合思政教师、外语教师、学生辅导员和班主任队伍,组建多学科背景互相支撑、良性互动的课程教学团队。通过课程思政的师资建设,使高等教育成为学习和传播社会主义思想的阵地。

(三)教材建设和课程评价体系

对现有教材进行融合整理,形成"有体系、有逻辑、有知识、有情感"的课程思政系列教学材料,尤其是在阅读材料和翻译写作教材中融入中国文化传统、人文历史和社会发展等中国元素。结合在线教学方式,充实在线课程教学资源,开发翻转课堂教学配套PPT,制作系统性的教学微视频,创建试题库。在在线教学课程模块中增加课程思政案例教学,英语演讲、辩论、写作竞赛指导等特色教学资源等,实现在线教学资源的多维化。

改革大学英语课程的考核方式,融入课程思政考核的内涵。针对大学英语,传统的考核方式只注重听、说、读、写、译等方面,只是单纯的语言能力的测试,缺乏思政元素的考核,这使得一部分教师在教学中对课程思政教学有所懈怠。所以,在大学英语的考核中应加入思政元素,将思政内容恰当地融入考试机制。在教学中应将思政元素融入每个评价要素,包括课堂活动设计、作业的布置、学生表现的评价标准等,从而形成融入思政元素的评价体系。大学英语课程思政的考核方式要体现学科目标与思政目标的密切联系。在考题设计中,应根据题目的内容与类型,适时地融入思政元素。要求学生结合实际作答,将其道德素质、思辨能力与相关英语知识相结合,能够针对其思政水平进行评价,促使教师在课程思政教学中的长远发展。

当然，大学英语课程思政建设是高等教育中思政教育的重要补充，课程思政的考核只是一种手段，不是目标，所以在英语课程的考核中要坚持适度原则。在深化大学英语教学改革的过程中，更要以新的评价方式激励学生思想上进、学业进步，引导其在专业的学习、道德素质的培养、价值观念的形成中投入更多精力，提升综合素质。

五、结语

大学英语课程思政建设是思政教育专业化、深刻化、系统化的发展需要，通过对教学方式、教学内容、教学评价体系的创新，实现英语教育与思政教育的深度融合，实现立德树人的目标。大学英语课程思政教育不仅可以丰富教学内容，还能增强育人功能。从学生的发展来看，思政教育可以使学生深刻认识到人格素养、价值观形成与专业学习是同向的，削弱其学习的功利性，提升其道德养成、文化自觉、唯物辩证和内省自律的意识，让他们从单纯关注成绩转向个人思想成长与学业进步上来。从教师的发展来看，在大学英语课程中融入思政教育的内涵，是对其教学能力的重大考验。在这一过程中，教师要注重自我学习与自我完善，不断提高自身的思政水平，从多种学科中汲取知识。教师要从关注学生成绩、教学任务转向育人方式方法及育人效果上来，增进师生之间的关系，实现教与学的合力。在大学英语课程思政教学改革中，最紧要的是提升教师立德树人、培养社会人才的责任感和使命感。在多元化的现代社会，教师需要关注学生的成长，要不断提升学生的思政素养、英语水平、跨文化交际的意识与能力；要最大限度地发挥课堂教学的育人功能，使其成为提升高校思想政治教育的关键抓手，实现全程育人、全方位育人的人才培养目标。

参考文献

GRAVES K, 2008. The language curriculum: a social contextual perspective

[J]. Language teaching,41(2)：147-181.

蔡满园,2022.“课程思政”视域下大学英语金课的创意理性及实践路向[J]. 外语电化教学(1):3-7,101.

郝红梅,2018. 高校课程思政改革的实现路径分析[J]. 新课程研究(23):10-12,16.

黄佰宏,2020.“课程思政”视域下的大学英语教学改革与实践:以浙江理工大学为例[J]. 浙江理工大学学报(社会科学版),44(4):466-472.

教育部,2020. 高等学校课程思政建设指导纲要[EB/OL].（2020-05-28)[2023-08-24]. https://www.gov.cn/zhengce/zhengceku/2020-06/06/content_5517606.htm.

文秋芳,2021. 大学外语课程思政的内涵和实施框架[J]. 中国外语,18(2):47-52.

习近平,2016. 在庆祝中国共产党成立95周年大会上的讲话[M]. 北京:人民出版社.

习近平,2016. 在全国高校思想政治工作会议上强调:把思想政治工作贯穿教育教学全过程　开创我国高等教育事业发展新局面[N]. 人民日报,12-09(1).

肖维青,赵璧,2023. 课程思政背景下的大学英语教材内容重构实践:以“大学英语课程思政数字资源包”建设项目为例[J]. 外语界(1):57-65.

翟峥,王文丽,2021. 基于课程思政链的大学英语混合式教学实践探索:以英语通识课“媒介素养”为例[J]. 外语电化教学(6):63-67.

郑永廷,2017. 把高校思想政治工作贯穿教育教学全过程的若干思考:学习习近平总书记在全国高校思想政治工作会议上的讲话[J]. 思想理论教育(1):4-9.

OBE理论框架下英语专业课程思政一体化模式构建*

练丽娟①　黄秋林②

（浙江工商大学杭州商学院）

摘　要：课程思政建设是高校落实立德树人根本任务的重要举措。高校外语课程思政改革已进入新阶段，但课程思政融入英语专业课程的教学改革缺乏整体设计。本文认为教学改革是一个多维度的、多元素相互关联且互动的系统构建工程，英语专业的课程思政建设应遵循以产出为导向，过程服务于产出的反向设计原则。本文提出基于OBE理论，构建集课程目标、课程设计、课程实施、思政资源建设、教师培养、课程思政评价为一体的模式，旨在为英语专业及其他各专业的课程思政教学改革提供借鉴。

关键词：OBE；英语专业；课程思政；一体化

一、引言

随着全国各个学科课程思政的全面推进，高校外语专业教学改革取得了显著成绩，与此同时也暴露了一些问题。例如，外语专业课程的课程

* 本文为浙江省高等教育学会2022年度高等教育研究项目"OBE理论框架下高校英语专业课程思政一体化模式构建研究"（编号：KT2022194）的阶段性成果之一。

① 练丽娟，浙江工商大学杭州商学院外语学院副教授，博士，研究方向为语言学及应用语言学。

② 黄秋林，浙江工商大学杭州商学院外语学院讲师，硕士，研究方向为二语习得。

思政建设"各自为政",各行其是,思政教育内容具有一定的重复性,或专业特色不突出;教学改革缺乏整体设计,忽视了教学改革是一个多维度的、多元素相互关联且互动的系统构建工程;等等。因此,本文基于产出导向教育(Outcome Based Education,OBE)理论,遵循以产出为导向,过程服务于产出的反向设计原则,提出英语专业课程思政一体化模式,以期为外语专业以及其他专业的课程思政教学改革提供借鉴。

二、英语专业课程思政一体化模式的理论基础

OBE理论由美国学者W. D. Spady于19世纪80年代提出,并将其应用到美国的基础教育改革中,因其目标明确,效果显著,逐渐得到全世界的关注和认可。OBE理论的实施要点包括:第一,确定学习目标。教师教学任务的实施始终要以学生的学习产出为导向,要考虑是否能达到预期的培养目标。第二,合理构建课程体系,形成教学合力,培养学生的综合素质与能力。第三,确定教学方法。OBE理论注重以学生为中心,着重培养学生转化学习成果和自主学习的能力,特别强调研究型和个性化的教学模式。第四,多元梯次评价。OBE理论提倡多元和梯次的评价标准,着重评价学生的学习成果和学习收获。第五,循序渐进达成目标。学生的学习过程被设置了不同的阶段,可以循序渐进地从初级目标向高级目标过渡(杨艳群,2019)。

2003年,C. Achary对前人的研究做了总结,并系统地提出OBE理论的四项基本原则及实施路径,即定义学习产出、实现学习产出、评价学习产出和使用学习产出,该路径成为之后OBE理论的实践标准并沿用至今。OBE理论的教学模式在国际学术界和学校教育中得到高度的认可,欧美国家已将其纳入高等教育学位标准、学校教育目标、专业培养计划等,作为一条重要的指导准则。马来西亚、南非等地的高等教育学校也都积极采用以OBE为指导的教学模式。2011年,P. Kennedy结合我国香港的教学现状,研究了政策、理论和实践三者对OBE理论的影响。他认为这三者相互作用,共同促进基于产出导向的教育的开展。这为OBE理论引起国

内关注做出了巨大贡献。我国学者姜波在2003年将OBE理论引入国内。中国知网(CNKI)数据查询结果显示，从2014年开始，OBE理论受到国内学者广泛的关注，相关的研究也逐渐丰富起来。尤其是近几年，相关研究热度骤然上升。

三、英语专业课程思政一体化模式的实践基础

2014年开始，OBE理论逐渐在英语教学改革中得到广泛应用，为英语专业课程思政一体化模式的构建奠定了实践基础。基于OBE理论的外语教学研究与实践主要集中于大学英语课程，而涉及英语专业课程的则较少。OBE理论在英语教学改革中的应用主要体现在以OBE理论为基础的英语教学改革、基于OBE理论的教学模式的创新和OBE理论与英语课程思政的结合三个方面。

（一）以OBE理论为基础的英语教学改革

我国提倡以OBE理论为基础进行英语教学改革出现于21世纪初。自2016年开始，相关研究迅速增长，2020年其热度继续上升。随着全国课程思政的全面推进，大学英语教学中存在的问题也日益凸显，如教学目标缺乏整体设计，教学目标的思政点不突出；思政教育执行被动，思政教育内容的输入与输出脱节或不完整，思政内容融入生硬；教师思政教育能力不足，思政内容的挖掘呈现碎片化、散点化的特点，缺乏计划性、规范性和系统性；思政内容缺乏科学的考评体系；等等。基于如上问题，教育研究者及实践者们纷纷提出要进一步深化改革，革除弊病。有研究基于OBE理论从教学目标、教学内容、教学方式和教学评价四个维度构建大学英语课程思政的创新路径，为高校英语课程的思政教育提供新思路（杨洋 等，2020）。有研究基于OBE理论，围绕教学目标、课程设置、教学模式、评价方法等多个维度尝试构建英语专业教学体系，旨在培养具有实践创新能力的英语应用型和技能型人才（王文静 等，2020）。有研究基于OBE理论，在英语专业研究生培养过程中实施校内外实践教学平台一体

化,即"体验—理论提升—实践—反思"的教学方式,取得了一定的效果(郑祥丽,2019)。还有学者以OBE理论为指导设置了大学英语的教学目标、教学内容、教学评价和教学反馈,实证研究结果表明收效甚好(杨欣 等,2022)。由此可见,OBE理论在高校英语教学改革中取得了明显的成效,并日益受到青睐。这为该理论成为英语专业课程思政一体化模式构建的基础提供了实践依据。

(二)基于OBE理论的教学模式的创新

随着英语教学改革的不断深入,英语课程教学模式的探索也成为英语教育研究者所关注的焦点。有研究基于OBE理论,对英语专业课程进行混合式教学设计研究。有研究以产出为导向构建立体式互动教学模型,通过"线上＋线下"的混合式教学,合理利用互联网资源,优化课程内容和教学方式,以激发学生的学习兴趣,提高学生的实践创新能力。有研究基于OBE理论,从课程目标优化、课程实践活动设计及课程教学评估角度来探究商务英语课程反向设计的策略。也有不少研究者以OBE理论为指导,针对不同的课程进行教学模式的设计,如针对英语专业课程中的高级英语课程的设计,针对综合英语的设计(杨艳群,2019)。还有学者针对商务英语课程,基于OBE理论,围绕课程目标定位、教学设计与效果评价等环节,设计出"产出驱动—输入促成—产出评价"教学流程,提升课程教学质量。以上研究试图探究新的教学模式,注重教学过程的设计,但忽视了OBE理论强调产出评价并进行反溯的本质。本文所聚焦的英语专业课程思政一体化模式的设计将更加注重OBE理论在应用中的完整性和系统性。

(三)OBE理论与英语课程思政的结合

OBE理论的优势之一是通过产出导向,反向设计课程体系和教育教学方法,对设计的课程体系和教育教学方法进行持续性的改进。将OBE理论运用于课程思政建设,能够有效提高课程思政各个环节的质量和水平。自2019年以来,就有学者关注OBE理论在课程思政领域中的应用,这为课程思政融入外语教学提供了理论支持。袁俊娥等（2020）基于OBE理论，提出了英语课程思政有机融入的一体化设计、建设及实施方案，并对实施效果进行了分析。该研究对通识类大学英语课程的思政融入进行了较为全面的一体化设计，为其他课程的思政融入提供了借鉴。该研究注重一体化设计与实施，但对效果评价机制的建设不尽完善。剧叶玲认为课程思政需要理论指导，她提出将OBE理论与思政教育融合起来，指导英语教学完成立德树人的任务，完成英语课程思政育人目标。该研究浅谈了外语课程思政育人的重要性，但缺乏更深入的实践研究。张文妍等探讨了如何借鉴OBE理论和方法，有效建立课程思政培养目标达成度评价体系。该研究结果表明，以OBE理论为指导的评价体系能够合理评价思政目标的达成情况，且有助于高效追溯和改进教育过程中的各个环节。该研究以复合材料专业英语课程为例，尝试建立课程思政培养目标达成度评价体系。这对思政教育成效的评估有一定的借鉴价值，但其研究结果的应用具有学科课程的限制，并且评价体系的建立只解决了思政融入的终端问题。

四、英语专业课程思政一体化模式的构建

目前，英语专业课程思政在听、说、读、写、译等相关课程中已展开，但大都止于某一课程某一课的教学设计，缺乏统一的理论指导。教师虽然形成了课程思政教学的意识，但是在教学实践中缺乏统一的课程思政教育目标。在教学实践中，课程思政融入情况不同，各自为战，随意性大，思政资源分散，较难形成优化共享；同时，课程思政的实施效果缺乏统一的评价体系，亟须课程思政融入的一体化建设方案。因此，系统化推进英语专业教学改革是必由之路，在OBE理论框架下构建英语专业课程思政一体化模式是当务之急。

基于OBE理论的英语专业教学改革包括四个步骤：第一，基于OBE理论的英语专业课程思政一体化模式的构建；第二，基于OBE理论的英语专业课程思政一体化模式的教学实践；第三，基于OBE理论的英语专业课程思

政一体化模式的教学效果评价;第四,问题反溯与修正。

(一)基于OBE理论的英语专业课程思政一体化模式的构建

基于OBE理论的英语专业课程思政一体化模式设计包括三个圈层,其中核心圈为"产出导向",即"知识目标＋思政目标"的课程复合目标(复合目标以中国传统文化中的"太极"图形来表现,该图形可以表明课程知识目标与思政目标之间的关系);中间层包括教学设计、教学实践、教学产出和教学评价四个方面,这四个方面在"产出导向"和评价体系的推动下不断优化,从而形成良性循环,最终达成分级的课程复合目标;最外层是英语专业课程思政资源库建设、线上线下多模态教学方式设计、课程思政隐性课堂平台建设、复合目标达成度评价体系设定、课程思政教学团队建设——辅助上述四个方面促成课程思政复合目标的达成。如图1所示。

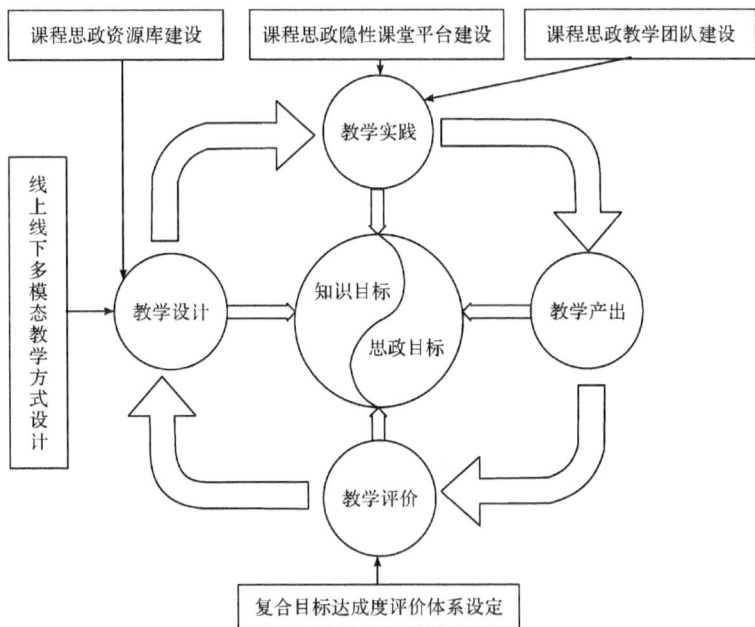

图1　基于OBE理论的英语专业课程思政一体化模式设计

(二)基于OBE理论的英语专业课程思政一体化模式的教学实践

依据OBE理论进行教学实践,首先需要确定英语专业课程的分级复合目标(知识技能目标＋思政教育目标),大到各门课程总目标,小到每个单元的思政教育目标。其次,完善现有专业课程体系,开设隐形课堂,创设以"讲好中国故事"为主题的英语中国文化节、英语中国文化活动日等,具体形式为中国文化系列讲座、中国文化外语论坛、英语演讲大赛、英文配音大赛、英文歌曲大赛、英文短剧大赛、单词大赛等。隐形课堂是显性课堂的延伸,其与显性课堂形成教学合力,保障知识技能实践的落地与思政目标的达成。再次,确定线上线下多模态混合式教学方法,以学生为中心,培养学生转化学习成果和自主研究式学习的能力。充分利用信息化教学手段,使线上微课、慕课等优质教育资源与线下自建的思政教育资源库尽其所用,拓展教学内容。通过隐形课堂平台与显性课堂结合的方式,实现多模态线上线下混合式教学。

(三)基于OBE理论的英语专业课程思政一体化模式的教学效果评价

英语专业课程思政一体化模式下的教学效果评价是围绕知识目标与思政目标这一复合目标的达成度展开的。在教学实践中,知识目标的达成度测评已经比较成熟,但是由于思政目标的育人成效具有抽象性、潜在性和内隐性,所以对其的测评成为课程思政研究中的一个难点。相关研究虽然已取得一些成果,但是学界没有形成一个统一且完善的评价体系。有研究者只给出了宏观的建议,也有研究者对教学改革经验进行了总结,还有少数研究者尝试构建各种形式的评价体系,如"两阶段六维度"模型、基于CIPP(背景＋输入＋过程＋结果)的评价模式,以及通过观察法、访谈法、问卷法、档案袋等方法构建的课程思政评价体系。虽然研究者们已经认识到构建英语专业课程思政评价体系的重要性,但是还需要进一步深入。现有的涉及课程思政的评价研究大多针对课程思政实施的过程,针对效果评价的研究很少。

OBE理论是以产出为导向的教育模式,能够大大提高教育质量。因此,自1981年提出以来,该理论迅速得到推广。依据该理论,课程思政应围绕明确的目标进行,英语专业课程思政的教学设计、教学实践与教学评价也应紧紧围绕以OBE理论为指导而设置的复合型目标进行,即依据OBE理论分解课程复合目标指标点,并赋权。例如,通过德尔菲专家咨询法建立初步的评价指标体系,并采用层次分析法对指标体系的一级指标和二级指标进行指标赋权,最后形成评分表。利用评分表,通过"自我评价+同伴评价+学校评价""形成性评价+终结性评价""量化+质性"相结合的形式进行多维化、立体化的教学效果评价。

(四)问题反溯与修正

问题反溯与修正是OBE理论的重要优势,这一环节有助于促使教育不断优化。基于OBE理论的英语专业课程思政一体化模式遵循以产出为导向,过程服务于产出的反向设计原则;其课程目标是包括知识目标与思政目标的复合目标,这两部分相辅相成,双向促进。在达成目标的过程中,我们难免会出现这样或那样的问题。对于问题,可能存在两种态度和处理方式,即回避和迎难而上。而OBE理论本身就带有"解决问题"的特性。反溯问题与修正问题是该理论的内在特质。

因此,基于课程思政复合目标的达成度,我们需要对英语专业各门课程在教学设计、教学实践、教学产出和教学评价四个方面出现的各种问题进行反溯、修正,并基于问题调节目标,从而开始新一轮的教学过程。由此形成教学"螺旋式上升"的良性循环。只有在既定目标的引导下,教学才不会迷失方向。只有及时反溯,深刻反思,并按照既定目标不断调整进程,教书育人的方向才不会在半途中发生偏移。

五、结语

《教育部高等教育司2022年工作要点》对全国高校提出了课程思政高质量建设的要求。新时代的外语人才培养以立德树人为根本任务,需要在直面西方意识形态这一特殊背景下进行价值观引导(杨金才,2020)。

我国外语专业需要培养德才兼备的复合型专业人才，因此英语专业课程应立足高远，整体规划，结合思政目标系统推进，既发展学生的专业技能，又树立学生的社会主义价值观，推进立德树人的教育目标，这具有重要的时代意义。本文尝试在OBE理论框架下整合英语专业的课程资源与思政教育资源，实现课程思政和英语专业教学的有机结合，探索英语专业课程思政建设的有效途径，以促成英语专业课程思政高质量建设，切实发挥协同育人的作用。英语专业课程思政建设尽管取得了显著成绩，但仍然任重而道远。如何汇集分散的力量和资源，形成合力，整体推动英语专业课程思政改革，提高教育质量，落实核心价值观教育，还需要每一位高校英语专业教师认真思考与践行。

参考文献

DICKINSON L, WENDEN A, 1995. Special issue on autonomy[M]. Cambridge: Cambridge University Press.

何玉海,2019. 关于"课程思政"的本质内涵与实现路径的探索[J]. 思想理论教育导刊(10):130-134.

刘洋,2021. 以产出为导向的研究生英语课程思政实践探索[J]. 教师教育论坛,34(9):89-92,97.

王文静,万腾,朱桂梅,2020. 基于OBE理念的地方高师院校英语专业实践教学体系构建研究[J]. 长春师范大学学报,39(11):169-171.

王欣,陈凡,石坚,2021. 价值引领下的英语专业课程群思政建设[J]. 中国外语,18(2):65-70.

徐锦芬,2021. 高校英语课程教学素材的思政内容建设研究[J]. 外语界(2):18-24.

杨金才,2020. 新时代外语教育课程思政建设的几点思考[J]. 外语教学,41(6):11-14.

杨欣,杨丽芬,2022. OBE理念在大学英语教学中的应用研究[J]. 安徽电气工程职业技术学院学报,27(2):121-125.

杨艳群,2019.基于 OBE 理念的综合英语教学改革[J].湖南科技学院学报,40(9):86-88.

杨洋,庞薇薇,倪志刚,2020.OBE 理念下《大学英语》课程思政的路径探索与实践[J].北华航天工业学院学报,30(3):54-56.

袁俊娥,马丹宁,赵燕婷,2020.通识类大学英语课程思政有机融入一体化建设实证研究[J].中国多媒体与网络教学学报(上旬刊)(11):187-189.

郑祥丽,2019.教育硕士学科教学英语专业学位研究生实践教学研究:以吉林外国语大学为例[J].长春教育学院学报,35(12):52-55.

课程思政背景下的大学英语形成性评价探究*

张永波①

（浙江工商大学杭州商学院）

摘　要：课程思政是新时代课程教学的新理念，旨在教学中融入思想政治教育，是当前大学英语教学的必由之路。课程思政的教学效果评价是当前课程思政建设的重点之一。评价课程思政教学效果的难点主要在于其具有内隐性，缺乏统一的衡量标准。本文论述了课程思政与形成性评价的内在联系，确立了评价原则，并从学生的学习效果和教师的教学效果两个维度提出了大学英语课程思政的评价指标体系。

关键词：课程思政；大学英语；形成性评价

一、研究背景

习近平总书记在2016年全国高校思想政治工作会议上指出，高校要"用好课堂教学这个主渠道"，并且强调"其他各门课都要守好一段渠、种好责任田，使各类课程与思想政治理论课同向同行，形成协同效应"（习近平，2016）。此后，全国各高校都在积极探索将课程思政融入非思政课程的方法与途径。在高校课程中，外语课程是大学生接触外国文化思想和意识形态的主要场所，师生常处于外国文化语境，常直接面对外国的思想

---

* 本文为浙江工商大学杭州商学院2021年院级课程思政示范课程"大学英语"教学研究项目"基于多终端多维度的'网络＋课堂＋实践'大学英语课程思政教学改革研究"的阶段性成果。
① 张永波，浙江工商大学杭州商学院外语学院讲师，硕士，研究方向为二语习得。

文化、话语体系以及意识形态,外语课程思政建设面临严峻挑战,也因此显得尤为重要(陈法春,2020;崔戈,2019)。大学英语课程作为高校非英语专业的公共基础课程,课时相对较多,学生覆盖面广,对保障高校课程思政教育教学效果具有特殊意义。目前已经有大量在大学英语课程中实施课程思政的研究,这些研究对课程教学体系、教学内容、思政要素和教学方法等都有一定的探索。而作为检验课程思政教育教学效果的关键环节——课程评价同样需要引起重视,因为课程评价能够直接反作用于大学英语课程思政的实施,最终影响"立德树人"根本目标的实现。

二、课程思政教学效果评价的难点

(一)课程思政教学效果缺乏统一的衡量标准

现阶段我国高校的教育工作者正处于对教育教学质量不断探索的阶段,而课程思政教学效果评价方法又属于教育教学评价领域中的新生事物,因此对其衡量标准难以准确把握。课程思政教育教学效果的评价需要涵盖教师主体、学生主体和教学部门三方对课程的评价,需要建立起一套相互契合的评价指标。在目前的相关研究中,关于课程思政教学效果评价指标的确立缺乏说服力,尚未有规范的操作性定义作为指导,评价指标体系也尚未成型(伍强瑞、柯心,2021)。

(二)课程思政的教学效果具有内隐性

课程思政的教学目标主要在于文化素养、职业素养的提升,价值观念的培育,辩证思维的发展以及情感的养成。这些都是在潜移默化中影响学生的深层素质,而这些素质多数不可测量,不具有显性指标。另外,学生在接受课程思政教学时,不仅要接受教师所传授的知识,还要积极参与实践。课程思政不仅仅在于认知,更在于体验,其中的情感发展和价值观念培养效果仅用考试、测验等单一的评价方式根本无法衡量。

三、课程思政和形成性评价的关系

（一）课程思政教学效果的难点决定了形成性评价不可或缺

从课程思政教学效果的评价难点来看，在评价体系中多主体、多种评价方式并用的多元评价方式是必然选择，其中形成性评价是十分重要的评价方式。对课程思政效果的评价应基于促进学生发展的根本目的，应坚持以形成性评价为主、形成性评价与终结性评价相结合的模式，注重学生的日常行为表现，主要收录反映学生成长过程与发展状况的描述与实证材料，发现学生在情感、态度、思想认识方面发生的变化，注重发展性原则而不唯结果（段云华，2021）。目前国内相关研究都对此有类似的表述。

（二）课程思政的内涵决定了形成性评价的必然性

课程思政在高校课程建设中，既有思想政治教育的显性课程，即思想政治理论课发挥价值引领作用；又有隐形课程，即综合素养课程和专业教育课程在知识传授中强调主流价值引领。以强化显性与细化隐性、知识传授与价值引领相结合的方式，使思想政治理论教育与专业教育协调同步，真正实现在课堂教学主渠道上全方位、全过程、全员立体化育人（孙亮、邓力，2019）。

形成性评价是对学生日常学习过程中的表现、所取得的成绩以及所反映出的情感、态度、策略等方面的发展做出的评价，是基于对学生学习全过程的持续观察、记录、反思而做出的发展性评价。课程思政教学效果的评价和形成性评价在评价的时间跨度、评价的对象方面有一定的重合，这种重合并非巧合。形成性评价的理论基础是多元智能理论和建构主义，前者强调发挥学生的主观能动性，扩大评价主体，注重学生的全面发展；后者则注重学生获得知识的过程，注重学生的自我发展，要求评价方式和评价主体多元化。课程思政全方位、全过程育人的理念同样借鉴了以上教育理论和思想，因此，课程思政对形成性评价的要求是必然的。

四、评价原则

(一)多元评价主体

专业课程思政实际上是通过教学活动和管理活动合力推动开展的(陆道坤,2018)。育人是生成性的动态过程,所有参与教学与学生管理的主体都应该成为课程思政教学效果评价的参与者,至少应该有教师、教学管理者和学生本身成为评价的主体。

学生的自评和互评是教学效果评价的第一手资料,从中可以发现教学过程中学生独特的内心体验和成长经验。学生的自评和互评可以通过问卷、访谈、量表和情景测评等方法进行。

教师是课程思政教学实践的执行者和落实者,对学生的学习状态和思想动态有较深的认识,是最重要的评价主体。教师主要从学生发展的维度,对学生在大学英语课程的学习中产生的情感、态度、价值观的变化,以及学生所掌握的英语学科知识与技能进行评价,同时通过评价结果来检视教学效果,反思教学设计和过程。

教学管理者包括学校和学院各级行政主管部门和教学管理人员,对课程教学的全过程,即课程设计、教材选择、教师素养、教学设计、学生发展等方面进行全面评价,重点实施对学生自评与互评、教师评价的监督和审查。

(二)多元评价维度

课程思政教学效果评价是实施课程思政的落脚点和归宿。课程思政教学目标的最终达成,需要教师和学生共同努力,因此对课程思政教学效果的评价需要同时评价学生"学"的效果和教师"教"的效果,通过学生的知识、能力、情感等方面的发展和思想行为上的转变,来检测教师的教学质量,从中发现教师在思政素质、教学态度、教学方法等方面存在的问题,进而提升教学效果。

在具体的评价过程中,要把定量评价和定性评价结合起来。在以往的形成性评价体系中，大学英语课程过于倚重定量评价。特别是在引入混合式教学模式中的线上学习之后，多以学习时长、登录及参与次数、作业完成率和正确率等量化指标来进行评价，忽视了个体差异和学生的动态学习过程。要将定性评价和定量评价结合起来，避免单一的定性评价方式的主观随意性，也避免单一的定量评价方式的简单化。

五、大学英语形成性评价体系

根据以上评价原则，结合浙江工商大学杭州商学院大学英语课程目前的教学现状，拟对大学英语课程中的学生学习效果和教师教学效果设定以下形成性评价体系。

（一）学生学习效果的评价体系

目前大学英语课程采用的是翻转课堂和混合式教学模式，学生不仅要接受课堂教学，还要课后在教师的指导下开展自主学习。对学生学习效果的评价，要从知识、技能、情感等基本教学目标出发，将思政教育教学的目标融入其中，建立学习效果评价指标。通过各种教学活动设计，明确评价主体，确定具体打分方式和权重。该课程使用的教材是新目标大学英语系列教材《综合教程1》，其中，第一单元（College Life）主要介绍国外大学生活。对该单元的学习效果评价指标的设置如表1所示。

表1　第一单元学生学习效果评价表

基本分类	教学目标	学习效果评价指标	教学活动设计	评价方式	权重
知识传授	提炼和拓展描述大学生活的英语表达，掌握描述情绪的词汇	掌握单词的音、形、意，并能在合适的语境中运用	课堂讨论和头脑风暴①	课堂抽查和自愿发言结合，教师当场打分	0.05
	阅读主题句，获知文章结构、大意	梳理主题句和文章结构，掌握主题句的特点	课前自主阅读	网络教学平台学习时长和练习正确率	0.15

续　表

基本分类	教学目标	学习效果评价指标	教学活动设计	评价方式	权重
知识传授	发现和理解课文与资料中的大学生具有的核心素养	完成课文预习与课文相关练习	课前自主阅读和观看视频	网络教学平台学习时长和练习正确率	0.15
能力培养	具备典型主题句的写作能力	完成观点明确、逻辑结构清晰、表达规范的主题句写作	课后提纲设计	学生自评和教师点评、打分	0.15
	能够基于事实进行理性思考，培养辩证思维	了解中外大学入学制度的相同点和不同点，并进行思考	课堂分组辩论②	教师点评和打分	0.15
	能够理解大学生活的意义，树立健康、理性的生活目标	能够描述理想的大学生活，思考大学生活的意义	课堂展示③	学生互评，教师点评和打分	0.15
价值塑造	正确面对成长中的挫折和挑战，发现自我，努力拼搏，增强社会责任感	能够描述个人成长目标，探讨个人学业、职业规划	课堂讨论和头脑风暴①	自愿发言，教师当场打分	0.05
	培养多元文化环境下的跨文化交际意识，树立中西文化比较自觉，增强文化自信	掌握中外大学生活的相同点和不同点	课堂展示③	学生互评，教师点评和打分	0.10
	对社会公平、正义等概念进行深入思考，积极思考社会问题	积极参与话题讨论，能够聆听、判断对方的观点，提出自己的观点	课堂分组辩论②	教师点评和打分	0.05

注：教学活动设计中序号相同表示教学活动相同

　　对知识传授类别的评价可以采用网络平台上的形成性评价系统，用定量的方式打分；对能力培养类别的评价要多使用学生自评和互评的方式，帮助学生形成自我反省、自我提升的学习习惯，提高他们对元认知学习策略的使用频率；对价值塑造方面的评价则需要教师采用观察法，对学生的表现进行定性评价，可以通过分值（如1、2、3、4、5）给学生的表现打分。

（二）教师教学效果的评价体系

对教师教学效果的评价包括师资水平、教学内容、教学形式和教学方法、教学态度、课后交流与反馈，以及教学效果等方面。对教师教学效果的评价可以通过学生给教师打分的形式进行，采用分级量表，量表形成后进行信度和效度测试，之后形成对教师教学效果的评价体系。大学英语课程思政中教师教学效果评价指标如表2所示。

表2　教师教学效果评价指标

一级指标	二级指标
师资水平	教师具备英语专业教学能力；教师思想政治素养高；教师具备课程思政教学能力
教学内容	教学内容符合大学英语教学指南及大纲要求；适合学生的英语水平；适应学生个人发展需求
教学形式	采用多样化的教学形式；采用混合式教学模式；教学形式适应学生需求
教学方法	有针对性，适应不同的教学场景；体现以学生为中心的教学思想；教学方法有趣味性
教学态度	敬业，不迟到、早退，不无故缺课、调课；言传身教，有人格魅力；对学生有价值引导
课后交流与反馈	与学生互动和交流频繁；及时批改学生作业；批改的评语和反馈具有针对性和指引性
教学效果	提升学生的英语知识、能力和素养；提升学生的英语应用能力和跨文化交际能力；提升学生的辩证思维能力；坚定学生的文化自信

六、结语

随着课程思政教学改革实践的不断深入，我国的外语课堂正经历着从"外语教学"到"外语教育"的深刻转变（田朝霞、王文宇，2021）。这是中国外语教学发展的必然趋势，也是新时代的召唤。为了贯彻"立德树人"这一根本目标，大学英语课程必须关注学生在英语课程中表现出来的思想道德素养和价值观念的形成与发展,并将其纳入课程评价体系。本文从形成性评价的角度对课程思政背景下大学英语课程的评价体系做了初步的探讨,提出将形成性评价与终结性评价结合起来。同时,本文所提供的评价体系也需要在教学实践中进一步检验,不断调整修改,以适应我校大学英语课程的需要。

参考文献

陈法春,2020.外语类本科专业课程思政内容体系构建[J].外语电化教学(6):12-16.

崔戈,2019."大思政"格局下外语"课程思政"建设的探索与实践[J].思想理论教育导刊(7):138-140.

段云华,2021.高校"课程思政"实效评价体系构建[J].湖北经济学院学报(人文社会科学版),18(11):105-107.

陆道坤,2018.课程思政推行中若干核心问题及解决思路:基于专业课程思政的探讨[J].思想理论教育(3):64-69.

孙亮,邓力,2019.高校思想政治工作与构建和谐校园研究[M].南昌:江西高校出版社.

田朝霞,王文宇,2021.从外语教学到外语教育:高校外语课程思政建设的意义、方式及对教师角色的影响[J].现代英语(7):1-6,14.

伍强瑞,柯心,2021.回顾与展望:高校"课程思政"实施效果评价的研究述评[J].高教学刊,7(25):168-172.

习近平,2016.习近平在全国高校思想政治工作会议上强调:把思想政治工作贯穿教育教学全过程 开创我国高等教育事业发展新局面[EB/OL].(2016-12-08)[2023-06-23].http://www.moe.gov.cn/jyb_xwfb/s6052/moe_838/201612/t20161208_291306.html.

基于学科核心素养的英语听力思政教学探索*

胡春晓[①]

浙江工商大学杭州商学院

摘　要：学科核心素养是学科育人价值的集中体现，是学生通过学科学习而逐步形成的正确的价值观、适应终身发展和社会发展需要的必备品格和关键能力。英语学科核心素养主要包括语言能力、跨文化意识、思维品质和学习能力四个方面。本文就英语听力教学中如何培养学生的英语核心素养进行分析，以凸显听力课程的思政育人功能。

关键词：学科核心素养；听力思政教学；语言能力；跨文化意识；思辨能力

2014年，《教育部关于全面深化课程改革落实立德树人根本任务的意见》提出了"核心素养"的概念，要求"将研制与构建学生核心素养体系作为推进我国课程改革深化发展的关键环节"（范博文，2020）。发展学生核心素养，落实立德树人的根本任务是深化课程改革的必然要求。准确理解和解读英语学科核心素养是推进当前英语课程改革的重要前提，也是促进英语教师专业发展的内在要求。

＊　本文为 2022年度杭州商学院课程思政教学项目"课程思政理念下'大学英语'改革研究"（负责人：胡春晓）的部分成果。
①　胡春晓，浙江工商大学杭州商学院外语学院副教授，硕士，研究方向为英语教学、翻译理论与实践。

一、英语学科核心素养概念解读

"核心素养"这一概念最早由经济合作与发展组织在1997年提出,认为它是一种"通过在特定环境下利用和调动心理社会资源(包括技能和态度)来满足复杂需求的能力",这种能力超过了知识和技能本身。2016年在北京发布的《中国学生发展核心素养》根据核心素养的综合表现将其分为六类,即"人文底蕴、科学精神、学会学习、健康生活、责任担当、实践创新",包括文化基础、自主发展、社会参与三个维度。这六类也被称为"全面发展的人"的六大必备素养(沈章明,2017)。具体到某一学科,又有具体的学科核心素养要求。就英语学科核心素养来讲,它指的是学生通过英语学科的学习逐步形成的适应个人终身发展和社会发展需求所必备的品格和关键能力,主要包括"语言能力、文化意识、思维品质和学习能力",强调英语学科的育人价值,而过去仅仅强调综合语言运用的能力(程晓堂、赵思奇,2016)。

二、英语核心素养与英语教学

英语学科具有工具性和人文性双重属性。语言能力作为英语学科核心素养的基础具有其独特价值,是学生提升文化意识、思维品质和学习能力的依托,也是其提升核心素养的首要保证。英语教学在培养学生语言运用能力中发挥着很大的作用。学生通过学习英语课程,获得丰富的语言知识,掌握必备的语言技能,形成一定的交流能力。同时,英语语言能力的提高有助于学生走出本族语使用者的固有思维方式,更好地帮助学生开阔文化视野,从跨文化的角度观察、体验和认识世界,并促成深度学习。所以,从一定程度上来说,英语教学就是让学生在英语语言的学习和运用中提升他们的文化意识、思维品质和学习能力,从而提升其人文素养。

三、指向学科核心素养的英语听力思政教学策略

"听"是一项非常重要的语言技能,英语听力教学是英语教学中的重要环节。在英语听力教学中融入课程思政,就要努力挖掘和发现听力材料中蕴含的思政元素,比如工匠精神、体育精神、社会主义核心价值观等,让学生在练习听力技能的同时,也能在情感、精神和价值观层面受到熏陶,以润物无声的方式促使学生具有世界眼光,培育强烈的家国情怀,提高英语学科核心素养(周立斌 等,2020)。

(一)听力技能与策略训练

为实现语言技能方面的目标,我们提倡采用明确的听力技能和听力策略训练,引导学生主动把握听力认知过程、管理听力任务。听力技能既有微技能,如辨别相似音、猜测生词、运用语法规则构建句子意义、识别句子之间的逻辑关系、理解语篇的整体含义、根据语境听出说话者的真正意图等(Richards,1983);又有形成性技能,包括对快语速、低频词、复杂结构、高信息密度文本等听力材料的处理技能(Buck el al.,1997)。听力策略包括认知策略、元认知策略和听力社会(情感)策略。其中,认知策略包括预测、联想、推断、总结等,与听力的认知过程密切相关。元认知策略包括计划、监控、调节,能帮助学习者管理语言知识、话题知识,进行情感图式的整合,以适应不同听力情境和任务种类(Bachman & Palmer,1996)。听力社会(情感)策略是指听力学习者对其认知过程、情感过程的管理。

教师可根据听力展开的时间顺序,即听前、听中、听后,设置教学任务。听前任务一般涉及三个层面:①对听力活动进行事先准备;②在听力活动展开前集中注意力;③对听力活动中的具体内容进行推测。

听中任务一般涉及七个层面:①有选择地注意听的内容,如词汇之间可能出现的连读、省音、同化现象;②训练学生切分连续语音流的能力;③要求学生对听力活动进行自我监控、自我演绎;④聚焦听力内容中的意义;⑤回避母语;⑥在听力过程中做笔记;⑦利用视觉形象。

听后任务一般包含四个层面:①学生对听力活动进行自我评价;②总结自己的表现;③重复听不懂的内容;④对听力内容进行归类、分析。在反馈交流中,教师可以进行简要回顾,对学生疑惑的内容加以解释。

(二)听力教学中思辨能力的培养

思辨听力是指在听的过程中运用恰当的评价标准,进行有目的的思考,最终做出有理据的判断(王艳,2015)。作为一个批判性的听者,要能通过听去评价所听信息的质量、恰当性、价值和重要性及结论的可行性等。如何在听力课程中培养学生的思辨能力呢?在听力教学中,教师应有意识地引导学生运用阐释、分析、评价、推断这四种技能归纳概括听力材料中的智识性内容(intellectual content),即"一种语言的表征形式所反映的某种看待世界的方式以及该视角对世界的描述",从而发展学生反思语言的特征和功能之间关系的能力(林晓、何莲珍,2017)。

思辨教学一般安排在一篇听力材料的语言技能训练之后。学生在理解听力材料的基础上,进一步对其目的和主题进行识别、判断,对论据进行评价,对观点和假设进行分析。比如,在学生听完一篇演讲之后,教师可通过启发式提问的方式,引导学生展开思辨和讨论:

What is the fundamental purpose of the speaker?

What is the key issue of this speech?

Is the source reliable?

Is the statistical evidence recent enough to relevant?

What assumptions is the speaker making in his or her reasoning?

教师应在原有听力技能目标的基础上增加思辨力培养目标,并通过任务设置将其落到实处,根据具体情况采用分离式、融合式、显性式、隐性式等思辨力培养模式(文秋芳、孙旻,2015)。

(三)听力教学中跨文化意识的导入

听力教学内容是传授知识、培养能力、塑造价值的重要载体。根据现有听力教材中的思政元素,深挖社会主义核心价值观融入的路径。例如:

①全球经济新闻听力单元。一则新闻提到世界银行截止到2030年消除全球贫困的目标，这与我国脱贫攻坚战以及全面建成小康社会的目标一致。在教学过程中，可补充相关的音视频或图片展示我国经济近年来的发展，使学生能更深刻地感受社会主义核心价值观中的"富强"二字，增强民族自豪感。

②全球科技新闻听力单元。学生可以从听力材料中了解一些全球知名的科技公司、我国的北斗卫星导航系统等。教师可补充CGTN或 *China Daily* 等权威媒体的报道，带领学生紧跟时事热点，让他们深刻地认识到"科技是第一生产力"的道理。

③全球体育新闻单元。学生能从听力材料中了解体育竞赛，激发情感共鸣，学习顽强拼搏的体育精神。

④全球交通新闻单元。学生能从听力材料中了解交通的大力发展对促进国际经贸发展的重要作用，了解我国"一带一路"倡议的贡献。

⑤全球节日单元。学生能从听力材料中了解国内外节日的文化习俗和思想内涵，增进文化理解。

⑥全球食品新闻单元。学生可从听力材料中了解不同的饮食文化，同时关注食品安全、粮食短缺等问题。

（四）促进课内外联动，提高英语核心素养

开展形式多样的课外听力活动，促进课内外联动，形成课程整体育人的联动效应。比如，可以开展线上讲座，如"大国之美""中西方教育理念对比""中西方礼仪"等。从 Ted Talk、China Daily Website 等优质网站精心挑选适合学生水平、能体现"大学精神""人文素养""诚信""工匠精神"等社会主义核心价值观的听力材料，将其作为学生的课外听力内容，如 *Chinese New Year*、*The Story of China*、*The Forbidden City* 以及 *China from Above* 等精彩纪录片。从新颖的视角满足学生的需求，建立学生的文化自信和文化认同，唤醒他们的历史责任感和时代使命感（王卉，2019）。

收听英语广播也是一种常见的课外听力活动。校园广播电台每天在固定的时间播放英语节目，这可以弥补课堂教学的不足。结合一些竞赛

或沙龙活动来激发学生收听英语广播的兴趣,给英语电影片段配音也不失为一种有效的以说促听的方式。要想达到一定的配音效果,学生首先必须反复聆听配音的片段,模仿一些特殊的语音现象,如连读、弱读、重读等。语音问题的改善在一定程度上有助于听力水平的提高。

四、结语

基于学科核心素养的英语听力课程思政教学,要以价值塑造、能力培养、知识传授为教学目标,将思政教育"无痕"地融入听力课程教学中,让学生在提高语言技能、了解西方文化的同时,坚定社会主义理想信念,坚定文化自信,最终实现大学英语听力课程润物细无声的育人功能。

参考文献

BACHMAN L F, PALMER A S, 1996. Language testing in practice［M］. Oxford: Oxford University Press, 1996.

BUCK G, TATSUOKA K, KOSTIN I, 1997. The subskills of listening: rule-space analysis of multiple-choice test of second language listening comprehension［C］//HUHTA A, YLIOPISTO J. Current developments and alternatives in language assessment: proceedings of LTRC. Fennica: LTRC, 589-624.

RICHARDS J, 1983. Listening comprehension: approach, design, procedure ［J］. TESOL quarterly(2):219-240.

程晓堂,赵思奇,2016. 英语学科核心素养的实质内涵[J].课程·教材·教法,36(5):79-86.

范博文,2020. 基于核心素养培养的高职英语教学设计与实施研究[J]. 教育观察,9(38):90-92.

林晓,何莲珍,2017. 论大学英语课堂中的思辨能力培养[J]. 西安外国语大学学报,25(1):61-66.

沈章明,2017. 谁提出了"核心素养"这个概念[J]. 湖北教育(教育教学)(1):5-7.

文秋芳,孙旻,2015. 评述高校外语教学中思辨力培养存在的问题[J]. 外语教学理论与实践(3):6-12,94.

王艳,2015. 思辨听力:理据、框架与操作[J]. 中国外语(2):80-85.

王卉,2019. 基于泛在学习环境的大学英语课程思政融入路径探究[J]. 教育教学论坛(1):54-55.

周立斌,王希艳,曹佳琪,2020. 高校"课程思政"建设规律、原则与要点探索[J]. 高教学刊(25):179-182.

基于产出导向法的大学英语合作学习与育人研究*

汤晓芳①

浙江工商大学杭州商学院

摘 要：产出导向法（Production Oriented Approach，POA）是在科学信息化和教育本土化的大背景下应运而生的具有中国特色的外语教学新理念，强调"学用一体"在外语教学中的重要性。本文拟在POA视域下，从合作学习的本质出发，以优化育人模式为目标，在大学英语教学中建立"'产出驱动'确定合作学习目标—'输入促成'课堂合作活动—'师生合作'评价小组产出"的合作学习应用框架；并以新目标大学英语系列教材《综合教程2》第5单元为例阐释该框架的实施过程，以期优化合作学习在大学英语教学中的应用模式，提升外语育人成效，促进合作学习在中国特色外语教学新理念中的应用研究和发展。

关键词：POA；大学英语；合作学习；育人

一、引言

随着社会对毕业生英语应用能力的要求和我国外语教学中"学用分离"之间的矛盾日益凸显，产出导向法（Production Oriented Approach，POA）应运而生。目前已有的研究已经显示出POA教学的初步成效（张文娟，

* 本文为浙江工商大学杭州商学院2022年院级"课程思政"教学项目"新商科背景下'职场英语'课程思政教学改革研究"的阶段性成果。

① 汤晓芳，浙江工商大学杭州商学院外语学院讲师，硕士，研究方向为语言学及应用语言学。

2016)。教育部早在《大学英语课程教学要求》(2007)中指出，教学模式的改变不仅是教学方法和手段的变化，而且是教学理念的转变，是向以学生为中心、既传授语言知识与技能，又注重培养语言实际应用能力和自主学习能力的教学思想和实践的转变。而合作学习特别强调自主、合作与探究的学习方式。合作学习力求改变传统教学模式和观念，引导学生由被动学习转变为主动学习，以提高学生的应用能力，因而具有重要的育人价值（王坦，2002）。鉴于此，本文探讨大学英语教学中以POA为指导，建立以输入为驱动、输出为根本的合作学习框架和育人模式，以期促进合作学习在新时代外语教学理论中的应用研究和发展。

二、理论概述

（一）POA理论概述

POA理论是由国内知名外语学者文秋芳(2015)带领的教学研究团队提出的具有中国特色的创新型外语教学理论，主要针对我国外语教学中"学用分离"的现象，为高等教育英语课堂教学而构建。该理论自提出以来受到了外语教师和研究者的广泛关注，国内有关该理论的研究不断增加（刘亚、邢加新，2020）。该理论体系包含教学理念、教学假设和教学流程三大部分。其中，教学流程遵循"学用一体"理念，分为"驱动—促成—评价"三个环节，形成"内部小循环、整体大循环"的运作方式，在教学实践中采用输入、输出相结合的模式，引导学生以"产出"开始，以"产出"结束（文秋芳，2015，2018）。同时，POA理论主张"学习中心"，注重"双主原则"，即同时关注学生的主体地位和强调教师的主导作用，并强调引导学生进行选择性学习，促使学生有效丰富和运用自己的语言和知识储备，将选择性"输入"所得积极运用到说、写、译等"输出"活动中，并能进一步运用于日常交际活动，学以致用，实现"学用一体"。

（二）合作学习与育人概述

合作学习理论于20世纪70年代兴起于美国，之后在教育界快速发展,其教学效果已得到诸多教学实践的验证,如 Korkmaz(2012)在其文献研究中得出,合作学习有利于促进学生学业发展,提升学生的认知能力、自信心、社会技能、元认知水平、解决问题的能力和团队合作的能力,培养积极的学习态度,激发内在学习动机等。合作学习在我国起步稍晚,于20世纪90年代初才进入课堂教学。作为一种教学活动,它以小组为基本形式,系统性地利用教学中各种动态因素之间的互动促进学生的学习,以团体成绩为评价标准,共同达到教学目标(王坦,2001)。

在大学英语教学改革中,以往传统的以教师为中心、教师"一言堂"的教学模式已无法满足当下对创新型、合作型人才的需求,以学生为中心的现代教学理念日益盛行,其中合作学习模式成为一大热点。针对我国大学生在英语学习过程中普遍"怕"开口的现象,合作学习有助于降低其使用英语交流时的焦虑感,促使学生在合作中增加外语使用的机会,在应用中不断提高英语水平(刘玉静、高艳,2011)。此外,合作学习这种协作型的学习模式还有助于提升自我学习能力,培养学生的人际交往能力、问题解决能力和团队合作能力等,实现有效育人的目标。

三、POA视域下的合作学习与育人

(一)教学框架设计

本研究以优化合作学习应用模式,提升外语育人成效为目标,尝试建立合作学习教学框架以指导实践。首先,在小组结对模式方面,教师可基于"组内异质,组间同质"的原则,结合学情进行分组,自由结对,每组5—6人(徐锦芬、曹忠凯,2012);并对学生进行小组合作学习相关要点培训,如学习确保合作学习有效进行的5个基本前提——积极互赖、个体职责、促进性互动、人际交往技能以及小组反思(Johnson & Johnson,2009)。在此基础上,以POA为指导,遵循"教师主导、学生主体"的教学模式和"输出驱动—输入促成—产出评价"教学流程,建立以输出为导向的合作学习教学模式,推动学生有针对性地开展合作学习,即带着明确的产出任务开展合作,选择性地学习产出任务所需的词句搭配、语法知识和语篇结构等,获取积极有用的输入；并通过教师督促指导、师生合作评价（Teacher-Student Collaborative Assessment，TSCA）（孙曙光，2020）等持续改进不足、调整合作任务，开始新的任务。在此过程中，教师引导学生在分工合作中不断获取新的输入、完成子产出任务，增加学习的广度和深度，最终完成学习的总产出任务，从而完成语言和交际目标。结合教学实践，POA视域下的合作学习教学框架如图1所示。

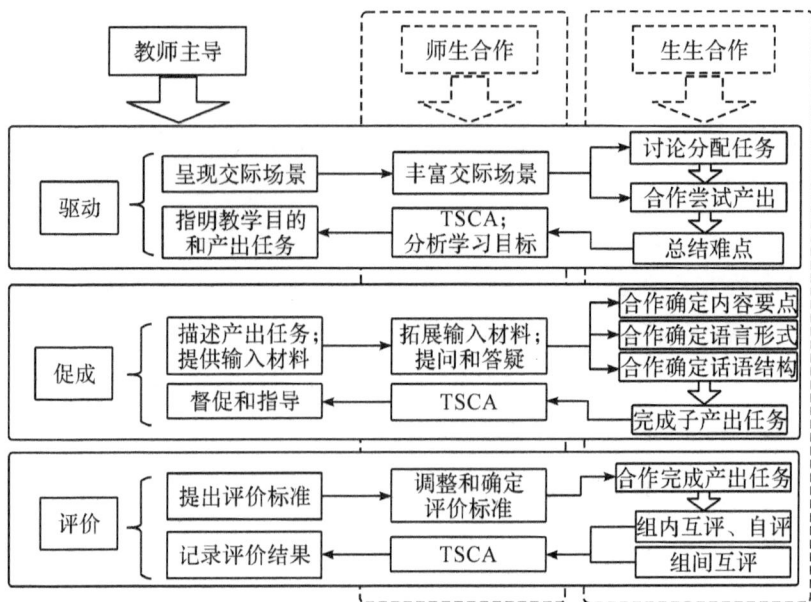

图1　POA视域下的合作学习教学框架

驱动环节的合作学习可以在课外或课内完成。例如，教师可利用网络平台，呈现与学生专业相关或在未来学习和工作中很可能发生的交际场景，并引导学生理解和丰富场景。在该环节可设置的学生合作学习任务为：选择和确定本小组成员的任务及分工，尝试完成产出任务，并总结所遇到的难点。此环节的尝试性产出结果可以课前在网上提交，也可以课内以小组合作展示等形式呈现。教师参与合作评价并在课上结合学生反馈的问题，明确指出语言目标和交际目标并引导学生讨论，促使学生明确产出任务。

促成环节主要在课内完成。这一环节的合作学习以课内讨论或对话为主。教师将总产出任务分为若干子任务进行描述,并提供相应的输入性材料如音频、视频、文字材料等,指导学生精听、观看或阅读后再以小组的形式讨论和分析;之后让学生进行选择性学习,即逐一寻找和确定子任务所需的信息,主要包括内容(ideas)、语言(language)和话语结构(discourse structure)等。在此过程中,教师需监控小组活动动态,适当进行答疑或指导,并在小组展示其产出子任务的结果后,适当开展合作评价。产出形式可以是口头报告,也可以是写作、翻译;可以由所有小组成员共同展示,也可以由小组代表展示。

对产出任务的评价,可依据"教师引导、学生参与"的评价理念,在课内外依次开展,以师生合作的方式进行。评价开展前,教师提出评价标准,组织学生以合作小组的形式进行讨论,并结合小组的理解情况和意见,调整和确定标准。在评价过程中,组内成员互评、组间小组互评、教师评价相互结合,在课前、课中、课后等时段,线上线下多渠道开展即时和延时评价。针对评价中发现或存在的问题,教师先要引导学生思考再在组内展开讨论,提出思路,然后分析并给出建议,或提供解决方案。

(二)教学实施案例

为进一步探讨合作学习在"'产出驱动'确定合作学习目标—'输入促成'课堂合作活动—'师生合作'评价小组产出"过程中的应用及育人效果,本研究以新目标大学英语系列教材《综合教程2》第5单元的教学为例,展开了教学实践。该单元话题为"出国留学",学生为普通高校非英语专业一年级学生。

1. "产出驱动"确定合作学习目标

POA理论认为,产出目标的设定具有驱动性,涵盖产出目标的相应交际场景应包括话题(产出的内容)、目的(产出的原因)、身份(由谁产出、为谁产出)和场合(产出地点)(文秋芳、孙曙光,2020)。据此,教师结合教材,设置交际场景和小组合作产出任务,具体如下:

Suppose you are in the English Corner of your campus where there are also some international students. When talking about the trend of studying abroad, they want to know your opinions concerning advantages and disadvantages. You are not sure yet, but decide to work in your group and find some useful information. If you run into the same question in the English Corner next time, what will you say or share then?

该环节设置的小组合作任务为讨论和剖析该产出任务，进行小组职责划分，尝试产出和总结难点。教师指导小组根据本组情况，对任务解剖和职责划分做出不同的安排。例如：

A组5人，先讨论得出与出国留学相关的几个方面，再内部分工：S1（Student 1）和S2列举出国留学在学业和就业方面的利弊（任务1），S3和S4列举出国留学对生活阅历、文化交流等方面的影响（任务2）；S5辅助查找案例，并担任小组长进行记录、信息汇总和组织讨论。

B组6人，先进行内部分工：S1、S2和S3负责列举出国留学或交流的优点，S4、S5和S6负责列举缺点；S1同时担任小组长的角色组织讨论，并进行记录、信息汇总。

讨论结束后，随机选取小组或以小组合作的方式进行分享；教师进行简单点评，引导并指明总产出任务和学习目标。

2."输入促成"课堂合作活动

产出任务的分解有利于降低总任务难度，减轻学生的焦虑感，有利于总目标的达成。因此在促成环节，教师应围绕以下子任务设置交际场景：①介绍出国留学或交流期间的学习安排，并对比其与国内的不同，分析利弊；②介绍出国留学或交流期间的课余生活，并对比其与国内的不同，分析利弊；③其他相关内容的利弊分析（拓展）。同时，以产出子任务为目标提供促成输入的材料，引导学生进行选择性学习，从内容、语言、话语结构等方面为学生搭建"脚手架"。此时学习的主要材料为第5单元Text A和相关视频，可通过问答题和填空题等促成学生的合作学习。

在该环节,小组合作任务为相应调整小组分工,分析和提取各子任务所需的内容、语言和话语结构等。根据分工,组员在选择性学习时应各有重点,然后进行组内讨论和分析,最后得出产出结果并在全班进行分享。例如,在上述 A 组中,S1 和 S2 在子任务 1 中扮演主要角色,S3 和 S4 在任务 2 中扮演主要角色;B 组学生则积极参与几项任务。在此过程中,教师应注意观察学生参与的情况,并及时给予一定的指导和答疑。

3. "师生合作"评价小组产出

根据 POA 理论,可从两方面评价和检验产出目标的达成情况:①即时评价,即在教学过程中对学生的产出进行评价;②延时评价,即对学生课后完成的产出进行评价。在本单元的合作学习过程中,即时评价可以在组间合作中完成,如对于任务 1,结合评价标准,教师主要从学生分享的内容、观点、例证和语言表达等角度,通过超星泛雅网络教学平台的投票功能,带动学生进行投票评分和讨论。小组最终的产出任务提交到超星泛雅网络教学平台,展开互评;同时,教师选择典型样本,聚焦典型问题,在下一次课上进一步开展师生合作评价,给出具体改进意见。学生在得到评价结果后,通过小组合作分析,不断丰富对出国留学的认识,修改和组织语言,促成和完善产出。

4. 案例小结和反思

根据本案例的实践和跟踪结果,学生普遍反映在这种模式下,他们对合作学习任务的"体验更真实,目标更明确",小组成员完成目标的互赖程度也更深。目标互赖对学生自主学习能力的提升有很深的影响。同时,合作互评能够促使学生更加开放地了解自己和他人的不足,边评边学、边学边评,学以致用,从而高效推动学生提升自主评析能力和英语应用能力。但在本次教学的探索中,因学生学力不同且整体英语水平不高,对 POA 教学方法不熟悉等,出现了如教师主导和学生主体地位有时难以平衡,或学生在合作完成产出时多使用中译英的方法,而非纯英语产出,或合作评价过于主观等现象。这些在后续研究中有待优化。

四、结语

基于POA理论开展的合作学习是在真实交际场景中协作完成任务的一种"输出驱动—输入促成"的学习方式，在教学信息技术、网络资源日益丰富的环境中又兼具混合式教学特征，这就要求学生从教师给定的材料和网络资源中自主开展探究式的合作学习，主动获取、学习多源输入材料，通过资源共享和互动交流，不断扩大输入的效应，完成合作产出任务。随着中国特色外语教学理论和实践的不断更新、丰富和发展，诸如合作学习之类的教学组织形式和方法能否融入、如何有效融入新时代外语教学，仍是值得关注和探讨的话题。

参考文献

JOHNSON D W, JOHNSON R T, 2009. An educational psychology success story: social interdependence theory and cooperative learning [J]. Educational researcher, 38(5): 365-379.

KORKMAZ Ö, 2012. A validity and reliability study of the Online Cooperative Learning Attitude Scale (OCLAS)[J]. Computers & education, 59(4): 1162-1169.

教育部高等教育司, 2007. 大学英语课程教学要求[M]. 北京:高等教育出版社.

刘亚,邢加新, 2020. 国内近五年产出导向法研究综述[J]. 考试与评价(大学英语教研版)(3):35-39.

刘玉静,高艳, 2011. 合作学习教学策略[M]. 北京:北京师范大学出版社.

孙曙光, 2020. "产出导向法"中师生合作评价原则例析[J]. 外语教育研究前沿, 3(2):20-27,90-91.

文秋芳,孙曙光, 2020. "产出导向法"驱动场景设计要素例析[J]. 外语教育研究前沿, 3(2):4-11,90.

文秋芳,2015.构建"产出导向法"理论体系[J].外语教学与研究,47(4)：
　　547-558,640.

文秋芳,2018."产出导向法"与对外汉语教学[J].世界汉语教学,32(3)：
　　387-400.

王坦,2002.论合作学习的基本理念[J].教育研究,23(2):68-72.

王坦,2001.合作学习:原理与策略[M].北京:学苑出版社.

徐锦芬,曹忠凯,2012.不同结对模式对大学英语课堂生生互动影响的实
　　证研究[J].中国外语(5):67-77.

张文娟,2016.基于"产出导向法"的大学英语课堂教学实践[J].外语与外
　　语教学(2):106-114,147.

"三全育人"视角下教练技术在高校学生工作中的应用与思考

吴佳璐[①]

（浙江工商大学杭州商学院）

摘　要: "三全育人"（全员全过程全方位育人）理念既是对当下育人项目与资源的整合，也是对长远育人标准与成果的期望，对高校思想政治工作提出了更高的要求。高校学生工作是高校思想政治工作的重要一环，辅导员作为高校思想政治工作的主力军，有责任与义务回答如何紧紧围绕立德树人这一根本任务，如何高质量实现"三全育人"这一重大问题。本文试从教练技术的运用入手，探讨实现"全员全过程全方位育人"的长效机制。

关键词: "三全育人"；教练技术；高校学生工作

2017年2月，中共中央、国务院印发《关于加强和改进新形势下高校思想政治工作的意见》（以下简称《意见》）。该《意见》指出了加强和改进高校思想政治工作的基本原则，其中有一条："坚持全员全过程全方位育人。把思想价值引领贯穿教育教学全过程和各环节，形成教书育人、科研育人、实践育人、管理育人、服务育人、文化育人、组织育人长效机制。"该《意见》高度强化了高校开展思想理论教育和价值引领的重要性，对高校思想政治工作的改革创新提出了新要求。

---

① 吴佳璐，浙江工商大学杭州商学院外语学院讲师，硕士，研究方向为优势教育和大学生成长成才。

"辅导员是开展大学生思想政治教育的骨干力量,是高等学校学生日常思想政治教育和管理工作的组织者、实施者、指导者。辅导员应当努力成为学生成长成才的人生导师和健康生活的知心朋友。"(教育部,2017)据《普通高等学校辅导员队伍建设规定》(教育部令第43号),辅导员的主要工作职责包括思想理论教育和价值引领、党团和班级建设、学风建设、学生日常事务管理、心理健康教育与咨询工作、网络思想政治教育、校园危机事件应对、职业规划与就业创业指导、理论和实践研究等九大类。辅导员在高校思政工作方面肩负重要责任,高校辅导员队伍的专业化与职业化是提升大学生思想政治教育工作质量的重要保障。"三全育人"理念对新时期高校学生工作提出了更高的要求,也对辅导员的队伍建设形成了更高的期待。本文试结合笔者在高校的思政工作实践,从学生工作内容出发,探讨如何把教练技术运用到日常学生工作中,实现"三全育人"长效机制。

一、辅导员工作面临的挑战

当前辅导员工作的对象基本为"00后",这是一群生长在物质生活丰富的互联网"原住民",大多爱好广泛、视野开阔、自主意识强。"00后"更愿意发掘社会的深层问题,国家认同感与民族自豪感更强;他们拒绝随大流,也敢于发表自己的主张。教育对象的这些特点对辅导员工作提出了新的挑战。辅导员不能再用老一套的教育理念与说教方式,命令式、灌输式、说服式的方法收效甚微,甚至会引起反作用。辅导员的初心还在于学生的成长成才,但是学生对成长成才已经有了新的理解。一方面,辅导员与学生间的年龄差距可能越来越大;另一方面,外界信息洪流时刻围绕着学生。因此,跟上学生的思想,用学生愿意接受的方式交流,回应学生多元化与个性化的诉求,在多元的诉求中牢牢把握习近平新时代中国特色社会主义思想内涵,是辅导员不得不思考的新课题。

这也是"因事而化、因时而进、因势而新"在学生工作上的具体要求。辅导员不得不与时俱进,吸收新的观点,学习新的理论,实践新的技术,以期适应教育对象的变化，快速掌握新的工作规律，收获教育成果，而教练技术不失为一项值得学习与实践的新的工作方法。

二、教练技术简介

教练技术最早来源于体育项目，后被广泛应用于商业指导。国际教练联盟（International Coach Federation）认为：教练经过专业的训练来聆听、观察，并按客户（受训者）的个人需求制订指导方式。他们激发客户自身寻求解决方法和对策的能力，因为他们相信客户是生来就富于创意与智慧的。教练的职责是提供支持，以增强客户已有的技能、资源和创造力（吴成炎，2017）。教练技术融商业、心理学、哲学及精神理念为一体。教练的工作范畴相当广泛，既包括商业及职业事件，也涉及个人及精神层面的问题。教练充当镜子、啦啦队队长、说真话的人、行动促进者和支持者等角色。教练引导受训者自己找出答案，帮助他们明确价值观，共同制订计划来实现客户的愿望。教练充当跳板，支持客户做出改变、挑战极限、确认目标，认可并激励客户，提供必要的信息资源。运用教练技术并不意味着指导受训者"做事情"，而在于激活受训者的思维，释放受训者的潜能（帕斯莫，2018）。在实际的学生工作中，我们可以把学生代入上述"受训者"或"客户"角色。

三、传统型辅导员与教练型辅导员的区别

传统型辅导员在工作方法上常用"告知"或"建议"，当学生出现问题时，其关注焦点往往是问题本身。传统型辅导员试图通过剖析学生出现这样那样的问题的原因，来验证学生身上存在的各种局限与不足，以期学生能对自己的论断心服口服，然后照着自己的话乖乖行动。辅导员将自己的角色定位为权威专家，有时候还担任了家长的角色，对学生施行"子女战略"，苦口婆心包揽一切，付出大量心力劳力，却往往"恨铁不成钢"，不仅收效甚微，也不利于师生关系的培养。

教练型辅导员使用关注目标而非问题的工作方式,通过与学生建立滋养型关系,深度倾听、同理共情,给予学生支持与陪伴。当学生出现问题时,教练型辅导员将关注焦点从原来的问题本身转移到想要获得的未来成果上。辅导员这一思路的转变会给工作过程与结果带来很大不同。首先,辅导员的角色不再定位为权威专家,而是与学生平等的支持陪伴者。辅导员一改"穷根究底地追问原因"的方式,而是"关注如何达到目标",以提问的方式来提升学生的能力。教练型辅导员相信最好的答案不是他人的告知,而是学生心底的认同。辅导员相信学生自身蕴藏的能量,与其苦口婆心循循诱导,不如用简洁、温暖又有效的方式与学生一起发现可能,创造奇迹。

四、"三全育人"视角下教练技术在学生工作中的应用

习近平总书记在全国高校思想政治工作会议上强调:"要坚持把立德树人作为中心环节,把思想政治工作贯穿教育教学全过程,实现全程育人、全方位育人,努力开创我国高等教育事业发展新局面。"全员全方位全过程的"三全育人"综合改革是加强改进新形势下高校思想政治工作的战略举措。在这一举措下,学生工作也需要吸收新的理念与方法,需要以一种更开放且有效的方式来应对各类挑战。教练技术或许能对此有所补充,为进一步提升高校学生工作的成效提供技术参考。

(一)以人为本,全员育人

2018年9月,习近平总书记在全国教育大会上指出"培养什么人,是教育的首要问题",并强调:"我国是中国共产党领导的社会主义国家,这就决定了我们的教育必须把培养社会主义建设者和接班人作为根本任务,培养一代又一代拥护中国共产党领导和我国社会主义制度、立志为中国特色社会主义奋斗终身的有用人才。这是教育工作的根本任务,也是教育现代化的方向目标。"(习近平,2018)教育的根本目的是培养爱国、爱党、爱人民的社会主义接班人,但教育的方式要求我们以人为本。因为学

生的成长经历不同，家庭养育方式不同，个人兴趣、性格、能力不同，所以我们要避免"一刀切"，避免将同一套方法应用到所有人身上。教练技术尊重并且相信每一个学生的力量，相信每一个学生的内心都有一颗种子，这颗种子蕴含着长成大树的所有营养。通用电气公司前董事长兼首席执行官杰克·韦尔奇（Jack Welch）曾如此评价教练技术："我只想做一名企业教练。我想提醒你们我观念中的领导艺术是什么，它只跟人有关。我该怎样帮助这个人成为一个更有价值的个体，同时该如何让我们大家创造更大的价值。"（戈德史密斯 等，2020）教练的核心原则就是激发被教育者的动机和潜力，让被教育者自己发现问题、解决问题。因此，教练型辅导员充分信任并赋予个体自我成长、自我解决问题的能力。在引导和支持学生的过程中，启发学生调动身边的所有资源，包括人力资源，让学生意识到除了辅导员，自己的父母、亲戚、任课老师、同学、同学的亲朋好友都可以帮助自己；让学生认识到，当有棘手的问题需要解决时，可以向多方寻求帮助；同时也让他们认识到自己是解决个人问题的专家，可以调动个体的主观能动性和内驱力来解决问题。像这样，真正做到以人为本，全员育人。

（二）终身成长，全程育人

技术的不断革新和职业的快速发展对人才提出了更高的要求，"没有稳定的工作，只有稳定的能力"已成为职场人士的共识。国际形势的多变、动荡和复杂，对高校的人才培养质量提出了更高的要求。往昔"一招鲜，吃遍天"的可能性已经越来越小，而复合型人才逐步成为职场的"香饽饽"。这就要求教育者与被教育者共同树立终身成长的观念，树立终身学习的意识。学生在高校学习的时间是有限的。以本科为例，学校一般是按照"大一新生适应—大二校园活动—大三学业竞赛—大四社会实践"这样的顺序去推进培养方案的。但学生的成长是没有终点的，大学毕业绝不意味着学海生涯的结束，而是进入社会或者开启更高阶学习的开始。教练型辅导员正是秉承着"授人以鱼，不如授人以渔"的信念，以唤醒学生的内在意识，激发学生主动学习、积极探索新知的动力。这既是终身成长的要求,也是全程育人的体现。教练技术"可以通过长期目标来细化制定短期目标或者通过短期目标来搭建长期目标,每一次目标的清晰确认,既是行动的指南,更是行动的动力"(龙婷 等,2022)。教练型辅导员在开展学生工作时,以明确当下现状和聚焦未来成果为抓手,引导学生跳出问题本身,引导其正向情绪,开启下一步行动。这一思维方式和技术手段适用于任何专业、任何阶段的学生。通过指向当下和未来,指向正向和积极的愿望,培养学生的独立性、自信心、坚韧的品质以及终身成长的决心,实现教育的主动性与全程性。

(三)挖掘资源,全方位育人

育人是一项复杂的工程,尤其是高校面对的教育对象正处于认识自己与探索外部世界的迫切阶段。人总是在与外界的互动与碰撞中加深对自己与他人的认识,在这个过程中也可能发生打破自己固有认知与思维的事件。有学生在面对这些未知的时候积极向上,拥抱不确定性,获得了快速成长;也有学生将这些视为挑战与挫折,遭遇一次就蜷缩在舒适区,不敢再次踏出试探的脚步。全方位育人要求教育者从各个角度出发,借助各种方式来助力学生、引领学生。高校学生工作的九大类是全方位育人的具体实践形式。为实现全方位育人,教练型辅导员可以从挖掘资源入手。教练技术认为人们拥有惊人资源。当事人不等于他们的问题,当事人是当事人,问题是问题(许维素,2013)。教练型辅导员鼓励学生发散思维,积极应对学习与生活中出现的各类事件,以学习与成长的姿态去拥抱不确定性;同时,鼓励学生树立积极的价值观与自信心,不以偶然的成功或失败来定义自己,不将失败与自己强行关联。教练型辅导员致力于打破学生的思维限制,鼓励学生将专业学习、课外实践、社团经历、入党推优、竞赛拼搏,乃至人际关系、宿舍打造、身体锻炼等各类或大或小的事件当作磨砺品性、塑造自我的机会。教练型教育者鼓励受教育主体主动进入各类教育体系与教育举措当中,通过主动挖掘资源、应用资源,迈向全方位育人。

五、结语

德国哲学家卡尔·西奥多·雅斯贝尔斯（Karl Theodor Jaspers）在《什么是教育》一书中提到，教育是"一棵树摇动另一棵树，一朵云推动另一朵云，一个灵魂唤醒另一个灵魂"。教练技术通过以人为本的启发式提问，或许可以为实现这一教育理想助力。在高校学生工作中，教练型辅导员充分重视学生的主观能动性，坚信学生是解决自身问题的专家，运用被验证的有效的教练工具，如"情绪识别尺""蜗牛式倾听""自信方程式""导师桌""促动轮"等，激励学生充分调动资源来获得成长，鼓励学生朝着美好愿景迈出每一步。在"三全育人"视角下，教练技术在高校学生工作当中的应用不仅可以激发教育者的责任感和行动力，还可以对被教育者进行正向引导；从教育的主体和受体两方面共同着力，确保"全员全程全方位育人"改革工作的落地。

参考文献

戈德史密斯，莱昂斯，麦克阿瑟，2020.领导力教练：世界著名企业教练们的实践心得[M].徐中，戴钊，胡金枫，译.北京：机械工业出版社.

教育部，2017.普通高等学校辅导员队伍建设规定[EB/OL].（2017-09-21）[2023-04-30].https://www.gov.cn/gongbao/content/2017/content_5244874.htm.

龙婷，李芳，苗存龙，2022.教练技术在高校学生党建工作中的应用研究[J].科学咨询（13）：19-21.

帕斯莫，2018.卓越教练技术指南[M].3版.龙红明，译.北京：人民邮电出版社.

吴成炎，2017.教练技术在高校辅导员工作中的实践研究[J].重庆电子工程职业学院学报，26（5）：35-37.

习近平，2016.习近平在全国高校思想政治工作会议上强调：把思想政治工作贯穿教育教学全过程 开创我国高等教育事业发展新局面[EB/OL].
(2016-12-08)[2023-06-23]. http://www. moe. gov. cn/jyb_xwfb/s6052/
moe_838/201612/t20161208_291306.html.

习近平,2018.习近平出席全国教育大会 并发表重要讲话[EB/OL].(218-
09-10)[2023-03-26]. http://www. banyuetan. org/jrt/detail/20180911/
1000200033134991536632028299959736_1.html.

许维素,2013.建构解决之道:焦点解决短期治疗[M].宁波:宁波出版社.

课程思政案例

融合内容，创新方式，实现思想性与科学性的统一
——"综合英语（二）"课程思政教学案例*

赵平江① 李 莉②

（浙江工商大学杭州商学院）

一、课程基本情况

课程名称	综合英语(二)
课程所属学科门类	英语语言文学
课程类别	□公共课 ☑专业基础课 □专业课
课程学分/学时	6/96

"综合英语"课程是浙江工商大学杭州商学院面向英语专业大一、大二学生开设的专业核心课程，共4个学期。其中，"综合英语（二）"是英语专业一年级第二学期的专业必修课，每周6个学时，每学期共96个学时。

本课程立足我校"应用型、创新型、区域化、国际化"的办学定位，根据《普通高等学校本科专业类教学质量国家标准》(2018)和《普通高等学校

* 本文为2022年省级课程思政示范课程"基础英语（二）"（负责人：赵平江）和2022年省级课程思政教学研究项目"外语课程'四位一体'思政体系构建研究"（负责人：项茂英）的阶段性成果。
① 赵平江，浙江工商大学杭州商学院外语学院讲师，硕士，研究方向为英语教学、教师发展。
② 李莉，浙江工商大学杭州商学院外语学院讲师，硕士，研究方向为英语教学、语言测评。

本科外国语言文学类专业教学指南　上　英语类专业教学指南》(2020)要求，从语言知识技能、学习思维能力和立德树人三个方面制定教学目标。

语言知识技能目标包括：培养学生具备扎实的听、说、读、写、译能力；具备英语文学阅读、理解和赏析能力；具备较全面的英语国家社会文化知识和跨文化交际能力，能在各种跨文化语境中进行得体、有效的沟通。

学习思维能力目标包括：培养学生具有终身学习的能力，能够运用所学知识、技能和方法不断学习，适应个人和社会可持续发展的需要；具备一定的逻辑思维和批判思维能力，能够多角度、多层面思考和分析问题，提高解决问题的能力。

立德树人目标包括：强化学生的社会主义核心价值观，帮助学生树立正确的世界观、人生观、价值观；加深学生对中国思想、中国观点的理解，增强学生对中华优秀传统文化的自信；提高学生运用国际方式表达中国思想、传播中国文化的能力，使其成为中国故事的讲述者。

二、课程思政育人理念与目标

根据《高等学校课程思政建设指导纲要》(2020)文件精神，结合我校英语专业培养方案，在教学过程中，应牢牢把握"培养什么人、怎样培养人、为谁培养人"这一根本问题，落实立德树人根本任务。

1. 立德树人，落实课程思政

通过主题设计，着力培育学生的社会主义核心价值观，帮助学生树立正确的世界观、人生观、价值观。通过内容学习，实现学生知识结构、能力水平、思维品质、综合素养的全面提升。通过课程思政，将立德树人融入教学实践，实现以文化人、以文育人、以文树人。

2. 文明互鉴，实现价值引领

弘扬时代精神，培养学生的家国情怀、国际视野和社会责任感；比较优秀文化，培养学生的国际理解力和对世界多元文化的开放包容态度；强化价值引领，增强学生的主体意识和跨文化沟通能力，提高学生的国际竞争力和全球胜任力，促进文明互鉴。

3. 中国立场,坚定文化自信

嵌入中国元素,引导学生加深对中国思想、中国风格、中国观点的理解,提高学生对中华优秀传统文化的认识和认同,增强文化自信。切入中国视角,提高学生运用国际方式表述中国思想、传播中国文化的能力,使其成为中华文化的传承者和中国故事的讲述者。

三、课程思政元素与融入点

基于本课程的整体教学目标,教师在教学过程中,首先要融合教学内容,使课程思政如盐在水。结合教材单元主题,挖掘思政元素,无论是在词汇、句法还是在语篇、文体的教学中,设置适当的问题,组织合适的活动,在课堂上捕捉育人机会,在学生产出中抓住育人契机。其次,教师要创新教学方式,使课程思政润物无声。通过开展传统型活动如讨论式、辩论式、表演式活动和创新型活动如对话式、项目式、互评互测式活动,让学生联系自身解决实际问题,促使学生积极、深入参与。最后,通过信息技术,如平台匿名互评等功能,促使学生互学、反思,从而实现思政教育入脑入心。表1为8个授课单元的主题内容和思政融合点。

表1　8个授课单元的主题内容和思政融合点

单元主题内容	思政融合点
Unit 1 The Pleasure of Reading	欣赏文字之美,体会阅读之乐;以文育人,提高人文素养;提升格局,培养国际视野
Unit 2 Gender Gap	突破刻板印象,倡导性别平等,尊重个体差异,思考社会生活中的性别角色和公平公正
Unit 3 Life in the City	分析城市化进程中的得与失,思考个体与群体利益,探讨民主与自由的内涵和外延
Unit 5 Food for Thought	了解食物的文化和象征意义,探究饮食文化背后的思想和哲学;加深对中华优秀传统文化的了解,坚定文化自信
Unit 6 All Hail to the Hero	学习英雄人物的无畏精神和高尚品质,感受榜样的力量,客观评价伟大人物对历史和社会产生的影响

续　表

单元主题内容	思政融合点
Unit 7 You Are What You Speak	挖掘语言与身份之间的关系，感受汉英语言各自的魅力和承载的文化特质，激发学生对中国语言文化的自豪感
Unit 9 Things to Treasure	思考积极的生死观和人生的意义，加深学生对生命价值的理解和认知，发现生命和生活中的美好时刻
Unit 10 Lessons Learned from Nature	倡导人与自然和谐相处，了解民族的富强和文明的进步离不开可持续发展

四、教学设计与教学实施

教学设计以新时代核心英语教程《综合英语2》第9单元第9个学时为例，展示具体教学过程。

（一）学情分析

授课对象为我校英语专业大一学生。他们的语言知识处于中等水平，掌握的语法知识点比较充分，阅读水平相对较好；但日常阅读量非常有限，大部分没有阅读英文原著的习惯，文学素养较低，同时口语和写作产出能力较弱。他们缺乏自信，自主学习能力不强，习惯于完成教师布置的任务，学习策略单一且较少进行反思和调整；但态度较积极，课堂氛围活跃，愿意尝试新的教学活动。

（二）教学目标

第9单元教学目标包括以下几点。

1. 语言知识技能目标

（1）掌握语篇中的词汇和语法知识点，特别是近义词、连词和分词的使用，提升写作和翻译文本的生动性、连贯性和简洁性；

（2）识别语篇中包含隐喻在内的多种修辞手法，了解其特征和功能，加深对语篇以及作者写作意图的理解，提高自身在写作过程中运用修辞

手法的能力;

(3)分析语篇的写作结构和叙事策略,加深对包含意识流在内的文学语篇的叙事风格和手法的认知,运用叙事策略进行创意写作或者改写、续写。

2. 育人目标

(1)激发审美意识,鼓励学生通过语篇阅读,了解别人的经历,领悟世界的美好,衡量人类精神的宽度,更好地理解自己的人生,培养文学鉴赏能力和人文素养;

(2)提升思辨能力,引导学生对比中西方生死观,结合自身或他人的经历,讨论生命的意义、人生的追求以及人性的特点,批判性地思考个人和社会问题并寻找解决方案;

(3)实现价值引领,帮助学生体验多元文化、培养国际化视野的同时,通过中国人物、中国故事、中国作品等中国元素的有机融合,加强学生对中国思想的认同、对中国文化的自信,培养其成为中国声音的传播者。

第9个学时教学目标包括以下几点。

1. 语言知识技能目标

(1)识别语篇中的隐喻,找出本体、喻体及相似特征,加深对语篇以及作者写作意图的理解;

(2)进一步了解隐喻的三种类型及其功能,并通过四步法创作生动形象的隐喻例子。

2. 育人目标

(1)思考生命的尊严和人生的意义,发现生命和生活中的美好时刻,铭记难忘的人和经历;

(2)学习在困难和逆境中执着顽强、坚韧不拔、奋力拼搏的精神,积极寻求摆脱困境的办法。

(三)教学过程

教学过程如表2所示。

表2 教学过程

教学环节	时间（分钟）	教学步骤	思政融合点
复习＋导入	8	回顾学生课前学习的微课"Decoding Metaphors"，点评学生线上作业（找出课文"The Death of the Moth"中的隐喻），识别隐喻中的本体、喻体及相似特征，讨论隐喻的作用以及作者Virginia Woolf的写作意图	借课文中的隐喻，引导学生思考飞蛾虽小，但依旧与命运抗争的精神，体会生命的价值和尊严
强化练习	10	播放诺贝尔文学奖获得者中国作家莫言在2022年5月3日致辞视频（《不被大风吹倒》），要求学生识别莫言在讲话中使用的隐喻——本体、喻体，找出其相似性、细节描写等，体会隐喻的作用和说话人的意图； 通过对比他人和自己的回答，加深对隐喻的理解； 评估学生对隐喻的掌握情况	从莫言提及的小时候和爷爷遭遇大风的经历、感悟以及运用的隐喻手法入手，引导学生学习在困难和逆境中坚守信念、永不言弃、努力拼搏的精神；通过中英口译、回答问题和故事转述，提升学生介绍中国人物、讲述中国故事、传播中国精神的能力
知识点补充	10	讲解隐喻的三种类型——结构隐喻、方位隐喻和本体隐喻，进一步增进学生对隐喻的了解——不仅仅是一种修辞手法，更体现了我们看待这个世界的角度和方式	讲解隐喻类型时采用的例子，如"life is a journey""it's not the length of life, but the depth""books are the mirrors of the soul""哀而不伤"等，在实现语言知识、技能目标的同时，融入关于人生、关于适度、关于思想的思政育人元素

续　表

教学环节	时间（分钟）	教学步骤	思政融合点
实际运用	12	基于四步法(即选定本体,确定意图;聚焦场景,关注五感;发挥想象,匹配喻体;描写细节,拓展成段),搭建脚手架,并以此为评价标准,引导学生创作和改写生动形象的隐喻	介绍隐喻写作四步法时选用中国女足守门员的例子,在守门员和战士、球场和战场之间寻找相似点,凸显守门员直面对手时的沉着冷静和英勇无畏;在进行隐喻创作环节,继续以单元主题"Life"为关键词,引导学生结合自身经历,积极思考人生和生命的意义,例如:"Life is a roller coaster. It has its ups and downs. But it's your choice to scream or enjoy the ride"
总结＋作业	5	总结四步法,强调具体特点、情景和感受;作业:叙述人生中的一段难忘的经历,要求使用隐喻手法传达写作意图;预习课文 Text B,寻找其中的隐喻,思考其作用	通过作业,将课堂上关于"Life"的思考和讨论延续下去,促使学生回顾和挖掘自己人生中的难忘时刻和美好故事,更好地认识自己的人生

（四）教学评价

结合多元评价体系,采用线上线下相结合、师生共评和生生互评相结合的评价方式,通过信息化数据统计、课堂观察、评价量表、反思总结等手段,体现教学评价的人性化、动态化和真实性,以评促学、以评促教,教学相长,最终实现"全员全程全方位育人"。

五、教学成效与教学反思

（一）教学成效

1. 深化教改教研

课程组成员先后获得省级"十三五"教学改革研究项目、省级课程思政示范课程建设项目、省级课程思政教学研究项目以及院级线上线下混合式一流课程建设项目等。

2. 助力学生成长成才

英语专业四级通过率屡创新高，出现通过率100%的班级；学生先后在英语演讲、辩论、写作等A类学科竞赛中斩获国家级二等奖（1项）、三等奖（3项），省级一等奖（2项）、二等奖（8项）、三等奖（18项）；同时，学生积极参加桐庐官方旅游宣传册翻译工作，参与杭州亚运会筹建工作等。外语学子正在运用国际方式表述中国思想、传播中国文化、发出"杭商"声音。

3. 推进教师职业发展

课程组成员荣获外研社"教学之星"大赛全国总决赛三等奖、"外教社杯"全国高校外语教学大赛省级一等奖、浙江省高校微课教学比赛二等奖等。

（二）教学反思

尽管课程组成员开展课程思政的积极性很高，但大多数还是聚焦课堂教学环节的思政教育实践，对评价管理、教材开发等环节的研究较少，终身性育人效果有待加强。

在课程思政实践过程中缺乏系统性，教师凭个人经验和灵感对思政内容的挖掘和融入较多，实施方式单一，"教"占主体，缺乏引导学生深度思考的启发式教学和成果落地的多元化实践教学。

外语课程因兼具工具性与人文性的特征而自带育人元素。但在课程思政的实际开展中，要将思想性与科学性相统一，避免将课程思政理解为道德与价值观知识的传授、将外语课程思政变成用外语上思政课，仍需要较为成熟和科学的实施框架。

六、教学特色与教学创新

（一）教学特色

1. 全员育人

教授、博士领衔授课，以身作则，以德施教；同时联合专业课程组教师、思政教师、辅导员、班主任以及优秀学生党员等多元主体，通过学习研讨、交流座谈、榜样示范等方式共同育人。

2. 全程育人

发挥系列课程历时长、学时多的先天优势，对四个学期的教学内容进行整体规划，确定每个学期、每个单元的思政侧重点。基于大学生群体成长特征，围绕"自我""他人""社会""世界"等主题循序渐进地开展语言育人融合教学；同时，在不同单元、不同学期反复融入、强化类似的思政元素，实现全程的育人教学。

3. 全方位育人

提出"四链合一"的育人理念，即内容链——挖掘育人元素，设计育人活动，将隐性和显性教育有机结合；管理链——制定课程学习制度，管理课堂学习行为，打造健康的教学生态环境；评价链——涵盖育人维度，关注思想发展，强调增值性和综合性评价；言行链——注重教师言传身教的作用，严慈相济，使学生"亲其师，信其道"。

（二）教学创新

1. 确立外语人才思政素养发展梯度

基于社会心理学价值观念内化理论和外语教学基本规律，确立思政素养发展的三个阶段——基本认知阶段，认识、感知中外语言文化价值；跨文化比较阶段，理解、对比各国文化，并做出鉴别和判断；自觉践行阶段，自信使用外语传播中国文化和主流价值观念，自觉肩负传承、弘扬与创新文化的责任——促使课程思政循序渐进。

2. 倡导师生共建思政资源库

学生全程参与外语思政素材的"选、挖、改、补、用、评"过程，利用线上线下资源，发挥混合式教学优势，激发自身的学习兴趣和内驱力；通过接触鲜活地道的语言材料开阔视野、增长知识；通过思考和甄选，坚定正向立场，提升思辨能力。教师自制视频、调查报告等资源教学，贴近学生生活，体现时代性，实现课程思政如盐在水。

3. 实施任务型教学

教师设计环环相扣、具有挑战性的系列任务，如英语演讲、辩论、模拟授课等，让学生在实际应用中提升语言表达能力和思辨能力。教师可以在学生产出中抓住育人契机，进行正向引导；学生可以开展社会调查、校园宣传片制作等活动，进行跨学科、多维度的自发学习，学以致用，提高解决实际问题的能力以及社会责任感。教师搭建"课程—实践—网络"多渠道融通的课程场域，达到"做中学、做中思、做中创"的目的，实现课程思政润物无声的育人效果。

聚焦中国精神,提升英文写作能力
——"英语写作(二)"课程思政教学案例*

黄秋林①   程 浍②   练丽娟③   周 颖④

(浙江工商大学杭州商学院)

一、课程基本情况

课程名称	英语写作(二)		
课程所属学科门类	英语语言文学		
课程类别	□公共课	□专业基础课	☑专业课
课程学分/学时	2/32		

结合杭州商学院"应用型、创新型、区域化、国际化"的办学定位和英语专业"有家国情怀、有全球视野、有专业本领"的人才培养目标,"英语写作(二)"遵循"两性一课"的金课标准和"以读促写、产出导向"的教学理念,将"英文经典阅读"融入课程教学,以"英文讲述中国故事"为产出任务,对描写、记叙、议论三大类体裁作文进行系统的教学,加强语言应用能

* 本文为浙江省高等教育学会2022年度高等教育研究项目"OBE理论框架下高校英语专业课程思政一体化模式构建研究"(编号:KT2022194)的阶段性成果之一。

① 黄秋林,浙江工商大学杭州商学院外语学院讲师,硕士,研究方向为二语习得。

② 程浍,浙江工商大学杭州商学院外语学院讲师,硕士,研究方向为英语教学。

③ 练丽娟,浙江工商大学杭州商学院外语学院副教授,博士,研究方向为语言学及应用语言学。

④ 周颖,浙江工商大学杭州商学院外语学院讲师,硕士,研究方向为英语教学。

力,提升学生用英文宣传中国形象的能力。

具体而言,本课程侧重段落结构与篇章的写作训练,从基本段落的布局和写作入手,进行描写文、记叙文、议论文、说明文四大体裁的写作。通过段落、语篇训练,让学生复习和巩固在"英语写作(一)"课程中学习的句子写作、句型转换、长短句处理以及常见句子错误修正等,提高语言表达的精确性。段落写作训练围绕提纲、主题句和支撑句的写作展开,篇章写作覆盖描写文、记叙文、议论文三大体裁。通过自评、互评和教师评阅等环节重点考查语篇的主题一致性、观点发展性、语篇连贯性、信息层次性等。

二、课程思政育人理念与目标

本课程在"课程思政如盐在水"的理念下,精心选择教学主题,科学设计教学环节,有序推进教学活动,将中华传统美德、社会主义核心价值观、新时代中国精神融入课程教学,致力于增强学生的文化自信,引领学生的价值塑造,培养学生的家国情怀,同时提升学生的文化传播能力。

1. 锻造学生的精神品格

大学是人的思维品质发展的关键时期。树人先树德,大学教育应该将思想道德教育和心理健康教育相结合。本课程注重思想道德教育的针对性、实效性。

2. 引领学生的价值塑造

在全球化背景下,各种文化并存,各种理念碰撞,这对开展思想引领和价值塑造提出了更高的要求。本课程的教学设计有助于增强学生的价值判断能力、价值选择能力、价值塑造能力,引领学生健康成长。

3. 培养学生的家国情怀

当今世界正经历百年未有之大变局。外语专业的人才培养需注重学生在国际视野中理解家国情怀的深刻内涵。本课程精心选取教学素材,加深学习者对中华传统美德的认知。

4.提升学生的文化传播能力

本课程重视分享"英文讲述中国故事"的成功案例,以增强学生传承和弘扬中华优秀传统文化的责任感和使命感;同时提升学生的英文写作能力,培养学生讲述中国故事、传播时代精神、对外宣传国家形象的能力。

三、课程思政元素与融入点

本课程以隐性的方式将育人元素融入课程教学。一方面,本课程旗帜鲜明地指出,课程目标旨在提升学生"用英文讲述中国故事"的跨文化交际能力,具体细分为宣传中国精神、讲述中国故事、传播中国声音三大模块;另一方面,在课程教学过程中,力求如盐在水般地融入思政元素。教师依托主题,将袁隆平、苏炳添、江梦南等榜样植入教学内容,厚植心系天下的家国情怀;通过小组合作、改写范文等课堂活动,引导学生切身感悟匠人精神。如图1所示。

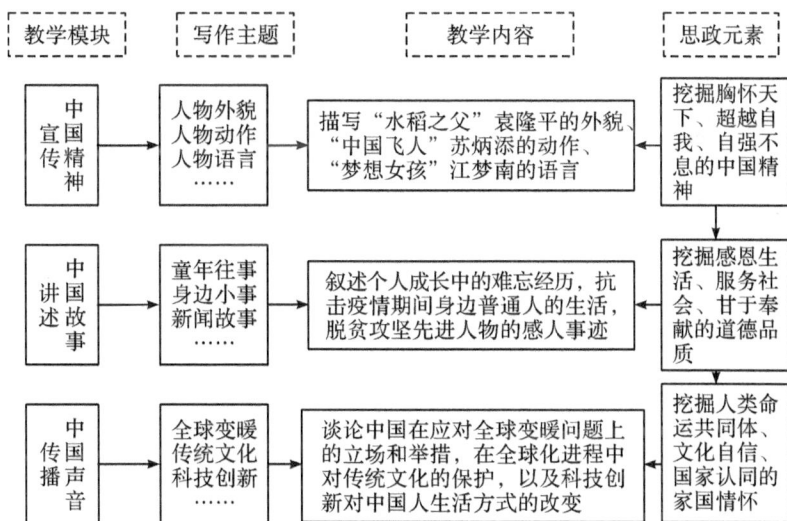

教学模块	写作主题	教学内容	思政元素
中国宣传精神	人物外貌 人物动作 人物语言 ……	描写"水稻之父"袁隆平的外貌、"中国飞人"苏炳添的动作、"梦想女孩"江梦南的语言	挖掘胸怀天下、超越自我、自强不息的中国精神
中国讲述故事	童年往事 身边小事 新闻故事 ……	叙述个人成长中的难忘经历,抗击疫情间身边普通人的生活,脱贫攻坚先进人物的感人事迹	挖掘感恩生活、服务社会、甘于奉献的道德品质
中国传播声音	全球变暖 传统文化 科技创新 ……	谈论中国在应对全球变暖问题上的立场和举措,在全球化进程中对传统文化的保护,以及科技创新对中国人生活方式的改变	挖掘人类命运共同体、文化自信、国家认同的家国情怀

图1 课程思政元素

思政元素融入课程教学的具体表现如表1所示。

表1 思政元素融入课程教学的具体表现

课程专题/知识单元	专业知识点	思政元素	专业知识点与思政点的融合	课程思政的实施路径与方式
描写文	(1)外貌描写:《大地》选读＋袁隆平的外貌描写	"胸怀天下、大爱无疆"的家国情怀	宣传中国精神:通过"水稻之父"袁隆平的外貌描写、"中国飞人"苏炳添的动作描写、"梦想女孩"江梦南的语言描写,挖掘心系天下、超越自我、自强不息的中国精神	视频输入案例讨论合作学习启发式教学
	(2)动作描写:《老人与海》选读＋苏炳添的动作描写	勇于拼搏、不惧挑战、超越自我的时代精神		
	(3)语言描写:《红楼梦》选读＋江梦南的语言描写	乐观豁达、向阳而生的精神品质		
记叙文	(1)童年往事:《汤姆·索亚历险记》选读＋成长经历叙述	感恩生命、感恩社会	讲述中国故事:通过叙述个人成长中的难忘经历、抗击疫情期间身边普通人的生活、脱贫攻坚先进人物的感人事迹,挖掘感恩生活、服务社会、甘于奉献的道德品质	情景展示角色扮演项目式教学体验式学习
	(2)身边小事:《红楼梦》选读＋生活故事叙述	感知公序良俗、传统美德		
	(3)新闻故事:《双城记》选读＋扶贫先进事迹叙述	感悟"三农"情怀、大地情感、甘于奉献的精神		
议论文	(1)全球变暖:《寂静的春天》选读＋中国应对全球变暖问题上的立场和举措	树立和谐自然、人类命运共同体意识	传播中国声音:通过讨论中国在应对全球变暖问题上的立场和举措,在全球化进程中对传统文化的保护,以及科技创新对中国人生活方式的改变,挖掘人类命运共同体、文化自信、国家认同的家国情怀	问题导入课题研讨课堂辩论探究式学习
	(2)传统文化:《中国哲学史》选读＋"全球化与传统文明"主题讨论	增强文化自信、思辨能力		
	(3)科技创新:《中国科学技术史》选读＋"科技创新"主题讨论	增强道路自信、理论自信与制度自信		

四、教学设计与教学实施

(一)学情分析

本课程的授课对象为英语专业二年级的学生,学生已经完成"英语阅读""英语语法实践""英语写作(一)"等前期课程的学习,对各类文体的语篇特征有了一定的认知,对英语句法特征、英汉语言差异也有了一定的了解和掌握,接受过简单句、复合句、复杂句、复合复杂句写作的系统训练。

然而,学生在读写结合层面,即以读促写,对描写、记叙、议论三大文体谋篇布局等方面,仍需要进行系统性的学习。在知识层面,学生需要重视英语写作规范、文体和语用等知识。在能力层面,学生需要重视拓展思维、准确表达等能力。在价值塑造层面,学生需要重视家国情怀、社会主义核心价值观、社会责任感和道德品质。

(二)教学重难点

本次课围绕"单元教学知识点:人物描写"展开,从外貌、动作、语言三个维度,引导学生用英文描写体现中国精神的典型人物,凸显人物品格,使学生理解领会中国精神,向世界宣传中国精神以及中国国家形象。具体的教学重难点如下。

1. 如何开展人物外貌描写

通过对"水稻之父"袁隆平的外貌描写,让学生掌握通过外貌描写凸显人物性格和情感的方法。在写作训练中,挖掘勤劳、朴实、仁爱等传统美德,培养学生"胸怀天下、大爱无疆"的家国情怀。

2. 如何开展人物动作描写

通过对"中国飞人"苏炳添的动作描写,使学生掌握通过动作描写凸显人物形象和人物精神的方法。在写作训练中,引导学生树立勇于拼搏、不惧挑战、超越自我的时代精神和奋斗精神。

3. 如何开展人物语言描写

通过对清华大学聋哑学生江梦南的语言描写,让学生掌握通过语言描写展现人物品格和意志的方法。在写作训练中,挖掘乐观豁达、自强不息的精神品质,促使学生养成积极的生活态度。

4. 案例研讨

通过对赛珍珠的作品《大地》中关于20世纪中国农民的描写片段为例进行讨论,提升学生的英文写作能力,培养学生讲述中国故事、传播时代精神、对外宣传国家形象的能力。促使学生"学史明理,学史增信",同时增强其传承和弘扬中华优秀传统文化的责任感和使命感。

5. 写作训练

在课后任务板块,本着"以学生为中心"的育人理念,引导小组自主选择代表中国精神的人物进行写作,鼓励学生自由探索中国精神,自主选择人物进行描写,从而主动构思思政素材,真正成为课程思政建设的主人翁。

(三)教学目标

人物描写是写作教学中的重难点,兼具描写文自身的难度和捕捉人物特点的挑战。在以往的教学中,对有关人物描写的教学素材的选取比较随机,通常会从不同英文佳作中选取人物描写片段,以至于人物的国别、文化、时代背景不一致,作品的写作风格与选题立意不一致,在实际教学中难以深入讲解不同作品的含义,容易导致案例教学浮于文字层面,学生与作品之间的情感共鸣与精神获得感弱。此外,选取的文学片段通常描述的是西方的人物形象,和中国本土人物有一定差距,这也不利于学生直接感受"用英语讲述中国故事"的能量与魅力,无法培植学生文化传播能力的土壤。

本次案例教学选取了赛珍珠的《大地》。作者赛珍珠对中国和中国人民怀有深厚的感情,这部作品的文化影响力很大,作品描写的是20世纪初的乡土中国,人物以当时的农民群体为主。这部作品字里行间传达和赞美了很多中华传统美德。从该作品选材,不但能引导学生品鉴大家的语言文字,提升语言运用能力,还可以引导学生分析作品、人物、时代,从而做到"学史明理,学史增信"。

（四）教学策略

本次案例教学的重点是人物描写。为了切实训练学生的文化传播能力，教师在教学设计中切入思政元素"中国精神"，并将其贯穿整个课堂。除了案例教学选用作品《大地》中的片段之外，课内合作写作的人物选取了代表中国精神的典型人物——袁隆平、苏炳添、江梦南。课外合作写作的任务是，由学生自主选取能够代表中国精神的人物，充分发挥自身的主动性，在教师的带领下深入学习思政素材，真正成为思政教育的"自我引导者"。

同时，本次案例教学把人物描写这个重点划分为三个板块，即人物的外貌、动作、语言描写，三个板块既独立成文又整体连贯。三个板块全部采用"5E"教学模式设计教学环节，均使用作品《大地》中的片段作为分析对象，将中国精神贯穿始终，循序渐进地讲解知识点"如何开展人物描写"，润物无声地对学生进行思政教育。

（五）教学过程

三个板块的教学过程及思政元素的体现具体如下。

1. 第一板块教学设计

第一板块教学设计如表2所示。

表2　第一板块教学设计

教学环节	教学内容	教学方法	思政元素
导入（Engagement）	什么是中国精神，谁能代表中国精神	头脑风暴视频导入	引导学生思考新时代的中国精神
探究（Exploration）	以赛珍珠作品《大地》中阿兰的面部描写为案例，探究外貌描写策略	案例研讨探究学习	挖掘中国传统女性勇敢坚毅、勤俭能干的优良品质，加深对中华传统美德的认知，增强文化自信

续　表

教学环节	教学内容	教学方法	思政元素
解释（Explanation）	写作策略：通过细节描写凸显人物性格	教师讲解讲练结合	提升学生用英文讲述中国故事的文化传播能力
迁移（Elaboration）	课内写作：小组合作描写袁隆平的外貌，凸显其品格 课后作业：自选一位中国精神的代表人物，小组合作完成其外貌描写	图文导入合作学习	引导学生学习袁隆平的事迹，挖掘勤劳、朴实、仁爱等传统美德和脚踏实地、勇攀高峰的科学精神，厚植胸怀天下的家国情怀
评价（Evaluation）	评析学生作品	生生互评教师点评	促成思政教学中的自我引导和同伴学习

2. 第二板块教学设计

第二板块教学设计如表3所示。

表3　第二板块教学设计

教学环节	教学内容	教学方法	思政元素
导入（Engagement）	学生作品展示（钟南山、郎平、屠呦呦等）	图文导入课堂讨论	重温中国精神，提升学生的文化传播能力
探究（Exploration）	以赛珍珠的作品《大地》中关于王龙父亲的动作描写为例，探究动作描写策略	案例研讨探究学习	引导学生探究王龙父亲的性格，挖掘中国人淳朴、宽厚、务实、肯干的可贵品质，增强文化自信
解释（Explanation）	写作策略：使用有效动词	教师讲解讲练结合	提升学生用英文讲述中国故事的文化传播能力
迁移（Elaboration）	课内写作：小组合作描写苏炳添的动作，凸显其品格 课后作业：针对自选人物，小组合作完成其动作描写	视频导入合作学习	引导学生学习苏炳添的励志故事，挖掘勇于拼搏、百折不挠、追求极致、不断超越的精神，引领学生的价值塑造
评价（Evaluation）	评析学生作品	生生互评教师点评	促成思政教育中的自我引导和同伴学习

3. 第三板块教学设计

第三板块教学设计如表4所示。

表4　第三板块教学设计

教学环节	教学内容	教学方法	思政元素
导入 （Engagement）	学生作品展示（吴天一）	图文导入 课堂讨论	引导学生学习吴天一院士不畏艰难、严谨治学的学术精神和救死扶伤、甘于奉献的仁爱精神
探究 （Exploration）	以赛珍珠的作品《大地》中关于主人公王龙的语言描写为例，探究对话描写策略	案例研讨 探究学习	引导学生探究小说中王龙的性格，挖掘中国人淳朴善良、吃苦耐劳、诚实守信的传统美德
解释 （Explanation）	写作策略：使用直接引语	教师讲解 讲练结合	提升学生用英文讲述中国故事的文化传播能力
迁移 （Elaboration）	课内写作：以小组为单位描写江梦南的语言 课后作业：针对自选人物，小组合作完成其语言描写	视频导入 合作学习	引导学生学习江梦南的励志故事，挖掘自信、乐观、自强不息的精神品质，引领学生锻造精神品质，向阳而生
评价 （Evaluation）	评析学生作品	生生互评 教师点评	促成思政教育中的自我引导和同伴学习

五、教学成效与教学反思

本次案例教学采取多种教学方法，包括头脑风暴、小组合作、范文鉴赏，将思政内容、价值观念载入图、文、影像资料，以激发学生的感官认知，推动学生积极思考。学生在多样化的教学互动中反应积极，在头脑风暴等课堂活动中踊跃参与，从而提升了课堂效率与学习效果。同时，通过把人物对象的选择权还给学生，教师非常有效地调动了学生们的创作热情与主动性，切实落地"项目式"学习理念，并充分激发了学生的学习热情。

本次案例教学设计的语言知识点是"人物描写"，但是整体教学没有停留在语言这一技术层面，而是通过增加思政知识点"中国精神"，融入了文化知识点——中国人的精神（英文经典著作《大地》），达成了丰富的育人目标。将学习成果以英语为媒介展示出来，切实提高了学生的文化传播能力，体现了教学内容的"教育性"，而非单一的"工具性"。学生对这种多层次、有内容、有灵魂的教育设计反响很好。在课后的合作任务中，学生认真选取了各行各业代表中国精神的人物，并进行了有深度、有特色的描写，学习效果显著，获得感十足。

在写作指导过程中，教师需注重评价环节，包括生生互评与教师点评。在具体操作上，教师需对学生的初稿进行详细点评，给出修改意见，并鼓励学生修改后再次上交，以夯实写作能力，创作出更好的作品。这种写作修改策略效果良好，有部分学生会再次修改，其写作能力提升明显，成就感强。

以下是某小组学生描写吴天一的初稿和修改稿：

初稿：

There came into view a shambling grandfather, Wu Tianyi. He limped to the stage, swinging his two arms front and forth in a regular manner. Time not only secretly bent his original straight waist, made his black hair was threaded with silver, but also secretly printed on his face wrinkles and old spots. His eyes were deep-set and he wore a pair of big round glasses, which made him look very energetic.

修改稿：

There came a shambling old man, Wu Tianyi, who devoted his whole life to the medical service on the Qinghai-Xizang Plateau. He limped to the stage, swinging his two arms front and forth in a regular manner. Years of life on the plateau had not only secretly bent his waist and grizzled his hair, but also secretly left on his face deep wrinkles and gray spots. With a pair of plain glasses, his deep-set eyes is beaming with power and energy.

以下是某小组学生描写姚明的初稿和修改稿：

初稿：

Known as the eastern giant, YaoMing, with the number "11" on his back, was once conquering in NBA and got respect. Yao has a classic Chinese face. Thick eyebrows, slim eyes, the funny thing is that you can't even find his eyes open when he smiles. He is eight feet tall but not so muscular comparing to other NBA players. Yao was attached the label of "YES MAN" in the league, being regarded as a good friend and a comrade-in-arms. He was always staying humble, being devoted. His dedication and diligence were unique. He would arrive at training three or four hours earlier than everyone else, keeping practice after the requested training. Without exaggeration, he is the kind of player that destined to be a legend. The another reason why Yao got his pride in NBA is communication. He is adept at English. He knows how to deal with his teammates.

修改稿：

"Welcoming Yao to the Hall of Fame. Ladies and gentlemen, Yao Ming!" With the excited voice of the host, Yao slowly got up, glanced smilingly around, and walked firmly towards the center of the stage. Known as the eastern giant, Yao Ming, with the number "11" on his back, received a great deal of respect for being a strong conqueror in NBA. Yao has a classic Chinese face. Thick eyebrows, slim eyes, the funny thing is that you can't even find his eyes open when he smiles. He is eight feet tall but not so muscular compared with other NBA players.

本次案例教学参加了2022年浙江省第二届高校教师教学创新大赛"课程思政"专项赛，获得文科组一等奖的殊荣。本次大赛由浙江省教育厅指导，浙江省高等教育学会主办，旨在深入学习贯彻习近平总书记关于教育的重要论述，落实立德树人根本任务。大赛吸引了来自全省57所普通本科院校共363个教师团队参赛。本次案例教学在文科组比赛中，与其他学科争鸣，虽然英语授课相比中文授课存在竞争劣势，但仍以优异的成绩斩获一等奖，凸显了此次案例教学中思政点与教学知识点的高匹配度与高融合度。

六、教学特色与教学创新

1. 课程思政设计一体化

本次案例教学将知识点"人物描写"分解并分别聚焦人物的外貌、动作、语言，既独立成文又整体连贯；将"中国精神"贯穿始终，循序渐进地讲解知识点"如何开展人物描写"，思政教育贯穿全程。

2. 课程思政元素切实落地

将课程思政元素融入学生的"书面产出"中，真正做到了课程思政如盐在水，深度消化。

3. 课程思政目标的新高度

结合本课程特色，将课程目标拔高至培养学生用英文讲述中国故事、提升国家形象的文化传播能力上，这对于增强英语专业学生传承中华优秀传统文化、传播新时代中国精神的责任感和使命感、破解跨文化交流中的"中国文化失语症"难题具有重要的现实意义。

4. 课程思政主体的新角色

本次案例教学的设计强调学生不应该是单纯的思政教育的"接收者"，而应该是在教师的引导下的思政教育的"自我引导者"，以实现自我成长。

立德树人，守正出新
——英美文学课程中的思政教育探析

余燕红[①]

（浙江工商大学杭州商学院）

一、课程基本情况

课程名称	英美文学		
课程所属学科门类	英语语言文学		
课程类别	□公共课	□专业基础课	☑专业课
课程学分/学时	2/32		

　　英美文学是英语专业高年级学生的专业必修课，通过英国文学与美国文学两部分内容展开，开设时长为一学年。针对《外国语言文学类教学质量国家标准》（2018）就外语类学生能力方面提出的培养"具备外语运用能力、文学赏析能力、跨文化能力、思辨能力，以及一定的研究能力、创新能力、信息技术应用能力、自主学习能力和实践能力"这一要求，该课程在阅读技能训练的基础上，侧重学习语言所体现的文化，包括历史、地理、风土人情、传统习俗、生活方式、文学艺术、行为规范和价值观念等内容。

　　本课程旨在引导学生掌握英美国家文学的发展脉络，了解各横断面上的文学特点及横断面之间的发展过渡情况；与此同时，培养学生阅读、

[①] 余燕红，浙江工商大学杭州商学院外语学院讲师，硕士，研究方向为西方文学与跨文化研究。

欣赏、理解英语文学原著的能力，使学生掌握文学批评的基本知识和方法，能够独立地对英国和美国文学作品进行分析解读；引导学生通过学习英国文学史和美国文学史的发展及各阶段作家作品，提高其语言基本功和人文素质，增强其对西方文学及文化的了解；在提高学生文学修养、文化意识、专业能力的基础上，加强学生正确价值观的引导，加强学生家国情怀、科学与人文精神的培养。

二、课程思政育人理念与目标

2020年5月28日印发的《高等学校课程思政建设指导纲要》指出："落实立德树人根本任务，必须将价值塑造、知识传授和能力培养三者融为一体、不可割裂。全面推进课程思政建设，就是要寓价值观引导于知识传授和能力培养之中，帮助学生塑造正确的世界观、人生观、价值观……"具体来说，课程思政是将专业课程与思想政治教育结合起来，围绕坚定学生理想信念，以爱党、爱国、爱社会主义、爱人民、爱集体为主线，围绕政治认同、家国情怀、文化素养、宪法法治意识、道德修养等重点优化课程思政内容供给，系统进行中国特色社会主义和中国梦教育、社会主义核心价值观教育、法治教育、劳动教育、心理健康教育、中华优秀传统文化教育。

文学是语言文字中的精华，英美文学能让阅读者提高自身的语言欣赏能力，理解不同文化的思维方式。文学是研究人性的学科，它触及深层的人文关怀和人性需求，反映的人和社会问题往往具有普适性，因此，文学能促使学习者深刻思考那些带有普世价值的问题。从马克思主义艺术生产理论出发，文学作品的特殊本质赋予了它独特的功能，它不仅反映了时代生活和人们的社会关系，也反映了社会政治生活以及人们的思想道德观念。文学作品中蕴藏的思想道德教育资源正是思政教育实践的出发点和立足点。

高校英美文学课程与思政教育的有机结合，即以文学文化知识为基础、以跨文化交流融通为纲要、以中西比较文学为立足点，将思政课程的德育理念融入其中，有利于在吸纳外来思想精华的过程中，增强本民族文化的自豪感和自信心,从而更好地传承民族文化。另外,课程思政以塑造积极的价值观念、培养人文底蕴、传授文学理论知识、提高英语语言应用技能为目标,旨在探索一种新型的人才培养模式。这有利于高校英美文学教学真正以学生为中心,充分调动学生的自主能动性,培养真正的复合型人才。

三、课程思政元素与融入点

(一)英国文学

英国文学中的思政元素与融入点如表1所示。

表1　英国文学中的思政元素与融入点

课程专题	专业知识点	思政元素
Introduction of the Old English and the Middle British Literature	What is literature?	人文学科的意义
Shakespeare: *Hamlet*	Renaissance; Humanism; Drama; Soliloquy	人性; 理想主义
John Donne: *The Flea*; *No One is an Island*	Poetry; Conceit; The Metaphysical School	人类命运共同体
William Wordsworth: *The Solitary Reaper*	Romanticism; Lake Poets	自然的疗愈性
John Keats: *To Autumn*	Satanic Poets; Ode; "Negative Capability"	美即真,真即美
Jane Austen: *Pride and Prejudice*	Approaches of Characterization "Pride" and "Prejudice" in the Novel	爱情观与婚姻观; 性格特点与成长
Charles Dickens: *Great Expectations*	Critical Realism; Analysis on the Characters and Theme in the Novel	梦想与现实; 环境对人的影响
T. S. Eliot: *The Waste Land*	Modernism; Montage; Symbolism	人的精神荒原; 现代性
Virginia Woolf: *Mrs. Dalloway*	Stream of Consciousness	潜意识与梦境
William Golding: *Lord of the Flies*	Characterization and Theme in the Novel	文明与理性; 人性善与恶的博弈

(二)美国文学

美国文学中的思政元素与融入点如表2所示。

表2　美国文学中的思政元素与融入点

课程专题	专业知识点	思政元素
Introduction of the Colonial America & the Revolutionary Period	Anne Bradstreet; Benjamin Franklin & *The Autobiography*	中西方爱情观的差异,古代人和现代人爱情观的差异; 十三条美德
New England Transcendentalism: Ralf Waldo Emerson: *Self-reliance*	Transcendentalism	自立; 独立思考的重要性
Henry David Threau: *Walden*	*Essays*	人与自然的关系; "视角"决定世界
Nathaniel Hawthorne: *The Scarlet Letter*	Puritanism; Symbolism	人性中的"善"与"恶"
Walt Whitman: *Leaves of Grass*	Free Verse; *Song of Myself*	小我和大我; 家与国辩证关系
Emily Dickinson: *I am Nobody, Who are You?*	*I am Nobody, Who are You?*	"无名之辈"与"大人物"的辩证关系
Edgar Allen Poe: *The Cask of Amontilado*	Unified Effects	人性
Realism & Mark Twain: *The Adventures of Huckleberry Finn*	Realism; Characterization	奴隶制以及种族平等观念
Imagism & Ezra Pound: *In a Station of the Metro*; William Carlos Williams: *The Red Wheelbarrow*	Imagism & Haiku	意象派与中国古诗词之间的关系
Robert Frost: *The Road Not Taken*	New England Poets	人生的选择
The Jazz Age & Francis Scott Fitzgerald: *The Great Gatsby*	The Jazz Age; Characterization; Symbolism	"美国梦"的破灭

四、教学设计与教学实施

本课程选用王守仁主编的《英国文学选读》(第4版)以及陶洁主编的《美国文学选读》(第4版)作为教材,以 M. H. 艾布拉姆斯(M. H. Abrams)的 *A Glossary of Literary Terms* 为课外辅助工具书,针对英语专业三年级学生开设。本次教学选取简·奥斯丁(Jane Austen)《傲慢与偏见》(*Pride and Prejudice*)中的爱情观与婚姻观作为单元主题开展课程的隐性思政教育,探讨小说中体现的"相互平等、尊重的爱情观"以及"人性的弱点与成长"等话题,目的是让学生在学习文学专业知识的同时,在相应的思想、理论方面有所收获。在进行英美文学课程的教学过程中,根据每一章不同的作家作品导入相应的优秀传统文化、核心价值观念等内容,最终达到润物无声的育人效果。

(一)课前准备

课前主要是学生的自学阶段,围绕社会历史背景、作家作品简介、作品内容、文学术语等基础性内容展开,包括:

(1)课前预习文本资料,即小说《傲慢与偏见》第一章的内容;

(2)观看教师准备的微视频等数字化教学资源,要求学生观看改编自该小说的影视剧版本,如1995年的电视剧《傲慢与偏见》或2005年上映的电影,从整体把握小说的主要情节脉络与人物性格特征;

(3)教师指定小组查阅18世纪英国的社会背景与文化,尤其是乡镇人们的生活日常,并在课堂上将作品描绘的历史背景介绍给学生。

(二)课堂教学知识点

(1)18世纪英国的社会阶级、财产继承制度、服饰文化、乡绅阶层的日常社交活动、女性地位等内容;

(2)小说人物塑造的不同方式,包括圆形人物伊丽莎白与达西的性格特征及成长,扁平人物班尼特先生与其太太的性格特征;

（3）简·奥斯丁的反讽艺术；

（4）小说呈现的不同类型的婚姻观以及简·奥斯丁的爱情观。

（三）教学活动

首先，教师提出本次课的学习目标，请课前指定的小组分享查阅、整理的背景知识以及作家生平等，时间控制在15分钟以内；教师对小组呈现的知识进行评价和补充，尤其是要注意建立背景知识与小说情节、人物之间的合理的逻辑关系。

其次，进入小说第一章的内容学习，并对人物性格进行分析。教师先引导学生一起进行头脑风暴，总结概括小说人物塑造的几个方法：announcement (first-person, third-person omniscient)、descriptive detail (appearance)、objective and dramatic rendition (the characters' speech and action)、within the character。在学生掌握了人物塑造的方法后将其运用到小说节选片段的分析中，请学生进行文本细读，找出体现班尼特先生与班尼特太太性格的文字，并讨论其性格特征以及两人在小说中体现的婚姻样式。

在阅读小说节选片段时，除了人物性格的讨论外，还涉及简·奥斯丁的反讽艺术，具体体现在班尼特先生的讽刺性话语以及小说叙述者的文字中，尤其是小说开篇第一句话"It is a truth universally acknowledged, that a single man in possession of a good fortune must be in want of a wife"。教师可以引导学生通过表层信息和修辞手法，分析这句话蕴含的言外之意及其反讽艺术。

在初步掌握小说扁平人物的性格特征之后，教师从书名"Pride and Prejudice"入手，引导学生对两名主人公的性格进行讨论，涉及两人第一次见面的舞会场景、达西先生第一次求婚的场景、两人误会消除之后的转变等内容。教师在引导学生回忆相关情节后呈现相应文字片段，讨论两人在"傲慢"与"偏见"上的具体表现，并探究人物话语、行为背后的内在原因，这里涉及人物性格中的优点和缺点的讨论。

最后一个话题是：幸福婚姻的标准是什么？教师引导学生讨论自己

对美好的爱情或婚姻的看法,并讨论需要哪些不可或缺的品质。观照小说情节,讨论其中呈现的各种不同的婚姻模式和相应标准,进而重点讨论"伊丽莎白与达西先生为什么能够有情人终成眷属?""这表达了作者什么样的爱情观?"等问题。

从讨论结果来看,大多数学生会用"相互理解""尊重""平等""包容"等品质去概括一段美好的爱情或婚姻。之后,教师追问学生"如何做到呢?"这一问题,进而引导学生从小说主人公的爱情经历中得出"以爱为前提的恋爱双方需要克服自身的性格弱点,进而自我改变与成长"这一观点。其中,涉及的内容包括"恋爱双方的互动性""人的性格弱点或局限性""自我反思的重要性""观念落实,行动进而改变"等。

(四)课后拓展

若想更深入地了解作家简·奥斯丁,推荐学生观看《成为简·奥斯丁》(Becoming Jane)这部电影;若想更深入地了解"爱情与婚姻"这个话题,推荐学生阅读简·奥斯丁的其他小说《理智与情感》(Sense and Sensibility)、《曼斯菲尔德庄园》(Mansfield Park)、《爱玛》(Emma)、《诺桑觉寺》(Northanger Abbey),以及夏洛特·勃朗特(Charlotte Brontë)的小说《简·爱》(Jane Eyre)、路易莎·梅·奥尔科特(Louisa May Alcott)的小说《小妇人》(Little Women)。

五、教学成效

从教学成效上看,首先,学生的自主学习能力以及学习兴趣得以提升。通过问卷调查,收集了学生的一些反馈:在过去一学年的教学活动中,从问题出发进行课堂讨论能够使到课率大大提高,学生也能更主动地参与其中并有所思考。问卷结果显示,超过70%的同学认为英美文学课"师生互动、学生讨论多,能发表自己对文学作品的不同见解""幽默、轻松和愉快的课堂氛围既开阔视野,又寓教于乐"。

教师在课堂中运用了各种类型的活动,其中"课堂讨论活动"受到了大多数学生的认可。从调查结果来看，超过50%的同学认为在英美文学教学中，课堂讨论是最有效的活动形式，有同学表示"本学期的 discussion 很好"，可以运用所学知识解决问题。他们认为教师引导学生多思考、联系实际并给出自己的见解的方式，可以让学生"跳出课本，开拓思维"。学生间的相互合作使课堂氛围变得更好，甚至能讨论出意料之外的有趣观点，这增强了英美文学课的实践性以及趣味性。其他类型的课堂活动，如"翻转课堂""角色扮演"，同样获得了不少学生的认可，各自占比为20%与15%。

其次，教学内容、教学方式以及评价方式的多样化改革，使得学生的文学赏析能力逐渐提高，具体体现在诗歌赏析作业、翻转课堂中的学生课堂呈现以及期末测试中文本分析思路与技巧上。例如，学生在课堂互动中的口语表达更为流畅，逻辑思辨能力有一定程度的提高；在诗歌或小说文本赏析的过程中，学生已经意识到分析思路和方法的重要性，这在文本表达逻辑上有所体现。

为了加强学生的文学素养和文化意识，引导学生树立正确的世界观、人生观、价值观，目前杭州商学院已建立超星泛雅网络教学平台，供学生提问、互动及分享学习资料。自2018年9月以来，专门为外语学院英美文学课程建立的"塘埚书会"微信公众平台，成为读书交流、分享与展示的平台，现已在课外开展读书会活动12次，分享作品达50部（截止到2023年1月）；同时在该平台开设了"为你读诗"专栏，不定期推送学生优秀的诗歌朗诵作品、戏剧配音作品等。

六、教学创新与教学反思

从教学方式上看，在课堂从"以教师为中心"转为"以学生为中心"的过程中，背景知识的学习以及教师的引导尤为重要。教师不仅要对学生的成果做出总结和评价，还应该在思想和人文方面进行延伸，引导学生进行更加深入的研究。在课堂活动中，教师可以根据学习内容灵活设置个性化的问题解答、阅读交流分享、情景剧表演、故事续写、诗歌朗诵分享等教学活动。多样化的教学活动可以提高学生的课堂参与度,多模态的文本演绎能增加学生对文学的体验和认知,讨论交流也能让学生认识到文本解读的多样性,从而更加深入地理解作品以及作品背后传递的价值观。

在翻转课堂的课前自主阅读阶段,教师要引导学生记录阅读时的感受,以便在课堂上进行讨论交流。同时,教师应不断丰富课程资源,逐步建立起多模态化的英美文学资源库,如文学作品改编的影视库、英语诗歌朗诵或有声文学作品音频库、作家和作品图片库等。这种多模态化的资源库可以帮助学生强化对原著的理解,提高他们的学习兴趣。教师还需要根据学生在各个教学活动中的表现进行评分,促进形成性评价与终结性评价相结合的评价体系有效落实。

从教学内容上看,文学是人类智慧与文明的结晶,英美文学同中华优秀传统文化一样蕴含着丰富的人文思想和人文精神。在当今强调大学思政教育的背景下,我们在英美文学的教学过程中,应根据高校思想政治教育的时代特点和现实状况,融入思政教育理念,这是时代发展对学科建设和发展所提出的要求与挑战。

一方面,教师需要发掘课程知识所蕴含的思政元素,结合实际情况,引导并培养学生树立积极正向的世界观、人生观、价值观。另一方面,教师需要在课程开始前有计划、系统性地进行课程设计,保证每次课堂上的思政教学元素不重复,讨论不僵化、生硬。必须指出的是,思政教育需要以潜移默化的方式导入英美文学课程教学,不能喧宾夺主,偏离专业课程教学主体。

口译"数"说中国发展
——"口译基础"课程思政教学案例*

严丽晨①

（浙江工商大学杭州商学院）

一、课程基本情况

课程名称	口译基础		
课程所属学科门类	英语语言文学		
课程类别	□公共课	□专业基础课	☑专业课
课程学分/学时	2/32		

"口译基础"是一门为英语专业高年级学生设置的专业课程。该课程的主要任务是通过线上线下混合式教学,培养学生掌握基本的口译流程及交替传译技巧策略,使学生能够应对一般的口译实践场景;让学生在实现双语转换的基础上,具备良好的工作记忆、快速反应、较好的语言组织和表达能力等。在口译知识及技能的教学过程中,教师需引导学生积极思考和实践,培养他们面向未来的关键核心素养,实现本课程教学"知识、

* 本文为浙江省高等教育学会 2023 年度高等教育研究课题"新文科背景下口译课程群多模态语料库的创建及应用(课题编号:KT2023021)"的阶段性成果之一,以及浙江工商大学杭州商学院 2022 年度"三进"建设专项重点项目"'三进'背景下口译课程群思政教改研究"的阶段性成果。
① 严丽晨,浙江工商大学杭州商学院外语学院讲师,硕士,研究方向为翻译理论与实践。

技能、素养、思政"的融合。

二、课程思政育人理念与目标

"口译基础"是一门翻译类专业课程,教师在教学的过程中应秉持课程思政的教育理念,将思想政治教育的内容和精神融入课堂教学的过程中,将课程思政育人和口译基础知识的学习有机结合起来。

基于2019级英语专业学生的学情及2021—2022学年第一学期先修课程"高级听说"的授课情况,制定"口译基础"课程目标。

(一)知识技能目标
(1)了解口译的基本理论;
(2)掌握口译记忆方法、口译笔记、口头概述、公众演讲等基本技巧;
(3)掌握口译中跨文化交际的基本策略,培养话语分析能力。

(二)核心素养目标
(1)提升自主学习与主动沟通的意识和能力;
(2)培养团队合作的意识和能力;
(3)完善学生的逻辑思维能力、语言组织能力和双语表达能力;
(4)提升信息意识,掌握文献检索、资料查询的基本方法。

(三)思政育人目标
(1)加强人文情怀的培养,进一步提升人文素质;
(2)引导学生关心时事政治,了解国家大政方针,提高文化传播能力;
(3)培养学生的政治素养,在口译实践中自觉维护国家及民族的尊严。

三、课程思政元素与融入点

(一)口译课程的跨文化交际意识

口译课程在内容上具有跨文化交流的特点，这在一定程度上会对学生的世界观、人生观及价值观产生重要的影响。因此，在"口译基础"这门课程中加入思政教育内容，拓展思想政治教育的场域是十分必要的。在课程内容上，教师不仅要选取翻译专业国家级规划教材作为教学依托，同时要选取全球大背景下的新闻时事作为教学素材，使其与国家大政方针下的时政内容相结合，将思政教育融入日常教学中。

(二)口译专题知识与课程思政的结合

英语口译课程兼具工具性和教育性双重性质，是课程思政十分理想的载体。"口译基础"的教学除教授口译知识点之外，还尝试引导学生树立正确的价值观念，做到"育训并举"。因此，在重点讲解口译专题和技能时，应自觉融入课程思政育人元素，引导学生树立正确的世界观、人生观和价值观，以达到社会主义现代化强国接班人的要求。

具体而言，可以将口译中的听力与记忆(短期记忆)、笔记技巧、交替传译技巧等知识点，融入5个思政专题的探究教学中。口译课程教学模式"以线上线下混合式为主，以实践模拟训练为辅"。在实际教学中，"口译基础"在线课程可以将教学视频、音频、文稿、虚拟情景结合起来，把较复杂的情景以更简单直观的方式呈现出来，使学生更能体会到口译的实践性，激发学生的学习兴趣。与此同时，实时丰富的时政资讯可以构成更综合的学习资料库，能够使口译的学习与社会、时事及文化等更好地联系起来，以丰富学生的知识面。这在一定程度上鼓励并激发了学生的自主学习意识。

1. 专题1：新闻热点口译及评议

该专题共包含3个单元内容，可以将这3个单元的授课周定为时事热点资讯周，以培养学生关心国家大政方针的意识，加强学生听力技巧的训练,尤其是关键信息的辨析及主旨提炼。

2. 专题2:工农业专题口译

该专题包含2个单元内容,可以从经济及社会发展出发,要求学生在口译笔记的基础上完成主旨口译,实现中国梦教育。

3. 专题3:会议及商务口译

该专题包含3个单元内容,主要以商务会议谈判为切入点,教授学生了解会议及商务会议流程,以及会议口译的目标及原则。同时,指导学生学习商务会议口译中的必备知识及技巧,培育其职业精神。

4. 专题4:民俗文化

该专题包含3单元内容,以中国民俗文化为切入点,引导学生走进中国文化,并成为积极的文化传播者,讲好中国故事。同时,要求学生掌握口译交际中的重难点,不断练习,了解跨文化交际的重点。

5. 专题5:时政板块(口译实践)

该专题共3个单元,以政府工作报告、两会、北京冬奥会为切入点,要求学生总结回顾前期课程所学的口译技能,以实践为基础导向,引导学生关心中国及世界发展,体会中国发展征程中的波澜壮阔,树立"一起向未来"的理念,同时在翻译实践中巩固口译技能。

课程内容、专业知识与思政的结合如表1所示。

表1　课程内容、专业知识与思政的结合

课程内容	课时	专业知识点	切入思政点
新闻热点口译及评议	3个单元	听力辨析; 提炼主旨	培养学生关心国家大政方针的意识
工农业专题口译	2个单元	口译笔记; 主旨口译	中国梦教育
会议及商务口译	3个单元	商务会议口译技能; 口译话语分析	职业精神培育
民俗文化	3个单元	语言重组; 跨文化交际分析	跨文化交际,讲好中国故事
时政板块(口译实践)	3个单元	口译实践	"一起向未来"

四、教学设计及评价

(一)教学设计

本课程案例选自时政板块，即口译实践的第1单元，共2个课时，以2022年政府工作报告为切入点。通过政府工作报告中的数字口译内容，引导学生更好地了解中国的大政方针。同时，引导学生回顾不平凡的2021年，展望中国未来的发展，切实感受中国征程的伟大与不凡。本单元以线上线下混合式教学的模式展开，包括线上自学及线下案例教学，具体设计如表2和表3所示。

表2　线上自学(1课时)

自学平台	课时目标	个人任务	小组任务
学习通	知识技能目标:双语背景知识积累 核心素养目标:培养学生自主学习和协作学习的能力 思政育人目标:引导学生回顾不平凡的2021年，更好地了解中国的大政方针	请同学们总结学习通平台上发布的2021年政府工作报告中出现的政治、经济及文化等相关双语词汇，为2022年新工作报告的口译提供支撑	以小组为单位讨论"你心目中最能描述中国2021年的3个词"，讨论完成后可在论坛发布，组间亦可参与评论。最终评选最能代表2021年的3个词,并思考其原因

表3　线下案例教学(1课时)

步骤	教学目标	教学过程	教学时长
1	知识技能目标:双语知识积累	课堂导入＋线上课程回顾与监测 √展示学习通平台上同学们的评选结果，即2021年的3个词——脱贫攻坚、疫情防控、100周年 √以这3个词为基础,给出相应的英语翻译,同时引导学生围绕"脱贫攻坚""疫情防控""100周年"展开讨论	10分钟

续　表

步骤	教学目标	教学过程	教学时长
2	知识技能目标：掌握数字听译的重难点1——中英数字表达的异同	**Task 1：中英文数字表达的异同** 任务前（Pre-task） √教师解释任务的目的——通过中英数字表达异同表来检验学生能否正确地理解数字在中英双语中的不同表达 任务中（Task-cycle） √两人一组，请同学们快速给出数字的中英转换 √随机抽组，完成中英文数字表达快速转换练习 任务后（Post-task） √请同学们总结中英数字表达中的重难点，教师给予反馈	15分钟
3	知识技能目标：掌握数字听译的重难点2——理解与表达 核心素养目标：培养团队合作的意识和能力 思政育人目标：引导学生切实体会祖国发展，"数"说不凡中国	**Task 2：数字中译英的理解与表达** 任务前（Pre-task） √以2021年政府工作报告中的双语例句为切入点，以小组为单位请同学总结数字中译英的表达： 　a）城镇新增就业1186万人，年末全国城镇调查失业率降到5.2%（A total of 11.86 million urban jobs were added, and the year-end surveyed urban unemployment rate dropped to 5.2 percent） 　b）居民消费价格上涨2.5%（The consumer price index posted a 2.5 percent growth） 　c）大幅度扩大失业保险保障范围，对因疫情遇困群众及时给予救助，新纳入低保、特困供养近600万人，实施临时救助超过800万人次（We expanded the coverage of unemployment insurance schemes, and extended timely assistance to those who were hit particularly hard by Covid-19. Close to six million additional people received subsistence allowances or extreme poverty aid, and more than eight million temporary assistance grants were disbursed） 任务中（Task-cycle） √请同学们听译2021政府工作报告中的相关数字表达： 　今年发展主要预期目标是：国内生产总值增长5.5%左右；城镇新增就业1100万人以上，城镇调查失业率全年控制在5.5%以内；居民消费价格涨幅3%左右；居民收入增长与经济增长基本同步；进出口促稳提质，国际收支基本平衡…… 任务后（Post-task） √以小组为单位，请学生总结练习中出现的表示上升及下降的英语表达，分析并掌握数字听译的相关策略	20分钟

续　表

步骤	教学目标	教学过程	教学时长
4	知识技能目标:熟悉并掌握数字中英文表达 思政育人目标:引导学生总结2021学年的学习生活,并憧憬和规划2022新学年,培养学生自我管理的能力	课后作业:请同学们完成2022学年学习报告英文口译实践,"数"说新学年新发展 课堂延伸:以小组演练的形式,在下一次实践课中请部分学生做2022学年学习报告,小组其他成员接替翻译	—

(二)教学评价

基于线上线下混合式智慧课堂的要求,结合多元评价体系,本课程采用线上线下相结合的评价方式,以体现教学评价的人性化、动态化及真实性,最终实现全过程育人。线上及线下的课程评价如表4、表5所示。

表4　线上课程评价

评价指标	评价方式	评价内容
学习态度	师生共评 信息化数据统计	2021年政治工作报告是否下载及访问、问题反馈、访问打卡次数
学习投入度	师生共评 信息化数据统计	双语积累词库共建条目、论坛讨论贴及互评记录
学习参与度	师生共评 同伴互评 信息化数据统计	针对"你心目中最能描述中国2021年的3个词"问题,学生的参与度及投票互动率
学习效果	学生自评 信息化数据统计	双语翻译练习得分、答题细节、总用时

表5　线下课程评价

评价指标	评价方式	评价内容
交流及思维状态	课堂观察	师生交流及生生交流(包括积极回答问题、交流互动、小组协作、创新性)
情绪状态	课堂观察	学习过程情绪(学习信心、好奇心、求知欲)
注意力状态	课堂观察	注意力保持时长(目光跟随)
学习成果	随堂练习课后作业单元作品	知识技能(双语积累、数字听译重难点及策略)核心素养(自主学习、小组协作、信息检索及总结)思政育人("数"说中国发展,体会祖国发展的不凡;"数'说学年报告,规划管理自我发展)
自我评价	评价量表自我反思	学生对自己的学习情况进行评价及反思

五、教学成效与反思

通过对"口译基础"课程的学习,学生逐步习惯每个专题前的线上课程学习,养成了自学及小组协作的意识,同时提升了大数据时代信息检索与归纳总结的能力。通过线上课程的前期积累以及先期双语积累,学生能够积极参与线下课堂互动与小组协作,特别是在口译实操中,涉及祖国发展不凡征程的话题常常引发学生热烈的讨论。在口译实践中,学生们不仅提升了逻辑思维能力、语言组织能力和双语表达能力,也提高了跨文化交际能力。学生能够以民族复兴为己任,挑起历史与时代赋予青年人——特别是外语青年学生的使命,即"用英语讲好中国故事,传播中国智慧"。

本课程已连续开设3年。其间,学生积极参加各大口译赛事,共有近20人次参与第9届、第10届、第11届全国口译大赛,均顺利晋级复赛,约40%的学生获省级二、三等奖。通过口译课程,越来越多的学生对翻译产生了浓厚兴趣,近2年有近10名学生成为翻译方向的研究生,继续自己的翻译梦想。

课程思政的重点在课堂,关键在教师,成效在学生。在未来的课堂教学中，教师要更好地把口译专业技能教学与思政育人融合起来，同时与时俱进，创新线上线下混合式教学模式，搭建资源平台，建设优质口译课堂。教师作为课堂教学的第一责任人，要不断学习，严于律己，育人育才；要学会倾听每一个学生的声音，鼓励学生差异化发展，重视学生的全面发展，培养学生面向未来的能力。在教育教学中，教师要始终把学生放在首位，以学生为中心，努力打造让学生有获得感的课堂。同时，基于口译课程的特殊性，教师不仅要引导学生关心时事政治，了解国家大政方针，还需努力提升学生的跨文化交际能力，更好地传播中国智慧。教师更要培养学生的政治素养，在口译实践中自觉维护国家及民族尊严。

六、教学特色与教学创新

"口译基础"课程的特色在于极强的交叉性及实践性。本课程充分利用同传室的优势，进行口译场景模拟实践。口译场景模拟是口译实践中的重要一环，也是口译课程最好的延伸。场景模拟练习以及小组模拟训练与时事思政内容相结合，可以使口译教学更贴近工作场景，更好地锻炼学生的现场口译能力以及口译技能。

该课程的创新之处在于建设与思政相结合的特色课程资源库，在经典口译教学内容的基础上，大量融入实时、动态的时政内容。教师以线上平台为依托，提供多元、丰富的学习资源。根据课程专题的设置，收集适应学生水平的口译材料（本课程在2022年实际课程资源建设中，分别设置5个时政专题，结合不同口译技能单元，选取相关音视频材料近百篇）。同时，在资源建设上，全体学生及口译助教也一同参与资源的建设，成为课程建设与资源共享的主体，这使得课程的设置更贴近学生的实际需求。

礼仪之邦的风范与传承

——"国际商务礼仪(英)"课程思政教学案例

薛晶晶[①]

(浙江工商大学杭州商学院)

一、课程基本情况

课程名称	国际商务礼仪(英)
课程所属学科门类	英语语言文学
课程类别	□公共课　□专业基础课　☑专业课
课程学分/学时	2/32

"国际商务礼仪(英)"是针对英语和商务英语专业开设的专业选修课,一周2个学时,共32个学时。本课程涉及国际商务活动中的各个方面,如商务形象、商务沟通、商务会议、商务谈判、商务接待、求职面试等。教师通过案例分析和场景模拟等方式介绍国际商务活动中的基本礼仪常识,提高学生的礼仪素质。

中国自古以来就为礼仪之邦,孔子云:"不学礼,无以立。"中华民族历来就是一个讲究品德教育、文明礼仪和个人修养的民族。在全球化背景下,伴随着日益密切的国际往来和市场经济的深入发展,国际商务礼仪的重要性愈加凸显。在国际商务活动往来中,由于国别、地域、宗教信仰、文

---

① 薛晶晶,浙江工商大学杭州商学院讲师,硕士,研究方向为心理语言学、英语教育。

化背景等千差万别，人与人之间、企业与企业之间该如何互相尊重、平等交流、达成共赢，打造政治互信、经济融合、文化包容的利益共同体、责任共同体和命运共同体，是即将走向职场的大学生应该掌握的基本知识。与此同时，如何在这一过程中传承和弘扬中华民族的传统美德，让世界看到礼仪之邦的大国风范，也是教师在教学过程中应当思考的重要问题。本次教学案例选取的是《国际商务礼仪（英文版）》第3单元中的一个模块——商务接待礼仪及职场人际关系礼仪，授课班级为商务英语2020级2个班和英语专业2020级4个班。通过有机融入中国传统的待客礼仪，引导学生在进行对外宣传和接待活动的时候不仅能够以恰当的方式待人接物，也能展现中华民族好客的传统美德。

二、教学目标与育人理念

本节课围绕以下3个方面设计教学目标。

（一）语言目标
（1）能用恰当的语言问候访客，并主动提供帮助。
（2）能用礼貌用语与访客交流沟通。
（3）能委婉地拒绝要求。

（二）知识目标
（1）掌握正确的握手姿势、时间、力度和禁忌，并了解握手在不同文化中的差别。
（2）掌握迎客、送客的相关礼仪。
（3）掌握正确的站姿、坐姿，了解正确的入座顺序。

（三）育人目标
（1）培养爱国主义精神，增强民族自豪感。
（2）增强文化自信。

（3）提高对外宣传中国文化的能力。

（4）培养诚信、友善、敬业及团队合作精神。

（5）提高人际沟通能力。

为更好地达成以上教学目标，本课程采用以下教学理念：

（1）学用一体，案例分析和实践活动相结合。

（2）价值引领，立德树人与语言教学相结合。

（3）全程育人，采用线上线下混合式教学模式。

三、课程思政元素与融入点

针对本节课的教学内容，将思政元素与课程内容进行融合，如表1所示。

表1 课程思政元素与融入点

课程内容	知识点	思政元素	知识点与思政点的融合	课程思政的实施路径与方式
古人待客礼仪	拂席、扫榻、倒屣、拥彗、虚左、却行、侧行、避行	文化自信；对外传播中国文化	将古人的待客礼仪翻译为英文，加强对外传播中国文化的知识储备	线上平台翻译与小组讨论
商务接待礼仪	握手的正确姿势、力度及相关文化差异；迎客、送客的相关礼仪	真诚自信；礼貌待人	通过掌握握手等待客礼仪，引导学生礼貌待人	线下课堂小组讨论会客场景模拟
处理职场人际关系	职场的善举；委婉拒绝	诚信、友善、敬业及团队合作精神；人际沟通能力	通过讲解职场的善举，让学生学会感恩及友善待人，并培养其敬业精神、团队合作能力；通过学习委婉拒绝的方式，提高学生的人际沟通能力	线下课堂案例分析情景对话

四、教学案例描述(线上90分钟+线下90分钟)

本课时课程设计的核心原则是将价值引领自然地融入专业课程的教学当中,既体现教学的知识传授,又强调政治导向、价值导向与时代导向。

(一)课前(线上30分钟)

将《论语》中"有朋自远方来,不亦乐乎?"这句话作为课前导入内容,在超星泛雅网络教学平台发布学习任务,即了解中国古代的待客礼仪——拂席、扫榻、倒屣、拥彗、虚左、却行、侧行、避行。同时,让学生自行查阅资料,了解这些礼仪的具体含义。之后,以小组为单位将这些礼仪翻译成英文,并通过在线讨论区进行组间交流,比较各自的翻译。

(二)课中(线下90分钟)

课堂教学安排如表2所示。

表2 课堂教学安排

教学目标	教学内容	教学方式	教学时长
育人目标: 增强民族自豪感; 提高对外传播中国文化的能力	中国古代待客礼仪及翻译	小组讨论	15分钟
育人目标: 培养学生的职业素养,礼貌待人 知识目标: 掌握握手的正确姿势、力度及相关礼仪; 掌握迎客、送客的相关礼仪 语言目标: 能用礼貌的语言问候访客并进行沟通	Session 1: Business Reception Etiquette 商务接待礼仪	场景模拟 任务教学法	35分钟

续　表

教学目标	教学内容	教学方式	教学时长
育人目标： 提高人际沟通能力； 培养诚信、友善、敬业及团队合作精神 语言目标： 学习委婉拒绝	Session 2： Etiquette in workplace 职场礼仪	案例分析 合作学习 任务教学法	40分钟

具体教学内容和实施如下：

1. 教师对课前线上任务进行反馈(15分钟)

拂席：擦去座席上的灰尘，请客人就座，以示敬意。

扫榻：拂去榻上的尘垢，表示对客人的欢迎。

倒屣：由于急着迎接客人，以至于鞋穿反了，以示敬意。

拥彗：迎候尊贵宾客，常手持扫帚打扫表达敬意。

虚左：空出左边的位子，迎接客人。

却行：向后退着走，以示对客人的敬意。

侧行：侧着身子前行，以示对客人的敬意。

避行：离开座位站起来，以示对客人的敬意。

在对比几个小组的翻译后，教师进行点评并给出参考翻译：

The ancient Chinese do the following things to show their respect to the guests:

·Wipe the dust on the mat;

·Dust the couch;

·Sometimes they are in such a hurry to greet the guests that the shoes were worn backwards;

·Sweep the floor and hold a broom;

·Vacate the seat on the left;

·Walk backwards;

·Walk sideways;

·Stand up from the seat as a courtesy.

在讲解完以上内容之后，教师向学生提问："中华民族自古以来就是一个好客且讲究待客礼仪的民族，那么在现代社会中，我们的待客礼仪都体现在哪些方面？"

同学们答道："客人来之前会打扫或整理房间，客人进来的时候会起身或去门口迎接，然后会泡茶招待客人。"

教师问："很好，那么在其他的场合呢？比如在奥运会这种国际赛事上？"

同学们又争相答道："我们的奥运村会给世界各国的运动员提供非常好的居住条件和丰富的饮食，很多运动员都赞不绝口。""还有很多友善的志愿者会主动提供帮助。"

通过这项课前任务，教师引导学生关注传统文化的传承，并且通过中国悠久的历史文化和礼仪之邦的风范来增强学生的民族自豪感。

2. 内容导入（5分钟）

讲解完古代人的迎客方式后，教师将话题引入本节课的主题——Business Reception Etiquette，并向学生提问："如果今天有一位访客去办公室拜访你，你在接待访客的时候应该注意哪些礼仪呢？"

同学们在简短地讨论之后答道："访客进门的时候要主动迎接，面带微笑问候对方且主动握手。""主动邀请对方入座。""客人走的时候要把他送到门口。"

教师乘机对他们的答案进行了扩展，并提问："大家都知道握手是现代商业社会中一项重要的礼节，但你知道正确的握手方式吗？如果到访者是一名异性，是你先伸手还是等对方先伸手？如果这位访客待的时间过久，影响了你接下来的工作，你会如何礼貌地提醒他？"

3. Session 1：商务接待礼仪（30分钟）

教师先让学生就刚才的3个问题在文章中寻找答案，之后带领学生梳理以下知识点：

（1）起身迎接访客的礼仪；

（2）握手的正确姿势、力度及伸手顺序；

（3）邀请访客入座的礼仪；

（4）送访客出门的礼仪；

（5）访客待太久应如何礼貌地提醒他；

（6）如果临时有事无法会见访客，应如何向对方说明。

之后，教师请学生两人一组进行场景模拟：每个同学轮流饰演接待者和访客，并对迎接、握手、入座、简短交谈、送客出门等场景进行练习。然后邀请两组在全班同学面前进行展示，并邀请其他同学对会客的过程进行点评。

以下是其中两名学生在模拟过程中的场景，其中 Student A 为女生，饰演访客；Student B 为男生，饰演接待者：

Student A 敲门，Student B 说"Come in, please"，这时 Student A 进门并走到桌前。Student B 从座位上站了起来，并与其握手。Student B 先邀请对方入座，之后自己也坐了下来。二人进行简短交谈后，Student A 并没有离去的意思，此时 Student B 表示"Our talk has been very helpful and has cleared up most of our questions. I'll get to work on this right away and get in touch with you early next week. Thank you for coming"。之后，Student A 起身离开，Student B 送其到门口并礼貌道别。

在展示环节结束后，教师邀请台下的一名同学对刚才的接待环节进行点评。这名同学说："Student B 在整个接待过程中做到了应尽的礼节，但是有一个地方需要注意一下。因为他是男士，握手的时候应该先等女士伸手。Student A 应该先主动伸手，而且她在握手的时候太害羞了，没有跟对方保持眼神交流。"

教师表示："非常好，你观察得很仔细。另外大家有没有注意到，他们的握手姿势标准吗？其实 Student A 的握手力度很轻，手部的虎口部位也没有和对方的虎口接触，象征性地握了几下。在职场往来当中，一个坚实有力的握手是一个人真诚和自信的表现，能够在初次见面时就给对方留下一个好印象。当然，在握手力度的轻重上存在文化差异，如在美国、德国、俄罗斯等国握手力度偏重，而在法国、日本等国家力度较轻。我们在进行跨文化交际的时候，要注意这些文化差异，不能用同样的标准去衡量。另外，基本上主流文化都认同在握手的同时要与对方保持目光交流，这体现了对对方的尊重。如果在握手的时候看向其他地方，会给人一种不可靠、不诚实的感觉。"

4. Session 2：职场礼仪（40分钟）

在开始讲解这个部分之前，教师先问了同学们一个问题："大家回想一下，在这两年的大学生活里，你的室友有没有做过令你十分感动的事情？这件事未必是大事，日常生活中的小事也可以。"

这个话题激起了大家的兴趣，大家相互交流起来。讨论结束后，教师让几名同学分享他们的室友曾做过的事情。这些答案包括：

"我的室友每次从家里回来都要给我们带她妈妈做的好吃的。"

"我的室友特别照顾大家的感受，每次吃螺蛳粉都会躲到阳台上去。"

"我的室友怕我体测不过关，一有时间就拉着我去跑步。"

"我的室友在我生日的时候给了我一个惊喜。"

……

教师表示："大家觉得有这样的室友幸福吗？寝室是大家在大学待的时间最长的地方之一，那么大家在工作之后，办公室就成了你每天会去的地方。同事之间又该如何相处呢？如果你的老板在你工作已经超负荷的情况下，又给你布置了新的任务，你该不该拒绝呢？"

通过这样的问题导入话题，既能让同学们能够从日常生活中的小事里学会感恩，也有助于把话题引到了这节课的教学主题——如何处理职场的人际关系。

课本上的主要内容包括两个模块："职场中的善举"和"委婉拒绝"。

第一，职场中的善举。

在学习完本部分的课文之后，教师让学生回答问题："假如你现在是一名职场新人，刚刚进入工作单位，那么文章中提到的哪些善举是你最需要的？"

大部分同学的回答是：

"如果你看到同事即将犯错，请尝试及时干预并阻止错误的发生。"

"在同事处理某件事情感到手足无措的时候，给他分享一些你的经验和建议。"

"主动邀请经验不足的同事加入可以帮助他成长的会议或项目。"

"在他初入职场还没有任何朋友的时候，邀请他加入你的午餐小队。"

教师说："我很幸运，大家刚才提到的这些善举，在我刚进入这个学校的时候都遇到过——我有一批很棒的同事。每个人在从职场新人成长为独当一面的顶梁柱的过程里，都需要不断地磨炼和学习。在学习的过程中，我们也会不断地得到同事们的照顾和帮助。这份友善和团队精神，是每个人在职场上披荆斩棘的利器。我相信今后大家在加入职场之后，也一定会把这些善意传递给他人。有时候你的一个小小举动，也会给别人带来意想不到的温暖。"

第二，委婉拒绝。

首先教师请大家了解一个案例：Shirley的同事最近生病了，需要住院休息一段时间，而她负责的项目需要马上交付。这个时候，Shirley的老板请shirley接手这名同事的项目，但Shirley感到很为难，因为她目前的工作量已经很饱和了，接手新的项目会面临更大的挑战。面对老板的请求，她既想帮帮同事，又怕自己的工作压力太大，从而陷入两难的境地。

教师让同学们进行小组讨论："如果你是Shirley，你会怎么做？"

同学们的答案各不相同，有些说同事和公司遇到了困难，Shirley应该伸出援手，只能自己辛苦多加班；也有同学说，每个人的精力是有限的，如果这个时候接受了新的项目，自己手头的工作也难以保质保量地完成，Shirley应该拒绝。

教师说："大家说的都有道理。但是在Shirley决定接受或拒绝这样的请求之前，她可以先问自己几个问题：

"我手头的项目和同事的项目哪个更紧急一些？

"新项目所需要的技能和经验我是否具备？团队中有没有比我更合适的人选？

"我能否把手头的工作分一些给其他团队成员，这样才有精力接手新项目？"

同学们点头，教师表示："我们有时候要学会借助团队的力量。大家平时在完成小组项目的时候，也会进行分工。这样一起承担一个项目，不但能够减轻压力和工作量，也能在完成项目的过程中互相学习，取长补短。但是，如果 Shirley 在分析完现有状况之后发现她并不适合接手这个新项目，那么她该如何拒绝老板呢？书上给了哪些建议？"

在学生阅读完这个部分之后，教师让大家进行了 Role Play 的练习，每个同学和同桌轮流扮演 Shirley 和老板，将书上给的建议用对话的方式模拟出来，在对话中需要包括以下几个建议：

· Prepare your reasoning.

· Come up with an alternate solution.

· Compromise.

在同学们结束对话后，教师总结："拒绝一项工作的理由并不是怕承担责任或者工作太难。我们需要在完成自己本职工作的基础上再去迎接新的挑战，也可以此为契机督促自己多学一些新的技能，以备不时之需。机会永远只属于有准备的人。"

（三）课后（线上60分钟）

以小组为单位拍摄短视频，主题为和同事的相处方式以及接待访客，情节自拟，要求体现上课时讲到的接待礼仪和人际关系礼仪，时长不超过5分钟。其中，奇数组拍摄正确的视频做示范，偶数组拍摄错误的视频做示范。拍摄好后组长负责将视频上传至超星泛雅网络教学平台，以备下节课交流讨论。

五、教学成效与反思

本节课围绕"商务接待礼仪""职场礼仪"这两个模块展开教学,并利用线上线下混合式教学方式,通过情景模拟、案例讨论等方法将思政元素自然地融入专业课程教学过程当中。学生的课堂参与度高,课堂反应良好。

但是也存在不足之处。比如在模拟实践环节,一些同学比较害羞或是不愿开口,会打击其合作伙伴的积极性,以至于有一些小组的对话没进行几个回合便草草收场。更好地激励大家参与课堂活动或教师的脚手架的搭建,是教师在今后的课堂设计中需要思考的问题。

六、创新与特色

本课程的设计从教师和学生两个角度进行了创新。首先,以往的课堂教学时间有限,教师无法在90分钟之内将教学内容充分展开。通过线上线下混合式教学,教师将一部分任务放在线上完成。如本节课的课前任务——翻译古代待客礼仪,不仅拓宽了学生的知识面,增加其对外宣传中国传统文化的知识储备,也对线下教学做了有益补充。其次,作业的形式也与时俱进。现在的大学生非常喜爱短视频,对拍摄技巧和制作手法也非常熟练。教师通过布置短视频作业,让学生将课上所讲的礼仪知识应用在生活当中,达到了育人效果。

从学生的角度来看,生硬的说教可能会适得其反。课程思政元素只有有机地融入课程内容,才能起到润物无声的作用。另外,线上线下混合式教学方式对他们来说更为灵活,比如可以自主安排线上的学习时间,还可以随时与其他同学进行交流,这提高了学生的自主学习能力和团队合作能力。

了解信用本质　提升金融素养
——"综合商务英语"课程思政教学案例*

雷亚敏①

（浙江工商大学杭州商学院）

一、课程基本情况

课程名称	综合商务英语		
课程所属学科门类	英语语言文学		
课程类别	□公共课　☑专业基础课　□专业课		
课程学分/学时	6/96		

　　"综合商务英语"是一门面向商务英语专业学生的专业必修课，致力于促进学生对专业知识的系统掌握和自身综合能力的提高。本课程具有较强的实践性和跨学科性，课程内容主题丰富，涉及经济、管理、职场、领导力、金融等与商务相关度高的话题。选文思想内涵深刻，可读性强，充分反映了经济全球化的时代特点。该课程每个单元包括"英语知识与技能"和"商务知识与技能"两大板块，旨在培养和提高学生的英语综合运用能力，体现专业知识与英语语言的融合。

* 本文为浙江省一流本科课程"高级商务英语"的阶段性建设成果。
① 雷亚敏，浙江工商大学杭州商学院讲师，硕士，研究方向应用语言学。

二、课程思政育人理念与目标

课程思政是指以构建全员、全过程、全课程、全要素、全方位育人的形式,使各类课程与思想政治理论课同向同行,形成协同效应,把立德树人作为教育的根本任务的一种综合立体的教育理念和"育人大格局"。专业课要根据学科专业特色和优势,深入研究不同专业的育人目标,深入挖掘提炼的体系中蕴含的思想价值和精神内涵,科学合理地拓展专业课的广度、深度和温度。

商务英语课程基于"全员全过程全方位育人"的"三全育人"理念,将思政元素融入专业知识技能,打破相互隔绝的"孤岛效应",将思政教育贯穿于每节课中。教师引导学生对与专业相关的社会热点问题进行讨论,在丰富学生对思政元素的理解中促进学生对专业价值的反思。

本课程通过关注学生对课程内容的思考实现全员育人;通过课前自主预习、课中课堂讨论和陈述表达,课后反思、回顾、总结,实现全程育人;通过充分利用各种教育资源,发挥课堂教学的主渠道功能,实现全方位育人。

三、课程思政元素与融入点

诚信是中华民族的传统美德,也是社会主义核心价值观的内容之一。从宏观视角来看,诚信有助于社会稳定,是市场经济发展的必然要求,对社会经济发展具有重要意义;从微观视角来看,良好的信用可以提升个人与企业形象。我国社会经济发展中的新问题和新矛盾越来越复杂,建立一个完善的社会信用体系尤为重要。

本课程采用讲授与实践性、参与性、互动式教学相结合的教学方法,将专业知识与生活联系起来,以培养学生的批判性思维能力,帮助他们树立正确的人生观和价值观。以下以教材第5单元教学为例,展示思政元素与专业知识的融合情况,具体如表1所示。

表1　思政元素与专业知识的融合

课程专题/知识单元	专业知识点	思政元素	专业知识点与思政点的融合	课程思政的实施路径与方式
Unit 5 信用	信用;金融素养	诚信是社会主义核心价值观的内容之一	通过分析信用卡消费的利弊,增强学生的财富管理意识	课堂引导分析讨论;线上线下混合式教学
	信用建设体系	诚信价值引领	通过分析校园贷和非理性消费等案例,帮助学生树立正确的消费观,使其认识到社会信用体系的重要性	案例分析讨论;个人汇报
	信贷风险意识	诚信价值引领	通过分析次贷危机产生的原因及影响,促使学生增强信贷风险意识	小组讨论

四、教学设计与教学实施

(一)教学目标

本次教学案例选取王立非主编的《商务英语综合教程1》第5单元课文"Who has messed up my personal account",教学对象为商务英语专业2021级A班学生。

根据本单元内容,笔者围绕"信用"主题,结合"诚信价值引领"思政元素设定了以下教学目标:

(1)通过分析信用卡的利弊,增强学生的财富管理意识。

(2)通过分析校园贷和非理性消费等案例,帮助学生树立正确的消费观,使其认识到社会信用体系的重要性。

(3)通过分析次贷危机产生的原因及影响,促使学生增强信贷风险意识。

这三个教学目标的设定思路是从个人层面上升到社会层面,再从国家层面上升到全球层面,培养学生从概念上升到理论、从微观问题上升到宏观问题的高阶思维能力。

（二）教学策略

商务英语语言如何与思政知识融合，专业课程如何打破以语言知识传授和技能操练为主的教学任务的局限，打造以课程思政为驱动的兼具高阶性、创新性和挑战度的商务英语"金课"是一个亟待研究的课题。鉴于商务英语的跨学科特点，可以为该课程打造线上线下混合式教学模式。

根据本单元内容，笔者将本单元教学内容分为课前、课中、课后三个阶段。课前，学生根据线上平台布置的任务预习相关内容。课中，涉及大部分的课堂活动，包括教师引导、案例分析、学生分享学习成果并做汇报展示，对线上提交的练习进行提问、解说和答疑，使知识进一步内化。课后，通过测试、书面陈述、词汇练习等形式巩固所学内容。

（三）教学过程

本单元课前课后的主要教学形式为线上材料的学习。教师在学习通平台开设了"商务英语综合课程"，在这个平台上，除了课程配套的数字教学材料，还有学习资料单，如图1所示。

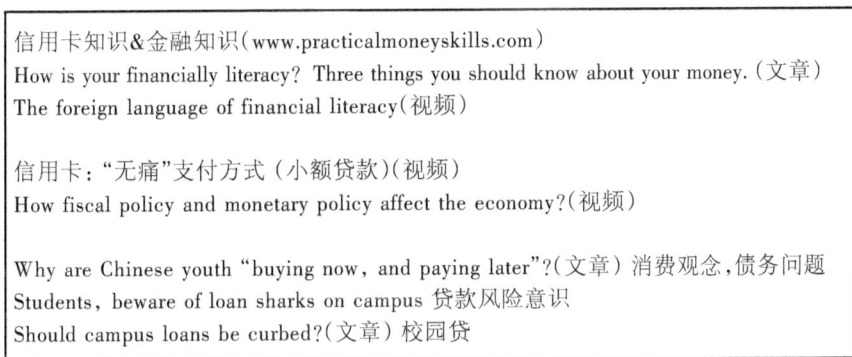

信用卡知识&金融知识（www.practicalmoneyskills.com）
How is your financially literacy? Three things you should know about your money. （文章）
The foreign language of financial literacy（视频）

信用卡："无痛"支付方式（小额贷款）（视频）
How fiscal policy and monetary policy affect the economy?（视频）

Why are Chinese youth "buying now, and paying later"?（文章）消费观念，债务问题
Students, beware of loan sharks on campus 贷款风险意识
Should campus loans be curbed?（文章）校园贷

图1　学习资料单

这些补充资料旨在帮助学生提高通过多角度思考、批判性思维解决具体社会问题的能力。针对教材中的内容，增加一些时效性材料，可以让学生对与信用相关的知识有更新的了解，并能以发展的眼光深入领会本课内容。

　　这里主要选择课中教师进行课堂引导、案例分析环节进行展示,如表2所示。需要说明的是,课堂内容主要以引导和讨论为主,学生需在课前按照线上布置的任务学习相关内容,课堂上主要针对其中的难点做分析和讨论。

表2　课中教学内容展示

课时	教学内容设计	专业知识与思政元素融合
课前学习: 复习及预习	相关概念学习及金融知识的理解:How Money Works 主题:Financial Literacy 内容:通过5个问题评估信用金融知识 形式:在线测试	这5个问题涉及的专业词汇包括:percentages、inflation、compound interest、impact of losses、risk diversification。 教师针对学生的测试结果,了解学生信用知识盲区,根据知识盲区,结合教学思政元素"诚信",有针对性地设计课堂导入问题
课中教学: 课文学习 及案例分析 (3个课时)	*课堂讨论导入环节 (1)根据课前在线测试的结果,结合学生的日常消费习惯,设计导入问题: - 你平常主要用哪种支付方式? 有没有信用卡? - 你每个月有预算吗? - 你了解自己的消费习惯、财务状况吗? - 从你自己的消费习惯中,你能看到怎样的消费模式? - 你认为哪些因素影响你的购买? (2)Q&A:师生问答,教师引导学生发现自身的财务意识和相关金融知识中存在的问题 - 课文精讲及讨论学习 - How many credit card tricks and traps ruin your life? *课中学习 (1)课文学习:3个人因信用不良记录而陷入财务危机的故事(锻炼学生的复述及提炼能力) (2)口头陈述:学生归纳课文中提到的3种信用卡陷阱(锻炼学生的归纳总结能力) 关于信贷的3个方面的知识: - 反映了风险控制意识; - 对逾期风险的认识; - 对信用贷款利率的认识	教师要明确引导:信用卡的诞生改变了人们的消费观念,产生了即时满足、自我陶醉、欺骗性消费体验,这些非理性的消费观,会引发很多社会问题

续　表

课时	教学内容设计	专业知识与思政元素融合
课中教学：课文学习及案例分析（3个课时）	（3）案例分析1——读懂信用卡对账单 通过教师提供的信用卡对账单，学生进一步学习与信用卡相关的知识，构建健康的金钱观	立足于教学思政元素"诚信"，引导学生树立正确的消费观念，增强财富管理意识
	（4）案例分析2——预算分析 ①乔治每月净收入为640美元，每月的固定开销包括120美元的房租。 －在可承受债务范围内，他目前最多可以借多少钱？ ②乔治每月还要偿还125美元的汽车贷款，他想买新轮胎。用信用卡购买轮胎，每月还需支付40美元。 －乔治的汽车贷款和新轮胎支出是否在可承受范围内？ －扣除房租之后，他的净收入中的百分之几用于偿还债务？	引导学生查阅资料，从宏观层面，多维度地了解这个话题，深刻理解信用风险对社会经济造成的影响
	（5）个人陈述：要求学生根据材料清单学习相关内容，分析信用卡消费的利弊，引导学生辩证分析"信用卡消费的利弊及其产生原因" （6）小组讨论：讨论主题为"次贷危机本质是信用危机，分析其原因和危害" 课堂评价：教师针对个人陈述及小组讨论表现，重点考查学生分析、综合、应用、评价和创造的高阶思维能力	

信用卡对账单

还款至
1234号邮箱
某城市，美国

账户号 4125-239-412	姓名 John Doe	账单日 2/13/09	到期还款日 3/09/09
信用额度 $1200.00	可用额度 $1074.76	本期应还金额 $125.24	最低还款额 $20.00

编号	交易日	记账日	交易摘要	金额
463GE7382		1/25	PAYMENT THANK YOU	-168.80
32F349ER3	1/12	1/15	RECORD RECYCLER ANUTOWN,USA	14.83
89102D1S2	1/13	1/15	BEEFORAMA REST ANYTOWN,USA	30.55
NX34FJD32	1/18	1/18	GREAT,ESCAPES BIG CITY,USA	27.50
84RT3292A	1/20	1/21	DINO-GEL GASOLINE ANYTOWN,USA	12.26
973DWS321	1/09	2/09	SHIRTS'N SUCH TIMYVILLE,USA	40.10

前期余额	(+)168.80	到期金额	125.24
购物	(+)125.24	当前逾期总额	
预借现金	(+)	超信用额度金额	
还款	(-)168.80	最低还款额	20.00
借款	(+)		
信贷费	(+)		
逾期还款延迟费	(+)		
本期应还金额	(+)125.24		

借贷费用汇总	购物	预借	客户服务请拨：
周期性利率	1.65%	0.54%	1-800-xxx-xxxx
年利率	19.80%	6.48%	信用卡遗失或被盗请拨： 1-800-xxx-xxxx 24小时服务热线

请问您的第一家银行支付可兑现的支票或汇票，将账户号码在前面。

课时	教学内容设计	专业知识与思政元素融合
课后学习：复习及预习	自主学习：课文语言知识的预习及复习 (1)线上学习通平台：Try to analyze China's macro consumer situation from the perspective of consumer spending, household income and the Chinese tradition of saving (2)学生课后根据自己的信贷情况，分析自己的消费习惯、绘制思维导图，准备下一次课的个人陈述或短文写作 (3)预习：Word-related exercise	立足于教学思政元素"诚信"，教师对学生作业进行点评和指导，帮助学生根据信用卡专业知识进行汇率计算、财务预算、信用评估

（四）评价体系

课后作业的设计和形成性评估，也是课程思政的重要一环。结合线上线下课堂活动，确定学生期末成绩由平时成绩（40%）和期末考试成绩（60%）构成。其中，平时成绩由线上单词测验、课堂小组讨论成绩构成。

根据这个单元的具体内容，笔者设计了一种题型——案例分析。根据这个单元内容的特点，学生需要根据信用卡专业知识进行汇率计算、财务预算、信用评估。

结合商务英语的学科特点，期末考试也会设计一部分相关的计算题将商务话题与经济学知识相结合，体现商务英语的跨学科特点，同时帮助学生实现由知识输入到输出的实践转化。

五、教学成效与教学反思

在整个课堂教学活动中，教师根据单元内容，设计主题活动，从日常生活关联度较高的话题延伸到与主题相关的其他层面。商务英语有很多的专业术语，如果单纯从概念出发，学习过程就很枯燥，教师也很难掌握学生的理解情况。而通过一系列案例讨论，以学生为中心，以问题为导向，可以及时理解概念和解决问题，强化认知，从而把概念运用到实践中去，实现"促中学，案中论，集中答"。这样，学生在教学过程中的专注度比较高,就能积极参与教学设计活动,反思这个单元的教学过程。不足之处在于思政元素的融入还需进一步加强,教师需根据课堂讨论、学生反馈不断调整教学手段,选择合适的材料来提高思政育人的成效。从评价体系来说,目前本课程的教学评价方法和手段比较单一,需要不断优化该课程的多维度评价方法。

课程思政建设给教师带来新挑战:一方面,教师要提升思政水平,完善课堂设计和评价体系;另一方面,教师要深入挖掘课程思政元素,并将其融入专业知识的传授中,提高学生在课堂中的互动性、参与度和获得感,增强其探索和实践能力。

六、创新与特色

"综合商务英语"作为一门专业核心课程,其教学目标及特色是语言技能训练与商务专业知识的深度融合。传统的综合商务英语教学模式习惯以专业单词概念化表述练习为主,听力练习和口语练习为辅,其中语言技能训练与学生的背景知识之间存在较大差距,且教学活动内容和思政结合点较少;内容往往空泛,很难引起学生共鸣。为进一步优化专业知识和语言技能的融合,本次案例教学设计在教学形式和教学内容上进行了创新。

首先,本案例凸显了教学形式的创新。结合商务场景中学生易于理解的材料和活动,根据单元内容特点,增加案例分析活动,通过一些汇率计算使学生更好地理解专业概念。其次,本案例聚焦教学内容的创新。通过挖掘课程思政元素,从微小的且能引起学生共鸣的话题入手,设计课前背景知识阅读、课堂讨论等活动形式,力求学生能从概念、背景以及应用场景中的基础计算等多维度学习相关专业知识。

"立德树人"视域下"综合商务英语(一)"课程思政教学案例*

董丹玲①

(浙江工商大学杭州商学院)

一、课程基本情况

课程名称	综合商务英语(一)		
课程所属学科门类	英语语言文学		
课程类别	□公共课	□专业基础课	☑专业课
课程学分/学时	6/96		

(一)课程描述

"综合商务英语(一)"是针对商务英语专业本科一年级学生的基础课程。本课程以《普通高等学校商务英语专业本科教学质量国家标准》为根本,提升学生的国际视野和人文素养,培养能熟练掌握语言学、经济学、管理学、法学(国际商法)等与商务英语专业核心素养密切相关的学科的基础理论与知识,熟悉国际商务的通行规则和惯例,具备英语语言应用能力、跨文化沟通能力、商务实践能力、思辨与创新能力、自主学习能力的复

* 本文为浙江工商大学杭州商学院2022年院级课程思政教学研究项目"基于课程思政建设的本科商务英语课程教学模式改革与教学质量提升理路探析"的阶段性成果。
① 董丹玲,浙江工商大学杭州商学院讲师,硕士,研究方向为商务话语分析、教学测评。

合型人才。

（二）教学理论
（1）文秋芳提出的产出导向法。

（2）布鲁姆（Bloom）的认知分类理论。

（3）孙有中的思辨英语教学原则。

（三）教学方法
基于文秋芳的产出导向法、布鲁姆的认知分类理论、孙有中的思辨英语教学原则，结合超星泛雅网络教学平台采用"线上＋线下"混合式教学方法。具体表现为：课前通过线上教学平台实现语言知识和思政元素的导入活动，课堂上侧重学生的能力培养和教师的价值引领，课后进行以知识的理解、内化为目标的语言输出，进一步巩固教学内容，提升学生的思辨能力，培育其正确的价值观。

（四）教学目标
课程设计强调学习的主动性、社会性和情景性，注重对语言文化知识的建构和思辨能力的培养，深入挖掘思政元素，建设新文科，把课堂变成专业内容与思政元素无缝衔接的"金课堂"。鼓励商务英语专业学生成为积极的知识建构者，改变原有的课堂知识"搬运"的过程，使之成为主动"建构"知识的过程。加强学生文本分析、评论和批判能力的训练，培养其独立的思辨能力，让学生解读外媒文章的真实意图，从纷杂的国际舆情中辨析事件本质，培养学生透过社会现象抓住事物本质的能力。

二、课程思政育人理念与目标

（一）课程思政育人理念
本课程以"知识传授、能力培养、思维创新、立德树人、价值引领"理念为指导，在商务英语专业课程教学中有机融入价值塑造的元素，实现专业课程和思政要素的有效融合，在潜移默化中增强商务英语专业学生传播中国文化、讲好中国故事的能力，彰显新文科课程思政培根铸魂的固本强基之效。采用"跨学科"和"跨文化"的视角，选取各国典型商务案例，通过"任务驱动＋商务案例分析＋多维商务文化＋隐性思政"四合一的教学方法，既做好知识传授、能力培养，又做好价值塑造、启智润心，引导学生深刻理解民情、国情，培养为国、为民服务的深厚情怀。

（二）总体课程思政育人目标

（1）落实立德树人的价值导向，提高学生的品德修养，使思政课堂与专业课程"同频共振"，协同育人。

（2）帮助学生在分析案例和展示案例时展现团队合作精神，展现积极、自主的学习态度。

（3）提升学生的人文素养，培养学生的家国情怀和国际视野，讲好中国故事，传播正能量，坚定文化自信。

（4）帮助学生深刻理解"人类命运共同体"的含义，增强维护世界发展进步的责任感。

（5）培养学生自主学习的能力，增强学生理解、判断和创新的能力。

（6）引导学生坚持问题导向，将思政小课堂和社会大课堂有机结合，将课堂所学知识运用于未来的社会生活。

（三）单元育人目标

通过本单元的学习，学生能在思辨、价值观层面得到提升。

1. 思辨层面

比较不同国家对《巴黎协定》的态度和具体做法，各国为应对全球气候变化提出的措施；对环境保护和经济发展提出自己的意见和建议；对中国政府提出的"绿水青山就是金山银山"进行讨论，探讨在马克思主义科学理论的指导下，如何构建人与人、人与自然的整体适恰关系。通过开放性的讨论活动，提升学生的思辨能力，拓宽跨学科知识体系，充分进行语言和思想的产出。

2. 价值观层面

帮助学生深入理解中国"天人合一"的思想,理解新形势下中国在能源转型、保护环境方面所做出的努力,理解人类应当以道德行动者的身份主动承担维护人与自然和谐发展的职责,形成个人生态价值观。另外,引导学生意识到人类在面对大自然的威胁和挑战时,全球合力应对的深远意义。

三、课程思政元素与融入点

在本单元的教学过程中,显性思政和隐性思政相结合,知识传授与价值引领相融合,思政元素贯穿整个教学过程,具体如表1所示。

表1　课程思政元素的融入

课程专题/知识单元	专业知识点	思政元素	专业知识与思政点的融合	课程思政的实施路径与方式
经济发展还是环境保护	掌握和气候变化、环境保护、经济发展相关的词汇	"天人合一"的思想,生态价值观	节能减排、碳达峰、碳中和和绿色价值观	视频、小组讨论
清洁能源	了解生物燃料、可再生能源	人类命运共同体	从小我出发,延伸到实现国家绿色发展的大我目标	演讲、讨论、复述、报告
电动汽车业的蓬勃发展	电动车国内、国外市场分析,企业财务报告,本土企业比亚迪的发展之路	民族自豪感、身份认同、文化自信,"功成必定有我"的使命感	学好知识,掌握核心技术,报效国家,为国家发展贡献绵薄之力	跨学科的知识导入和自主学习学科交叉知识
能源转型	能源结构调整、产业升级、绿色发展	马克思主义科学理论的指导下人与自然和谐共生、相辅相成	生态文明建设是经济发展的动能	调查报告

续　表

课程专题/知识单元	专业知识点	思政元素	专业知识与思政点的融合	课程思政的实施路径与方式
人类在自然面前不堪一击（powerless）	翻译实践	正确理解人类与自然的关系，面对人类遭遇的生态危机，没有一个国家可以独善其身，巩固"人类命运共同体"思想	尊重自然、顺应自然、保护自然，人类命运共同体	视频、听力练习、演讲

四、教学设计与教学实施

（一）教学对象特点及学情分析

本课程教学对象为商务英语专业本科二年级学生，他们的特点是：

（1）专业知识体系尚未系统建立，语言基础知识还比较薄弱，但学习的自主性和主动性非常强。

（2）英语语言基本能力——听、说、读、写、译较一年级时有进步，普遍通过了英语四六级考试，但听力和书面写作能力仍需加强。

（3）阅读外刊文本时用外语进行分析、思辨、评价的能力很弱。

（4）过多关注知识技能的学习，往往忽视自身价值观的塑造。

鉴于具体学情，在本课程的教学中，教师应侧重学生语言综合能力的培养和思辨能力的提高；加强学生外刊文本的鉴赏能力以及学生商务英语听力与商务英语写作等输出能力；拓展学生的知识维度，培养跨学科意识；加强学生甄别信息的能力，加深学生对中华优秀传统文化的认识。

（二）教学重点

（1）外刊阅读能力和信息甄别能力提升，如新词理解、文章逻辑及其结构布局，作者的真实意图，等等。

（2）听力训练时信息读取和信息识别能力的提升。

（3）隐性植入思政元素于商务英语课程之中，做到知识传授、能力培养、价值引领于一体。

（三）教学难点

（1）培养学生的思辨能力，并且潜移默化地培养他们的使命感。

（2）在写作环节，撰写一份优秀的商务项目调查报告。

（四）单元教学目标

结合本专业人才培养目标和学生特点，根据与总体教学目标一致的原则，从知识、能力、思政育人三个方面设定教学目标。单元教学目标越具体，越有助于实现总体目标。

（五）语言知识学习目标

（1）学生掌握文章"Of Wood and Trees""Measures to Tackle Climate Change""Global Electric Vehicles"中的词汇表达。具体为：掌握与气候变化、环境保护、经济发展相关的词汇，如carbon footprint、carbon pricing等。

（2）让学生较全面地掌握英语国家和中国的社会文化知识。例如left wing、Initiative 732、Robert's Rules of Order、carbon peak、carbon neutrality。自然引入中国政府坚持"绿水青山就是金山银山"的生态理念，引导学生理解经济发展与生态保护之间的辩证统一关系，着力推动经济社会发展和生态环境保护协同共进。

（六）能力发展目标

（1）学生能够围绕"保护环境还是发展经济"话题，检索中外相关信息，掌握文献检索、资料查询等处理信息的基本方法，并初步具备研究的能力。

（2）学生具备一定的跨文化交际能力和思辨能力。

（3）学生能够通过上下文推测生词的含义。

（4）学生能够运用课堂所学语言知识和跨学科知识，多角度分析气候变化给全球各国带来的危机和挑战, 培养语言学习能力、实践运用能力和辩证思维能力。

(七)思政育人目标

(1)学生团队合作, 自学节选自《经济学人》报刊的文章"Of Wood and Tree"和"Measures to Tackle Climate Change"。通过课堂研讨, 拓展学生的跨学科知识, 引导学生关注环境和人的关系、环境与经济的关系, 引导他们思考如何取舍才能既发展经济又保护环境。

(2)带领学生了解新能源、清洁能源, 探究可再生能源领域的发展现状和发展前景, 引导学生意识到自己的使命, 即在发展经济的同时保护好家园里的一草一木。

(3)课文延伸讨论:"你觉得中国政府和西方各国在对待环境保护和经济发展上的态度有何异同? 如何形成绿色发展大格局?"通过分组讨论, 让学生表达各自的观点, 教师适当引导学生对中国社会文化、国情、政策、制度等做进一步了解, 倡导从个体出发为祖国的环境保护贡献力量, 培养"功成必定有我"的历史担当。

(八)教学过程

1. 单元主要内容

选取《新标准商务英语综合教程1》第5单元"Development"中的内容, 以及阅读材料"Prosperity or Preservation?"作为教学内容。这篇阅读材料来自 The Economist, 聚焦环境保护和经济发展这一全球性的话题。单元中的另一篇为商业知识补充阅读材料"Measures to Tackle Climate Change", 该篇对"碳足迹""碳排放与交易""碳定价""碳税"做了定义和进一步的解释。课文后的阅读材料"Global Electric Vehicles"深入探讨节能减排、保护环境的举措。

2. 课时分配和教学流程(6个学时)

1)3个学时:Influences of Human life on Nature (Positive & Negative)

教师在课前利用超星泛雅网络教学平台导入新华社的报道《把"当代

愚公精神"继续发扬下去》，课中先通过甘肃省武威市"六老汉"三代人治沙造林的故事进行头脑风暴，让学生们认识到我们的社会需要很多像"六老汉"这样的"当代愚公"，认识到发展经济不一定要"牺牲"环境，两者并不矛盾，而是相辅相成的。随后以"中国政府和人民如何实现绿色发展和绿色经济"为主题邀请各小组代表进行口头陈述，积累相关词汇和句型，并且让学生认识到构建人与人、人与自然的和谐关系的重要性。

学生开放式讨论：为什么课文中提到的美国华盛顿州征收的碳排放税遭到了环境主义者的反对？ 732号倡议的具体内容是什么?(对某些化石燃料产生的碳排放征税，目的是减少排放，旨在通过税收互换和有针对性的退税实现"税收中性")

在开放性讨论之后，引入书本听力板块"Energy Transition"，激活学生对能源、环境、环保相关语境下的新词汇、新表达。本环节设置听力填空、段落理解题、判断题，以检测学生对文本的理解程度。

完成听力板块后，引导学生关注词汇、句法、语篇之外的特征，如语篇传达出来的育人要素；要求各小组讨论"中国为什么要进行能源结构调整？ 怎么调整？"，并进行汇报。教师择机向学生输入阅读材料《推动能源转型，赋能绿色发展》《推动"双碳"目标下的能源转型》，引入课文"Business Knowledge"中的 carbon footprint、carbon pricing、carbon tax、cap and trade，再次将本单元的主题"生态文明建设是经济发展的动能"这一理念传递给学生。

课后，学生观看教师推荐的纪录片 *Climate Change* 和 *Electric Vehicles*，深入了解环保、气候变化、节能减排的内容，树立个人的生态观。

2)3个学时：Measures to Tackle Climate Change (Problem Solving)

通过"Language Work"练习巩固前3个课时的基本语言知识，并且在接下来的课时中进行延伸和拓展。

要求每个小组列举他们所观察到的身边环境遭受破坏的例子，考查学生查阅文献和资料的能力。要求团队分工合作，在15分钟之内完成口头报告，报告中必须包含应对措施。教师在学生完成报告之后及时给出具有建设性的意见和建议。

观看西方各国以环境为代价发展经济的视频,启发学生辩证地看待西方社会发展的成就,反对以生态环境为代价实现经济发展的观点,牢固树立生态文明观,尊重自然、保护自然、摒除人类中心主义思想。

分小组讨论课前教师要求收看的纪录片,并且思考如下问题:电动汽车行业为何能够实现快速发展? 如何准确分析电动车的市场占有情况及品牌战略? 教师在课堂上展示评价标准,从语言、内容和课堂表现三个方面对小组汇报进行评价,结合同伴互评,评选出最佳小组。

教师在完成上述课堂活动后,进行语言知识和思政要素的总结;要求每个小组现场提交一篇与本单元所学内容相关的作文,并同步上传到超星泛雅网络教学平台进行同伴互评。

(九)教学评价

1. 动态评价理念

多维度收集教学过程中的活动数据,对目标达成情况进行精准评估。对课前、课中和课后学生的参与和完成情况做出动态化的、个性化的反馈,包括课前测试、语音打卡、预习任务单、资料收集以及小组讨论等,体现教学过程的高效性和互动性,提升学生达成目标的积极性和自信心。教师全面了解学生的学习状况,及时调整教学内容和节奏,反思教学效果,促进单元学习目标的达成。

2. 评价主体多元化

对课前布置的任务采取自评、学生互评和教师抽样评价等模式,课中进行的分组汇报、个人陈述、复述等采取教师评价和同伴互评的模式。课后在超星泛雅网络教学平台上布置的任务多侧重语言和思辨能力的输出,对其的评价以教师实时评价为主;同时,选取一些优秀范例,再次通过超星泛雅网络教学平台或者班级微信群分享给所有学生。

3. 评价方式

本单元教学采取形成性评价、动态评价、终结性评价相结合的方式,同时在评价体系中增加思政育人方面的评价。具体为在学期内设置多重任务,激励学生主动改进、不断完善,对过程进行有效的监督和调控。学生的学习能力和学习状况因人而异,要根据不同的学生制定不同的评价标准,充分发挥动态评价的诊断功能,尊重学生在学习中的独特体验。在终结性评价中,要求学生在阅读课本第104页的案例之后分组讨论15分钟,并要求学生在规定时间内提交解决方案,围绕3个集团公司所面临的问题撰写一份简洁的商务报告,明确给出有现实意义的解决方案。教师要求学生提交商务报告时需附上小组成员互评细节、个人自评细节。最后,教师给出最终评价并附上反馈,最终单元总评成绩构成为:自评(10%)+成员互评(15%)+教师评价(75%)。

五、教学反思

(一)本单元教学缺点

通过对教学过程的反思和学生的反馈,总结本单元教学的缺点:

第一,思政元素的挖掘不够深入。在学生列举中国在保护环境和促进经济发展的例子时,教师可以引导学生进一步挖掘国外在环境保护上的一些不当做法,如日本不顾国际社会反对肆意排放核污染水,对比中国在保护自然、保护环境上做出的努力,让学生深入了解我国的生态文明建设,树立社会主义生态文明观。

第二,在教学环节给予学生参与课堂的机会不够。虽然参与课堂的学生很多,但是不能兼顾所有同学,可以考虑增加在交流平台分享学生的作品或者成果,推动师生互动,如同伴互评、教师评价。

第三,学生能力水平参差不齐。在演讲、辩论等环节,部分学生语言储备明显不足,尽管教师在课前和课中已经输入相当多的语言知识,但是部分学生的内化能力稍显不足,难以进行有质量的语言输出,思辨能力相对薄弱。如何弥补这一不足是后续教学中应当首先关注的问题。

(二)本单元教学优点

(1)隐性思政育人元素植根于课堂教学,润物无声。学生们通过各类教学活动,对人与自然的辩证关系、环境保护和经济发展之间的关系有了更深层次的了解，有助于学生个人生态观的树立。

（2）教学设计难度从简到难。学生可以通过线上和线下进行个性化的学习。教师可以随时在线查看学生的学习情况，基于动态评价理念，适时调整教学内容和教学方法。

（3）课程设计强调了学习的主动性、社会性和情景性，注重对语言文化知识的建构和思辨能力的培养。

六、教学创新与教学特色

（一）教学创新

教学创新体现在以下几个方面。

1. 语言技能＋思政育人

我们的思政育人、价值塑造以语言教学为载体。学生从问题入手，将语言作为探究问题的工具和学习研究的对象，启智润心，进而提升思辨能力，树立绿色发展理念。

2. 文化自信＋中国故事

课程思政是知识传授与价值引领的融合。我们选取合适的教学案例，旨在增强学生的文化自信，传播中国智慧。

（二）教学特色

本单元教学特色体现在以下几个方面。

1. 使用真实语料和地道的商务语言

使用国内时事、国际时事中的商务内容进行语言教学，同时将育人元素融于课堂之中，实现教学思政化、思政隐性化。

2. 教学设计灵活、丰富

通过辩论、小组讨论、复述、听力练习、填空、视频录制、线上评价等活动，帮助学生更好地发展思辨能力，提高自主学习能力，实现知识的有效输出。

3. 多元化的商务文化植入课程

引导学生从不同的角度了解各国文化,比较差异背后的世界观、人生观、价值观。

4. 商务案例设计环环相扣

精选真实、典型的商务案例,设计环环相扣的教学任务,使学生成为课堂教学的"中心"。培养并激发学生的问题意识,提高其问题分析和解决的能力。

提升健康管理意识　加强自身道德修养

——"英语听力（二）"课程思政教学案例*

胡维佳①

（浙江工商大学杭州商学院）

一、课程基本情况

课程名称	英语听力（二）		
课程所属学科门类	英语语言文学		
课程类别	□公共课	□专业基础课	☑专业课
课程学分/学时	2/32		

（一）课程基本情况

"英语听力（二）"课程是面向英语专业和商务英语专业一年级学生的专业必修课，其先修课程是"英语听力（一）"。该课程的授课方式是线上线下混合式教学，教学内容取自 *Step by Step 3000*（Book 2）和新交际英语《听力教程2》。学生须在大一第二学期完成32个学时的课程，通过相应测评后获得2个学分。

* 本文为2021浙江工商大学杭州商学院线上线下混合式课程培育项目（项目编号：PX-62132）及浙江省高等教育学会2022年高等教育研究项目"OBE理论框架下高校英语专业课程思政一体化模式构建研究"（项目编号：KT2022194）的阶段性成果之一。

① 胡维佳，浙江工商大学杭州商学院外语学院专任教师，硕士，研究方向为翻译理论与实践、教育技术与信息化。

（二）教学对象特点

本课程是杭州商学院外语学院英语专业和商务英语专业一年级学生的专业核心课程。2020—2021学年，本课程的教学对象包括2020级英语专业和商务英语专业6个班逾180名学生。根据其英语高考分数、入学测试成绩、2020—2021学年第一学期教学调查，2020级英语专业和商务英语专业学生具有以下特点：

（1）英语语言基础知识不够扎实，语言产出的正确性和丰富性均需提高；

（2）更易完成发音清晰、语速较慢、词汇贴近个人兴趣和日常生活的听力练习，总体的听力理解能力接近《听力理解能力总表》中的四级；

（3）英语学习的内驱力有待提升，自主学习的意识和能力较弱。

二、课程思政育人理念与目标

课程思政是教学的重要组成部分，在实施过程中需遵循教学的一般规律。

（一）课程思政育人理念

本课程的课程思政设计坚持"以学生为中心"的教学理念，将思政元素贯穿于课前、课中与课后3个环节，旨在实现全过程育人。课中的教学设计以简·威利斯（Jane Willis）的任务教学法为框架，其中的前任务、任务环和语言聚焦环节作为课程思政的切入点，具体内容详见下文"教学设计与教学实施"部分。

（二）课程思政目标

基于我校应用型本科人才培养的5个维度"国际视野、人文精神、专业技能、职业素养、创新意识"和新文科背景下我校外语学院对人才培养方案的新解读，制定本课程思政总体目标，具体如下：引导学生树立符合社会主义现代化强国接班人要求的世界观、人生观和价值观，拓展其跨学科知识和国际视野，培养其提出、分析和解决问题的能力以及善用信息技术的能力，指引其心系国家和民族、心系他人和集体、心系个人修养，实现全人教育。细化的课程思政目标详见下一部分。

三、课程思政元素与融入点

本课程的育人元素主要来自7个单元专题，每个单元专题、专业知识点、课程思政元素如表1所示。

表1　单元专题、专业知识点、课程思政元素

序号	单元专题	专业知识点	课程思政元素
1	Happy Family Life	(1)有关家庭生活、择偶标准的表达； (2)不同文化中解决家庭争端和确立择偶标准的社会文化知识； (3)学习和掌握审题、预测的技巧	树立正确的恋爱观，发展健康的恋爱行为，并培养爱的能力与责任
2	Shaping and Reshaping Personality	(1)描述性格、处理情绪的表达； (2)自尊与性格及家庭背景之间的关系； (3)学习和掌握审题、预测、抓取关键词的技巧	如何做好情绪管理，积极正向思考
3	All Can Succeed	(1)有关成功的定义和如何取得成功的表达； (2)学习和掌握审题、预测、记笔记的技巧	用辩证的眼光看待多元化的成功
4	Getting Ready for the Future Career	(1)有关求职、就业的表述； (2)规划未来的相关知识； (3)学习和掌握审题、预测、记笔记等技巧	了解终身学习、奉献精神等，制订适合自己的职业规划

续　表

序号	单元专题	专业知识点	课程思政元素
5	It's Great to Be a Champion	(1)有关体育项目和竞赛纪录的表述； (2)如何在生活中发挥体育精神； (3)学习和掌握审题、预测、听记数字的技巧	了解体育精神，寻找体育精神在学习、工作、生活中的体现
6	Bad Habits, Bad Grades	(1)有关生活习惯、学业成绩和关联关系的词汇； (2)抓取关键词进行预测，学习和掌握激活背景知识、提升听力理解的技巧	树立健康生活的意识，辩证评价生活习惯对学习成绩的影响，提出改进方案
7	Everybody Can Help the Environment	(1)有关环保的表达和常识； (2)学习和掌握审题、预测和记笔记的技巧	探讨个体可为环境保护、可持续发展所做的贡献

本课程思政总体目标在课程教学中的切入和实施路径具体如下。

(一)国际视野与跨文化思辨力

课前与同伴完成主题讨论。课中完成听力练习后，与同伴讨论，在语言产出过程中表达与听力练习主题相关的个人见解。

(二)家国情怀

通过课后补充的泛听素材，引导学生探讨职业发展过程中"大德、公德与私德"之间的关系、对成功的多元化定义。

(三)自主学习与合作学习的能力

课前阅读本周的"Lesson Plan"，课后查看在线课件进行复习，期末完成反思报告。在完成团队作业时，要求每名成员发挥自身优势。这些都是培养自主学习与合作学习能力的抓手。

（四）善用信息技术的意识与能力

课前与课后作业的完成都依托超星泛雅网络教学平台（学习通）。在完成团队作业时，鼓励学生充分利用网络资源创新作业内容和形式，从而形成一个交互的学习环境，这有助于学生在广阔的网络资源中实现知识的输入和输出。

（五）提出问题和解决问题的能力

课中特别安排听后讨论的环节，鼓励学生更多地关注听力过程，找到难点所在并"对症下药"。另外，课后自学环节也要求学生在订正后分析错误产生的原因，将重点从"what"移至"why"和"how"上。

四、教学设计与教学实施

以下教学设计与教学实施的相关内容以单元专题6为例。

（一）学情分析

除前文所述的本课程教学对象的特点外，我院英语和商务英语专业2020级学生还存在作息不规律和上网不科学等有害健康的生活习惯。因此，本次教学选择新交际英语《听力教程2》中的"Bad Habits, Bad Grades"作为教学内容。该内容配套视频时长适中，话题贴近学生生活实际，更易唤起共鸣，有助于引导学生结合自身实际进行反思，加强他们的个人学业发展规划意识，提升其道德修养。

（二）教学目标

本案例教学目标具体如下。

1. 知识目标

（1）辨识、理解视听材料中有关生活习惯、学业成绩和关联关系的词汇；

（2）分析、阐释生活习惯对学习成绩的影响。

2．技能目标

（1）辨识题目要求和问题中的关键词，将其用于听前预测；

（2）理解并运用激活背景知识、提升听力理解的技巧。

3．课程思政目标

（1）树立健康的生活意识；

（2）结合自身实际，辩证评价生活习惯对学习成绩的影响，提出改进方案。

（三）教学策略

由于2020级英语专业及商务英语专业学生的英语语言基础知识不够扎实，语言产出的正确性和丰富性均有待提高，所以在教学过程中扩充了"Language Notes"，并提前发给学生预习。当然，预习任务还包括以录制短视频的方式完成本教材中的Task 1，以便学生通过演绎关键词激活其相关背景知识。本次课堂教学选择Task 3和Task 4作为课中的听力任务，使其成为达成知识和技能目标的抓手。为了让学生更关注听力过程，加深对听力技能的理解，上述2项任务的讨论侧重错误分析和听力难点的梳理。

（四）教学过程

本次教学按照威利斯任务教学法的三阶段模式设计，并根据学情和教学目标做适当调整，具体如表2所示。

表2　教学过程的具体实施

教学阶段	教学活动与步骤
课前	Task 1：在线阅读任务卡，了解预习任务和本次教学的内容及要求
	Task 2：在线完成主题词汇的预习与检测
	Task 3：根据本教材第172页上的"Warm-up"，思考生活习惯与学习成绩之间的关系；围绕其中一项因素与学习之间的关系，结合实际，与小组成员合作录制一个不超过60秒的短视频，为Pre-task做准备

续　表

教学阶段	教学活动与步骤
课中	前任务(Pre-task):10分钟左右
	Task 1:播放学生录制的短视频,请同学用主题词汇说出每个场景中涉及的不良生活习惯。通过评价预习任务的完成情况,过渡到任务环
	任务环(Task Cycle):30分钟左右
	Task 2(即教科书第173页的Task 3): Task (Individual Work & Group Work):教师介绍视频素材主题及听力任务要求,请同学预测并上台写下视频中可能会提到的针对不良习惯的改进建议;在学生观看2遍视频后,要求学生在表格中填写来自视频中的"Bad Habits"和建议 Discussion (Pair Work):完成上述任务后,对照参考答案与同伴讨论:(1)各自的答案与参考答案的不同之处;(2)完成该听力任务时的困难,并做错误分析。上述讨论话题旨在引导学生关注听力过程,为听力技能的讨论做铺垫 Report (Group Work):完成小组讨论后,请学生就完成该听力任务时的困难和错误进行分析、分享。之后,教师讲解听力技巧,即利用背景知识辅助听力理解和获取新信息
	Task 3(即教科书第173页的Task 4): Task (Individual Work):教师指导学生花1分钟审题,用笔圈出关键词,以辅助听力理解;看完2遍视频后,完成填空练习 Discussion (Pair Work):完成上述任务后,与同伴讨论各自的答案,并辨识此听力文本中与健康相关和表示关联关系的词汇。上述讨论话题的设计服务于该听力任务的目的"Listening for Specific Information",同时也为以下听力技能的讨论做铺垫 Report (Group Work):完成小组讨论后,请学生分享讨论结果。教师总结听力技巧,即关注视听材料的语言特点,提升听力理解和获取新信息的能力
	语言聚焦(Language Focus):10分钟左右
	Task 4(即教科书第173页的Task 5): Practice & Analysis: • 语言产出:请学生灵活运用主题词汇,基于自身实际,与同伴讨论改进建议,并在便笺纸上写下1—2条建议 • 教师引导:教师参与小组讨论,借助给出的参考词汇表,回答学生遇到的语言问题,引导学生通过设定目标、加强时间管理、适度运动、深度阅读等方式改变不良生活习惯 • 育人:在 I Believe I Can Fly 的歌声中,教师请所有同学依次将署名的便笺纸塞进一个属于全班的玻璃瓶中,这个玻璃瓶就是全班同学的"时间胶囊"——见证大家的成长,督促大家提升个人修养

续　表

教学阶段	教学活动与步骤
课后	Task 1:学生在超星泛雅网络教学平台的"讨论"模块写下各自的改进建议,同伴在线给予评价
	Task 2:第4个课时结束后填写自评表,教师给予个性化的反馈
	Task 3:自学完成教材第174—176页上的 Task 1—3,将订正后的作业及错误分析拍照上传到超星泛雅网络教学平台

(五)教学过程中语言知识与课程思政目标的有机融合

本教学案例将课程思政目标以多种形式融入课前、课中、课后多项学习任务之中,引导学生举一反三,具体如表3所示。

表3　教学过程中语言知识与课程思政目标的有机融合

教学环节	语言知识	育人目标
• 课前预习 (前任务)	辨识、理解及运用有关生活习惯、学业成绩、关联关系以及日常生活的词汇	• 感知并思考自身生活习惯与学习成绩之间的关系 • 在时间节点前完成预习任务,培养自主学习及合作学习的能力
• 任务环 (语言聚焦)	增加有关改变生活习惯建议的词汇和表达	• 引导学生分析听力练习中错误产生的原因,联系自身实际说出、写出解决方案,由此激发他们的高阶思维 • 语言聚焦环节侧重引导学生"由人及己,由己及人",从解决问题的角度"看过去,望未来"。课前、任务环和课后作业也为该目标的达成做了铺垫与巩固
• 课后作业	增加有关评价、建议、节食(自学内容)及其影响的词汇与句式	• 生生评价环节有助于培养学生的思辨和人际沟通能力 • 布置自学任务,旨在培养学生分析问题和自主学习的能力

（六）形成性评价

本课程的教学评价遵循形成性评价和终结性评价相结合的方式，综合运用低风险、多元化且具有一定容错率的测评手段，让学生在安全的环境下出错，及时暴露教与学的问题，从而实现"以评促学，以评促教"。

1. 课堂观察

通过观察学生在任务环和语言聚焦环节中的参与投入程度、与同伴的互动程度、同学发言时的关注度和肢体语言等，评价其对主题词汇的掌握程度和学习态度。

2. 表现性活动

通过观察学生在任务环中的练习答案、口头陈述，语言聚焦中的解决方案，以及与同学的讨论中得到的实时反馈，评价其对主题词汇、审题和预测技能的掌握程度和学习态度。

3. 教师反馈

在任务环和语言聚焦环节中，教师通过实时交流的方式指导学生完成任务，并根据学生作答和反馈的情况，调整教学节奏。

4. 书面测试

本次教学内容将在第二次阶段性测试与期末考试中进行考查，这体现了本课程将形成性评价与终结性评价相结合的课程评价方式。

五、教学成效与教学反思

（一）教学成效

1. 培养思辨力初见成效

不少同学在围绕主题词汇创作短视频时能够做到辩证地看待生活习惯与学习表现之间的关系。例如，有同学指出失眠并非教材中所言是一种不良习惯，而是一种入睡困难症；也有同学在承认晚睡不利于身体健康的同时指出，晚睡也是勤奋学习的自然结果，并不都是沉迷于游戏或追剧的结果。

2. 提升个人修养迈出第一步

语言聚焦环节创造性地借用了"时间胶囊"这一概念,为课程思政增添仪式感和实效性。学生结合自身实际,将"改变不良习惯,成为更好的自己"的计划写在便签条上,然后放入玻璃瓶中。该"时间胶囊"将见证大家的成长。在 *I Believe I Can Fly* 的歌声中,同学们都迈出了"成为更好的自己"的第一步。

3. 自主学习能力逐步养成

自2018—2019学年开展本课程教学实践以来,至今已实施了3轮,获得了良好的反馈。在先修课程"英语听力(一)"结束后进行的问卷调查中,88.37%的同学认为,通过一学期的听力课程逐渐养成了课前预习的学习习惯;73.64%的同学认为,通过该学期的听力课程逐渐养成了自主学习的习惯。

(二)教学反思

1. 如何利用技术培养批判性思维

本课程的教学模式是线上线下混合式教学,但在教学过程中运用技术培养学生的批判性思维能力仍有欠缺。虽然在教学过程中进行了若干尝试,但总体而言,通过技术整合培养学生的批判性思维仍是未来教学需要持续努力的方向之一。

2. 如何利用技术开展课程思政

技术除了有助于培养学生的高阶思维能力,还可在课程思政领域大展宏图。外语课程思政除需转变教育理念、更新教育目标之外,还需要重构教学内容和优化教学方法,而优化教学方法恰好需要技术整合的加持。为避免专业知识教育与思政教育"两张皮"的情况发生,需要发挥技术整合的优势。

3. 作为从教者,是否具备创新型思维模式

在专业课程中融入思政元素,从本质上讲是开启创新型的思维模式。这里的创新并非具体之物,而是一种思考方式。作为从教者,需要追问自己:是否对课程思政有着强烈的渴求?是否愿意抛弃"我们一直这么做"

的旧观念？

六、教学特色与教学创新

（一）教学特色

1. 教学选材有利于提升思政实效

本课程基于学情，创新教材的使用形式。以主教材的话题为纲，适时补充贴近当代学生学习生活实际、容易引起学生兴趣和思考的视听素材，提升听力课程的思政教学效果。

2. 注重语言产出，服务课程思政

听力课看似是仅与"听"有关的技巧课，但在英语专业基础阶段，学生的听力问题仍源于相关英语知识的欠缺。本课程通过课前预习环节、课中的语言聚焦环节和课后任务加强语言产出的练习，让学生在积累语言知识的同时，增强其心系国家、集体的情怀。

3. 一课一得，一课一德

围绕单元教学主题和内容，聚焦育人目标，实现"一课一得，一课一德"，让学生在课后不仅能获得英语语言知识与听力技能，还能有结合自身实际的成长体悟。

4. 借助混合式教学模式实现全过程育人

本课程依托网络教学平台实现了英语听力课堂的时空拓展。在课前通过平台及时给予个性化的反馈，以严谨细致、相互尊重的教学理念潜移默化地影响学生；在课中借助平台开展听后讨论，鼓励学生积极思考与表达；在课后借助平台提供的统计数据督促学生自主学习，完成全过程育人的闭环。

（二）教学创新

1. 课程思政与技术融合

以 SAMR（Substitution，Augmentation，Modification，Redefinition）模型为指导，深入探索多种技术手段与教学的融合，培养学生的高阶思维能力，实现价值塑造的目标。

2. 课程思政与时代同步

补充贴近学生学习和生活且与时俱进的视听素材,打造"基于教材,超越教材"的与时俱进的课程思政体系。

"公共英语"课程思政教学案例

——以新目标大学英语《综合教程3》第6单元 Text A 为例*

胡春晓①

（浙江工商大学杭州商学院）

一、课程基本情况

课程名称	公共英语		
课程所属学科门类	文学		
课程类别	☑公共课	□专业基础课	□专业课
课程学分/学时	2/32		

公共英语是杭州商学院外语学院为非英语专业的本科生开设的一门必修基础课，以外语教学理论为指导，以英语语言知识与应用技能、学习策略和跨文化交际为主要内容，集多种教学方法和教学手段于一体。本课程的开设有助于学生开阔视野，扩大知识面，加深对世界的了解，借鉴和吸收外国优秀文化精华，提高文化素养，有助于为社会培养21世纪复合型人才。

* 本文为2022年度杭州商学院课程思政教学项目"课程思政理念下'大学英语'改革研究"（负责人：胡春晓）的部分成果。
① 胡春晓，浙江工商大学杭州商学院副教授，硕士，研究方向为翻译理论与实践、英语教学。

二、课程思政育人理念与目标

2016年,习近平总书记在全国高校思想政治工作会议上强调:"要坚持把立德树人作为中心环节,把思想政治工作贯穿教育教学的全过程,实现全程育人、全方位育人,努力开创我国高等教育事业发展新局面。

在大学英语课堂中融入思政教育有如下优势。首先,大学英语多为集中授课,在所有大学公共课程中所占比例最大,持续时间最长,可长期作为思政教育的前沿阵地。其次,教材是思政教育内涵的来源。大学英语教材的内容大都涉及西方的社会背景与文化知识,选材符合思政教育的基本要求,内容大都具有较强的教育意义,可直接用于思政教育。最后,在公共基础科目的教学中融入思政教育,能够让学生在学习基础知识的同时,提高思想水平、道德品质、文化素养,可以达到"润物无声"的效果。

三、课程思政元素与融入点

(一)使用的课程思政素材来源

公共英语课程思政教学主要从教材的课文主题、词汇知识、篇章理解和练习作业等方面入手,致力于思政元素的挖掘与融入。使用的课程思政素材主要来自China Daily Website、人民网、央视网、学习强国等权威平台的英汉双语音视频、文本资料等,党的十九大报告、《中国文化自信解读》《习近平谈治国理政》中英文版等理论书籍,有关中国文化的双语教材等,以及由我校教师主编的《新时代大学英语读译写教程》。可以融入的思政点有:社会主义核心价值观、习近平总书记的重要讲话、中国古今贤哲的重要思想、时政新闻、英雄模范、身边榜样、校园文化、大学精神、人文素养等。

（二）根据现有教材内容中的思政元素，深挖社会主义核心价值观融入的渠道

以新目标大学英语《综合教程3》的部分单元为例，融入社会主义核心价值观，如表1所示。

表1　课程内容与思政元素的融合

课程专题/知识单元	专业知识点	思政元素	专业知识点与思政点的融合	课程思政的实施路径与方式
Understanding Chinese Culture and Tradition	Understanding a complicated concept	社会主义核心价值观中"和谐"的内涵	儒学中的两个概念——"神圣"和"和谐"	教师引导学生要重视教育、尊敬师长，个人需求服从集体利益，对家人更尽责，在生活中更有礼貌，在工作中更努力
Gaining a Foothold in the Business World	Understanding comparison and contrast	社会主义核心价值观中"自由"的内涵	成功企业家是A等生还是B等生	教师引导学生探讨学习中的A等生不一定是生活中的A等生的原因，鼓励学生自由全面发展
Smart Technology, Smart Life	Understanding the general-specific pattern of information organization	社会主义核心价值观中"富强"的内涵	不断发展的技术正在重塑我们的生活方式	教师鼓励学生积极迎接新技术革命带来的挑战，争当优秀的创新人才
Great Men, Great Minds	Understanding cause-and-effect relations	社会主义核心价值观中"平等""友善"的内涵	从技术、商业模式以及思维的角度创新慈善的方式	教师引导学生认识到慈善是对所有生命的尊重和关爱，其前提是人人平等
Studying Abroad	Understanding chronological order	社会主义核心价值观中"爱国"的内涵	作者留学巴黎的生活	教师通过华罗庚、祖逖、钱学森、吉鸿昌、茅以升等回国后报效祖国的事迹，鼓励青年心怀祖国，为国家兴亡承担更多责任

续 表

课程专题/ 知识单元	专业知识点	思政元素	专业知识点与 思政点的融合	课程思政的实施路 径与方式
Experiencing the Charm of Nature	Understanding spatial order	社会主义核心 价值观中"文 明"的内涵	从外国人的视 角讲述中国云 南香格里拉给 他们留下的美 好印象	教师适时倡导青年 学生"文明旅游", 尤其是在出国旅游 时牢记自身形象是 国家、民族形象的 组成部分
Life as You See It	Identifying problems and solutions	树立正确的世 界观、人生观、 价值观	加利福尼亚州 立大学一名22岁 的大学生抗击 抑郁症的故事	教师引导学生了解 帮助自己或他人克 服抑郁情绪的方 式,鼓励青年自我 成长

四、教学设计与教学实施

下面就以新目标大学英语《综合教程3》第6单元 Text A——"Battling Depression as a College Student"(《一个大学生抗击抑郁症的故事》)为例,展现课程内容与思政元素的融合。这篇课文讲述了加利福尼亚州立大学一名22岁的大学生抗击抑郁症的故事。教师在讲解时引入思政教育的具体方法如下。

(一)课前热身

在课前热身部分引入抑郁症的相关知识。比如知识抢答:

What is the date of world mental health day (世界心理健康日)?

在屏幕上展示图片,让学生以小组的形式讨论悲伤与抑郁的区别(differences between sadness and depression)。之后,进一步提问:

What do you think are the major causes for college students' depression? (你认为大学生患抑郁症的主要原因是什么?)

学生通常会回答学业压力、经济压力、家庭问题、情绪困扰、求职压力等。教师可引入戴维·伯恩斯《新情绪疗法》一书中提到的 10 大认知扭曲来说明错误的自我认知也有可能带来情绪上的困扰。

(二)头脑风暴

头脑风暴就是教师引导学生就某一话题自由发表意见(free talk),其特点是能在最短的时间里获得最多的思想和观点。

本篇课文涉及心理健康。教师作为组织者,可以联系本文的主题,引导学生对如何帮助自己或者他人克服抑郁情绪展开有序的讨论。即:

In what other ways can you support yourself and other people to have better mental health?

Method 1: Minimizing Your Symptoms;

Method 2: Coping with Stress;

Method 3: Getting Help;

Method 4: Overcoming Stigma and Shame.

以上方法配合一系列图片,可以生动展示应对压力、获取帮助、克服羞耻感等。

最后,教师做总结:

Laugh, and the world laughs with you; weep, and you weep alone. (你笑,世界和你一起笑。你哭,只有你一个人哭。) Although no one can sidestep low points of life, you can be as happy as you choose to be.(虽然没有人能避开生活的低谷,但你

可以选择快乐。)

这一总结正如这一单元的大标题"Life as You See It"所指出的那样，进而巧妙地引入本课的主题。

（三）相关拓展

1. 翻译练习

教师可以展示一些与青年成长有关的讲话，让学生翻译。例如：

世界是你们的，也是我们的，但是归根结底是你们的。你们青年人朝气蓬勃，正在兴旺时期，好像早晨八九点钟的太阳。希望寄托在你们身上。（毛泽东于1957年在莫斯科大学寄语中国留学生）

The world is yours and ours, but ultimately yours. You youth is full of vigor and energy, like the sun at eight or nine o'clock in the morning. Our hope is on you.

青年兴则国家兴，青年强则国家强。（2013年5月4日，习近平总书记在同各界优秀青年代表座谈时的讲话）

A nation will prosper only when its young people thrive.

还可以让学生翻译中西方文化中有关青年成长的名句。比如：

长风破浪会有时，直挂云帆济沧海。

Riding the wind, I set my sail; Ploughing the waves, I cross my sea; Longing for a bright future, I go to my dream.

天生我材必有用。

Everybody can do something.

If you shed tears when you miss the sun, you also miss the

stars.（Stray Birds）

如果你因错过太阳而流泪，那么你也将错过繁星。

If winter comes, can spring be far behind ?（P. C. Shelley）

冬天来了，春天还会远吗？

2. 听力练习

赏析塞缪尔·厄尔曼的名篇 *Youth*，然后完成一篇听力填空练习，该练习取材于学习强国头条英文资讯。该听力语篇的大意是：在武汉奔赴救援的4万名医务人员中，1990年和2000年以后出生的年轻人超过1.2万，占救援队伍的近1/3。学生在练英语听力的同时也能发现：新时代的青年已经通过行动证明了自己的责任和价值观，这些在父母眼中还是孩子的人已经成为国家的骄傲和希望。

3. 布置作业

最后布置一项与本课主题相关的口语作业——话题是"Talk About Your Understanding of the Responsibilities of Contemporary Young People"（谈谈你对当代年轻人所肩负的责任的理解），以及一篇英语作文"What do you think society should do to help people in depression? What measures should colleges take to help students who get stuck in depression?"（你认为社会应该做些什么来帮助抑郁症患者？大学应该采取什么措施来帮助陷入抑郁情绪的学生?）。

五、教学成效与教学反思

（一）实现了大学英语课程教书育人、教学相长的目标

从教师层面来讲，教师实现了从教书匠到教育工作者的转变。首先，通过思政内容与课程的融合，提升了大学英语教师队伍的政治觉悟，在努力完善教学内容的同时加强了自身修养。其次，教师的知识面得到了拓展，教学能力（如思辨、素材提取凝练、教学活动设计等能力）在项目实施的过程中得到了提高。

从学生层面来讲,思政内容与课程的融合对引导学生塑造独立人格、提升道德品质以及培育人文素养等方面发挥着重要的作用。比如,在情感层面,有意识地激发学生的集体主义情感和爱国主义情感;在精神层面,有意识地塑造学生的科学精神、创新精神、中国精神、民族精神等;在价值引领层面,有意识地引导学生树立正确的世界观、人生观、价值观。

(二)增强了大学英语教学的德育功能

将社会主义核心价值观融入大学英语教学,增强了大学英语教学的德育功能。大学英语课程思政教学改革与实践从设计到落实都以学生为出发点,从任务、目标、手段到考核都力求切实可行,极力避免在课程思政教育中说大话、说空话、说官话。

(三)外语教学在课程思政方面大有可为

语言、思想、文化互为表里,相互联系紧密,语言对人的思想意识具有建构作用。外语教学的各个环节都在传递相关的思想文化理念。以前面提到的 Text A 为例,文章讲的是大学生如何抗击抑郁症的故事,在英汉翻译拓展练习环节引入领导人对当代青年的寄语,有助于提振青年信心,激发青年学生的潜力,自主寻找解决问题的办法,育人效果显著。

教师在大学英语课程思政教学设计中切记:不能为了融入而融入;不能与英语教学割裂开来;材料甄选要自然贴切,不是越多越好;不能生搬硬套、生硬说教;少用理论术语。

六、教学特色与教学创新

(一)在大学英语教学大纲中增加课程思政目标

本课程教学大纲在原有语言能力目标的基础上增加了素养(德育)目标,在"课程安排内容"模块中,添加了"思政映射与融入点"项目,新增了"课程思政教学设计"模块。这些新增内容将课程中的思政要素以文字的形式固定在教学大纲中,为课程思政的落地奠定了坚实的基础。

（二）在原有大学英语授课内容的基础上增加思政元素

教师将新目标大学英语教材的单元主题进行汇总，按照价值观分类，并收集了49个小视频（大部分时长在2—4分钟）。这些视频所体现的思政元素，都可以反映社会主义核心价值观中的某个或某几个，比如同时反映友善、文明、法治等。这些视频可以结合单元使用，也可以根据特定的场合单独使用，比如在介绍西方的母亲节、父亲节、感恩节时使用"孝亲感恩"主题的视频，来达到教育的目的。

（三）在大学英语原有的课程评价体系中增加思政考核点

过去，大学英语课程评估偏重对语言知识与技能掌握的评价，而对人文素质等维度，如对人文思想的理解、人文精神的关怀，缺乏应有的关照。融入思政考核点的大学英语课程评价体系既考查学生语言知识的掌握情况，又考查他们在人文素质等维度的变化情况。比如，将学生的批判性思维能力以及其在整个学习过程中体现的诚实、正直、友善等与社会主义核心价值观和学习态度纳入形成性评价的范畴，在考题的设置上适当选取一些能体现新时代中国特色社会主义政治、经济、文化等方面的文章，在英汉翻译以及写作中适当融入思政要素，从而对整个学期的课程思政成效进行检测。

儒家思想对话西方文明：中外交融，文明互鉴

——"公共英语"课程思政教学案例*

刘　珊①

（浙江工商大学杭州商学院）

一、课程基本情况

课程名称	公共英语
课程所属学科门类	文学
课程类别	☑公共课　　□专业基础课　　□专业课
课程学分/学时	4/64

　　"公共英语"是浙江工商大学杭州商学院外语学院面向大一、大二非英语专业本科生开设的一门公共类基础英语课程，覆盖管理学院、人文与法学学院、会计学院等非艺术专业的学生。"公共英语（一）""公共英语（二）"分别为4个学分、64个学时，"公共英语（三）"和"公共英语（四）"分

*　本文为2021年教育部第一批产学合作协同育人项目"基于'优学院'多终端的'网络＋课堂＋实践'三位一体'大学英语'课程思政教学改革研究"（项目编号：202101067016）、杭州市外文学会2022年度研究课题"意识形态安全视阈下杭州地区高校课程思政实施现状及提升路径研究——以'大学英语'课程为例（项目编号：HWKT2022007）及浙江工商大学杭州商学院2022年度课程思政教学研究项目"意识形态安全视阈下浙江地区应用型本科院校课程思政实施现状及提升路径研究"的阶段性成果。
①　刘珊，浙江工商大学杭州商学院讲师，硕士，研究方向为二语习得与外语教学。

别为2个学分、32个学时。

本课程配套使用《综合教程》(新目标大学英语)、《新时代大学英语泛听教程》、《新国标交互商务英语》、《新时代大学英语读译写教程》。其中，《新国标交互商务英语》为线上课程，学生在课下自主完成。

二、课程思政育人理念与目标

当前我国坚持教育为社会主义现代化建设服务，为人民服务，把立德树人作为教育的根本任务。公共英语课程应主动适应国家人才需求，全面落实"立德树人"这一根本任务。因此，有必要将课程思政理念融入公共英语课程教学。要树立学生正确的理想信念，优化课程的思想政治内容，基于具体单元主题融入政治认同、家国情怀、文化素养、宪法法律意识、道德修养等，适时适势开展中国特色社会主义和中国梦教育、社会主义核心价值观教育、法治教育、劳动教育、心理健康教育、中华优秀传统文化教育等。青年大学生正处于世界观、人生观、价值观的形成阶段，亟须思想引领和指导。基于分类指导、因材施教的原则，结合学生的实际情况，本课程思政育人总体目标为在培养学生听、说、读、写、译等英语实际运用能力的同时，增强学生的团队协作精神、跨文化交际意识和沟通能力，培养学生自主学习和终身学习能力，帮助学生塑造正确的世界观、人生观、价值观，使学生不仅有现实关怀，还具备家国情怀和全球视野。此外，学生将来会步入纷繁复杂的职场，因此还需要培养学生的人文精神、独立思考能力和批判性思维。

三、课程思政元素与融入点

对"公共英语"课程思政元素的挖掘和融入可分为三个步骤：

首先，基于教学目标，提炼出单元思政主题。课题组备课时充分研读教材内容、吃透大纲，根据单元主题提炼出适合学生语言水平和认知水平的话题，并广泛搜集东西方文化对比的相关文本资料和影音资料，尽量根据主题展现中西方文明的联系与差异,以便让学生熟悉中西方文化在关键问题上的区别。

其次,挖掘教材中的思政元素,根据思政元素重构教学内容。在进一步总结教学内容的基础上,梳理出课程中可以进行价值观引导及融入思政教育元素的环节。外语课程思政隐性教育思想认为,课程思政要强调潜隐性。因此,我们在进行课程设计时应注重隐性教育与显性教育相结合的方式,教学方式凸显暗示性,育德于无形,寓教于无声。

最后,发布思政拓展资源与产出任务,深化思政教育成果,形成学习闭环。课后,教师结合时事新闻,在微信公众平台和超星泛雅教学网络平台上发布视频音频等资料和信息,并且给学生布置相应的写作、视频拍摄或课堂展示任务,请学生在课后完成。这可以形成一个学习闭环,帮助学生将课上所探讨的价值观内化。通过微信公众平台上的日常双语时事新闻的推送及课后任务,学生可以在潜移默化中获得正能量,树立正确的价值观。思政元素挖掘流程图如图1所示。

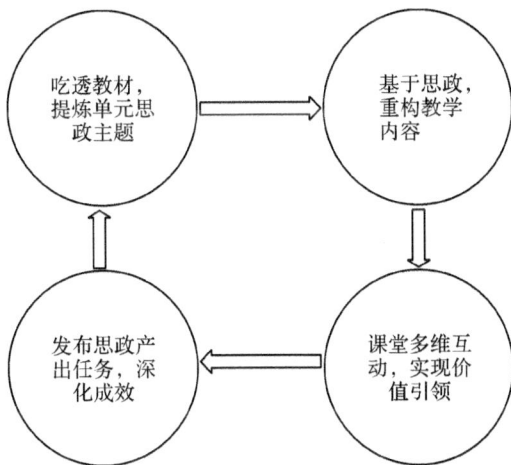

图1　"公共英语"课程思政元素挖掘流程图

表1以"公共英语(二)"为例,详细列出笔者通过深度解读教材挖掘出的相应单元的思政主题、专业知识与思政的融合点,以及采取的实施路径与方式。

表1 "公共英语(二)"各单元课程思政元素、融入点及实施路径

课程专题/知识单元	专业知识点	思政元素	专业知识点与思政点的融合	课程思政的实施路径与方式
Understanding Chinese Culture and Tradition 理解中国文化与传统	Confucianism, Taoism, Buddhism	儒家思想文化自信	理解儒学精髓,坚定文化自信,实现文明互鉴	结合时事新闻进行启发式教学
Gaining a Foothold in the Business World 立足商界	A-students,B-students, mutual understanding	团队合作能力	互相理解,有效合作,共同进步	结合青年创业者的例子进行启发式教学
Smart Technology, Smart Life 智能科技,智能生活	Smart technology, AR, AI	创新精神,思辨能力	创新科技,社会进步	要求学生结合中国航天事业发展的相关视频进行讨论,启发式教学
Great Men, Great Minds 英雄所见	Loyalty to the State, rebellion	超越自我,胸怀天下	学习伟人事迹,传承伟人精神	结合袁隆平院士的事迹进行启发式教学
Study Abroad 海外留学	Languish, stroll	多元文化的理解和包容	开阔视野,提升格局	通过学生的内容展示导入
Expressing the Charm of Nature 自然之美	Shangri-La, paradise, eternally, prayer flags, panoramic	环保意识,思辨力	保护环境,爱护家园	通过话题讨论导入
Between Real and Virtual 现实与虚幻	E-books, do away with, phase in	理性判断,明辨是非	多角度思考,提升思辨力	通过视频导入,进行话题讨论
Recognizing Diversity and Unity of the World 世界多样而和谐	American Dream, immigration, human capital	文化包容、共享、共存、共进	深入理解"人类命运共同体"这一概念	通过视频导入,进行话题讨论

四、教学设计与教学实施

接下来将以"公共英语(二)"第1单元"Understanding Chinese Culture and Tradition"为例,对学情、教学重难点、教学目标、教学策略、教学过程与评价等内容进行分析和展示。

(一)学情

"公共英语"是面向我校非英语专业本科生的一门公共类基础课程。在根据大学英语四级真题难度进行的入学英语考试中,这些学生的平均成绩不足40分(百分制),参照《中国英语能力等级量表》,其英语水平为三到四级。学生普遍存在语言技能薄弱、产出(输出)能力较低的现象,口语和写作能力亟待提高。

从授课对象来看,他们在高二、高三阶段经历疫情,学习和心理难免受到影响。与此同时,他们来自中国的各个省份,有来自云南、贵州、广西、四川、甘肃的,也有来自广东、江苏、河南、河北、辽宁的,还有不少来自偏远地区。他们的英语水平参差不齐,同一个班级的学生差异非常大。

(二)教学重难点

这节课的教学重点是,在提升学生在实际应用当中的英语产出能力的同时,潜移默化地对他们进行课程思政教育,实现对学生价值观的引领。

这节课的教学难点在于让学生理解并掌握儒家思想的相关内容,能够用英语介绍儒家思想,讲好中国故事,增强文化自信,使"中国文化走出去"。

(三)教学目标

1. 知识目标

学生能够掌握课程要求中规定的词汇和表达,如Confucius、Confucianism、Daoism、Buddhism、Harmony between Heaven and Man、 homogenized、in harmony with、subordinate to等。

2. 能力目标

学生能够使用一定的学习策略,能够就熟悉的话题进行自如的口头和书面交流,能够借助词典或其他渠道用英语解释中国传统文化中的概念,能够与来自不同文化背景的人进行交流。

3. 素养(价值/德育)目标

培养学生正确的世界观、人生观、价值观,使他们具备家国情怀和融通中西的能力,能够理解不同的文化与价值观,具备多元文化环境下的跨文化交际意识,能够客观地看待各种文化;提高学生的思想道德修养、人文素质、国家安全意识和认知能力,使他们具备一定的跨文化交际能力、团队协作精神和思辨能力。

(四)教学策略

在本次教学中用到的教学策略有情景教学策略、启发式教学策略、自主学习策略、合作学习策略等。

在引出不同国家对疫情的处理方式时,授课教师采用了情景教学策略,并使用启发式教学策略引导学生深入思考。在主课文学习阶段,授课教师采用自主学习策略和合作学习策略,培养学生的自主学习能力和团队合作能力。

(五)教学过程

"公共英语(二)"第1单元是围绕中国传统文化展开的,主要探讨中国优秀传统文化中儒家思想里的"和""仁",以及茶禅的基本内涵,使学生理解文化交流、文明互鉴的重要意义,讲好中国故事,增强文化自信。其中主课文侧重阐述美国人对儒家思想精华中的"和"与"仁"的认识。

首先,在热身环节,教师结合课本中升华单元主题的中英文名言,补充与主课文相关的内容,拓展主课文的内涵(和谐、君子和而不同、仁义),帮助学生积累相关英语表达。

其次,授课教师结合全球的疫情现状,通过相应的统计数据、图片和视频,让学生直观地感受东西方民众对政府采取的疫情防控措施的不同反应:东亚人民对疫情防控措施的积极配合,欧美众多人士却抗议示威。由此,引申出儒家文化对东亚文化及东亚人民的影响,并请同学们思考以儒家为主要代表的中国传统文化对现代世界的影响。紧接着,授课教师请学生思考:疫情防控的差异及产生原因? 对这一问题的回答可以自然而然地从儒家思想的"和"过渡到对当今社会主义核心价值观的重申与解读,将思政内容与要素巧妙地融入语言教学活动中,使价值引领和品格塑造日常化、具体化、形象化、生活化。具体如图2所示。

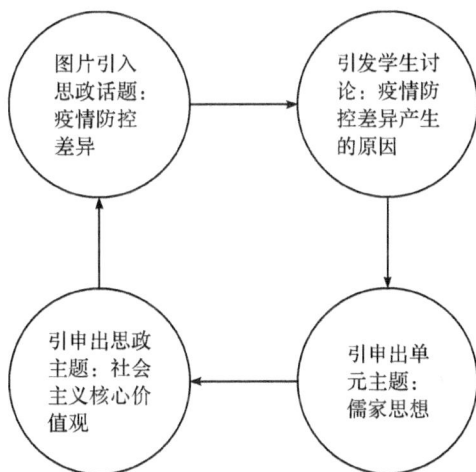

图2 课程思政现场教学过程流程图

再次是主课文的学习。主课文阐述了美国人是怎样认识与接受儒家思想中的和谐、君子和而不同、仁义等思想的。通过自主学习和合作学习的方式,学生完成对主课文的学习,教师以提问的方式检测学生对文章的掌握情况。随后,授课教师归纳总结全文要点,并拓展儒家思想的精髓,指出儒家思想对包括中国在内的东亚文化影响深远,甚至对全球文明都产生了影响。

最后一个环节是课后作业布置。授课教师要求学生完成第1单元课后关于"禅宗思想"的汉译英翻译练习,并在iWrite写作平台上完成一篇120词左右的英语书信——向一个美国朋友介绍一下自己感兴趣的中国传统文化。

这样的"公共英语"思政课堂不仅教授了语言知识，让学生熟悉中西方文化在关键问题上的差别，还增强了学生的文化自信、民族自豪感以及文化敏锐度，培养了学生的批判性思维能力，锻炼了学生的文化审辩性思维，更有助于学生形成人类命运共同体意识。

（六）形成性评价

"公共英语"作为一门非英语专业大学生必修的语言课程，要求学生进行长期的学习和积累，因此我们引入形成性评价体系，秉承"以学生发展为中心"的理念，以师生合作评价的手段进行。

1. 评价主体多元化

摆脱单一的教师评价模式，采用师生互评结合生生互评等方法，实现"以评促学"和"以评促教"的良性循环。

2. 评价渠道多样化

通过口语考试、在线课程、线下测验、英语演讲等多渠道、动态化的评价方式，将每一次的课后作业、测试、写作任务、口语活动和课堂展示活动都纳入评价体系当中，实现评价的公平性和科学性。

3. 评价标准科学化

课程当中涉及小组讨论部分的评价主要参照《中国英语能力等级量表》中的口头表达能力三级标准（即"能就熟悉的话题与他人进行简单交流，表达比较连贯。能在学习或工作中，借助他人帮助参与小组讨论"）和四级标准（即"能就感兴趣的话题进行交流，并适时地做出回应，确保交流顺利进行。能有条理地讲述简短故事或个人经历"）。

写作任务的评价主要参照《中国英语能力等级量表》书面表达能力四级标准，即"能就熟悉的话题表达自己的观点，并使用一定的证据支持自己的观点，具有较强的说服力"。该部分评价含教师评价、组内互评和个人自评。

在翻译任务评价方面，《中国英语能力等级量表》笔译能力最低标准为五级，而学生明显达不到该级别要求。因此，本课时翻译部分的评价主要参照《中国英语能力等级量表》句法知识运用能力三级标准,即"能使用副词或情态动词表示可能。能注意主语、谓语在形式与意义方面的一致性。能掌握常用句子的语序,如主语、谓语、宾语、状语等的位置"。该部分评价含教师评价、组内互评和个人自评。

在育人目标达成(含独立思考能力、思辨能力、合作能力、文化自信等)方面,采用师生互评的模式,包括学生对该课时整体思政效果的评价,即从学生的第一视角出发检验该课时在培养学生独立思考能力、思辨能力、合作能力、文化自信等方面的效果,以及教师对学生在各项任务中表现出来的思辨能力、合作能力、文化自信的评价等。

五、教学成效与教学反思

(一)教学成效

新时代教育要回答的根本问题是"培养什么人、怎样培养人、为谁培养人"。新时代教育就是要贯彻"价值塑造、能力培养、知识传授"三位一体的育人理念。我们领会了新时代教育的根本宗旨,明确了新任务,探索了新路径,接受了新理念,树立了新目标,重构了教学内容,将课程思政切实落实到了教学的全过程。经过两年的课程思政教学改革,较好实现了"公共英语"课程与思政课程同向同行、协同育人的作用和效果,切实将价值观引领融知识传授与能力培养之中。

课程思政在建立一套完整的课程评价体系方面有一定难度。课程思政不同于一般的专业课程教学,很难通过考试等传统方式做相应的评价,也无法用量化的方式进行评价。但是,我们可以从参与课程思政教学改革班级的教学评价、班级风貌、班级所获荣誉三个方面得出:"公共英语"课程思政教学确实起到了一定作用。参与课程思政教学改革的班级整体班风积极向上、团结友爱,纷纷获得了"学风优良班集体"等荣誉称号。

（二）教学反思

首先，教学是集约化和多元化的沟通活动，教学是教师与学生互相沟通、互相理解的渠道。教师与学生是否真正敞开心扉进行心灵与心灵的碰撞，有没有形成"学习共同体"，关系到我们教学目标的达成与否，也决定着课程思政能否真正润学生的心灵于无声。其次，在实施教学过程中是否将形式与内容良好地结合起来。有些环节看似热热闹闹，是否真正起到了相应的作用，值得后续关注。最后，目前教材更换较频繁，教师对教材的理解和解读是否透彻，是否做到了对教材的有效使用，是否在教材使用中做到了思想性与科学性的统一。这些问题还需我们进一步探讨。

六、教学特色与教学创新

本课程思政特色和创新之处有以下几点。

（一）课程思政教学方法多样化

授课教师根据具体的思政教学目标，结合我校实际教学情况和生源状况，有针对性地通过产出导向法、讲授法、讨论法、小组合作法、自主学习法和项目式学习法等实施课程思政教学，实现了课程思政教学方法的多样化。

（二）课程思政教学具体环节和方式多元化

课程思政部分有的放在课程导入阶段进行，有的放在重难点单词和短语的讲解环节进行，有的放在单元复习总结或单元练习时进行，还有的在上述各个环节都有穿插。比如在"公共英语（二）"第1单元，课程思政部分放在导入环节的比重较大，探讨儒家思想与世界其他主要思想的异同，并在此基础上进一步分析儒家思想的精髓及其对中国以及对东亚国家乃至世界的影响。此外，结合时事与突发的疫情，分析了儒家思想对中国抗击疫情的积极影响。课程思政教学具体环节和方式的多元化实现了课程思政教学的"出其不意",避免了学生的"审美疲劳",也更好地调动了学生参与课堂活动的积极性。

(三)课程思政教学路径潜隐化

授课教师精心备课,深入挖掘教材中的思政元素,梳理课程中可以进行价值观引导及融入思政教育元素的环节;在进行课程设计时注重隐性教育与显性教育相结合的方式,避免课程思政教学过于刻意、突兀,育德于无形,寓教于无声。

懂得，更能温柔以待

——《一名大学生抗击抑郁症的故事》思政教学案例

曾庆荣[①]

（浙江工商大学杭州商学院）

一、课程基本情况

课程名称	大学英语2		
课程所属学科门类	英语语言文学		
课程类别	☑公共课	□专业基础课	□专业课
课程学分/学时	2/32		

　　本次教学案例的教学对象为浙江工商大学杭州商学院非英语专业学生，授课时段为大二下学期，主要授课班级为2020级新闻专业1班、公共管理专业1班和广告专业2班。教材是新目标大学英语《综合教程3》第6单元 TEXT A——《一名大学生抗击抑郁症的故事》(Battling Depression as a College Student)，该篇短文讲述了美国大学生 Hartoonian 抗击抑郁症的故事。

---

① 曾庆荣，浙江工商大学杭州商学院讲师，研究方向为英美文学、跨文化交际。

二、课程思政育人理念与目标

我国于2013年提出社会主义核心价值观,其中的"友善"有助于我国公民以积极的心态看待他人,并从积极的角度出发肯定、尊重、关怀他人。2022年4月21日,国务院新闻办公室发表《新时代的中国青年》白皮书,要求新时代中国青年素质过硬、全面发展,其中提到"知识素养不断提升"这一要求。因此,将这次教学的思政目标设定为:(1)懂得(understanding),即学生全面、客观地了解抑郁症,培养理性思维;(2)友善(amity),即学生在理性了解抑郁症之后友善对待身边的抑郁症患者。本课程在努力实现英语语言、技能目标的同时,从理性和感性两方面出发,致力于将学生培养为素质过硬、全面发展的新时代中国青年。

三、课程思政元素与融入点

(一)本次教学的主要思政元素

(1)正确认识抑郁症;

(2)学习抑郁症患者身上的自信乐观、坚韧不拔的品质;

(3)体察抑郁症患者的痛苦,并肯定抑郁症患者的友善。

(二)思政元素与课程专业知识点的融合

思政元素与课程专业知识点的融合如表1所示。

表1 思政元素与课程专业知识点的融合

课程专题/知识单元	专业知识点	思政元素	课程思政的融入路径与方式
导入	1. 了解抑郁症 2. 英译古诗《竹石》 3. 生词:tenacity、resilience	1. 理性思维 2. 自信乐观、坚韧不拔的品质	1. 头脑风暴"How much do you know about depression?" 2. 鉴赏古诗《竹石》,理解竹石精神,提问:抑郁症患者是脆弱的人吗?

续　表

课程专题/知识单元	专业知识点	思政元素	课程思政的融入路径与方式
视听说	1. tough 2. having depression 和 feeling depressed 的区别 3. 抑郁症的症状 4. 如何帮助抑郁症患者 5. 生词：stigma，ever-present，以及描写负面情绪的生词	1. 自信乐观、坚韧不拔的品质 2. 友善 3. 理性思维	1. 观看TED视频片段"Depression, the Secret We Share"，可知即便坚强如演讲者也会罹患抑郁症，提问：坚韧的品质对抑郁症患者没有任何作用吗？ 2. 猜猜他是谁(林肯、丘吉尔、金晓宇)，并讨论相关内容 3. 观看 TED 视频"What Is Depression"，完成填空练习，了解什么是抑郁症及抑郁症的严重性，摒弃误解和歧视，体察抑郁症患者的痛苦及困境，了解帮助他们的正确方式 4. 找出并朗读生词表中描写负面情绪的名词，了解抑郁症患者经受的折磨 5. 分析 ever-present 的构词形式，并针对其他包含"ever-"的形容词进行分析，加深对该词词义的理解；在课文里找到该词所在的句子，自然引发对抑郁症患者的同理心
"问题—解决"型文章之描述问题(Paras.1-7)	1. "问题—解决"型文章的结构 2. essay hook（文章引子） 3. 第一人称叙事	1. 理性思维 2. 友善	1. 讲解"问题—解决"型文章的结构 2. 讲解 essay hook 的定义，并简单介绍9种撰写方法 3. 注意 Hartoonian 的原话，找出描述抑郁症患者痛苦的短语，体察抑郁症患者的痛苦
"问题—解决"型文章之分析问题(Paras. 8-10)	数据引用	1. 理性思维 2. 友善	画出课文中出现的数据，关注不同的数据表达形式以及引出数据的方式——让学生关注抑郁症的严重程度，提示学生在写作中列出权威数据以增加论点的可信度

续　表

课程专题/知识单元	专业知识点	思政元素	课程思政的融入路径与方式
"问题—解决"型文章之解决问题（Paras. 11-18）	第一人称引用	1. 理性思维 2. 友善	1. 浏览课文，并完成填空练习，找出文中提到的对抗抑郁症的途径 2. 关注：(1)Hartoonian对抑郁症患者的建议及关爱；(2)Hartoonian在心理咨询过程中的心理变化，注意心理咨询师对抑郁症患者的关怀
输出	写作	1. 理性思维 2. 友善 3. 自信乐观、坚韧不拔的品质	1. 带着4个问题有重点地观看两个TED演讲视频 2. 完成写作任务"My Ted Talk on Depression"，要求有说服力(convincing)、能打动人(touching)，并能激励人(inspiring) 3. 点评并分享优秀作文，强调：(1)对抑郁症的理性认知；(2)对抑郁症患者的理解、尊重和关爱

四、教学设计与教学实施

（一）学情分析

1. 知识维度

少数学生简单了解抑郁症，绝大多学生对抑郁症的认知有严重偏差。

2. 技能维度

学生已基本掌握跳读、做听力笔记等语言输入、信息加工技能，但还需进一步掌握写好文章引子（essay hook）的方法，以及举例、引用数据等说明和论述手法。

3. 素质维度

学生已具备一定的信息搜索、归类、整合能力和批判性思维能力，但还需通过深入阅读文章和研看视频材料，获得理性思维能力，并在此基础上产生的对抑郁症患者的友善品质。

(二)教学目标

结合课文主旨和行文结构，设定以下教学目标。

1. 思政目标

"了解抑郁症，理解并关爱抑郁症患者"是本次教学的主题。引领学生正确认识抑郁症，并在此基础上帮助学生树立友善的社会主义核心价值观。

2. 语言技能训练

视、听、读、写有机结合，让学生根据课文主旨理解相关词句的表达方式，从写好文章开头的引子开始，提升学生写作主题演讲稿的逻辑性、感染力。

(三)教学过程

本单元计划在2周内分2次授课(4个课时)，另加作文点评(1个课时)，总共5个课时。

1. 第一次课(90分钟)

1)课前(15分钟)

(1)话题导入(5分钟)

从课文标题"Battling Depression as a College Student"开始，向学生提问："Depression是什么意思？"他们有的说"忧郁"，有的说"沮丧"，有的回答"情绪低落"，仅有少数同学回答"抑郁症"——因为中学心理卫生课老师提到过。明确告知学生这篇课文的主题就是大学生抗击抑郁症。

之后问学生"How much do you know about depression"。有些学生明确表示不清楚；有些学生说中学阶段有同学患抑郁症，不知道如何跟他们相处；有少数学生说这些患抑郁症的人有跟我们不一样的内心世界，也许很精彩，但我们不了解；有学生提到了张国荣因抑郁症自杀的事件。由此可见，学生对抑郁症的了解是不全面的，甚至是存在很多误解的。

（2）鉴赏古诗《竹石》及许渊冲先生的译文（10分钟）

首先鉴赏古诗《竹石》，之后，带领学生鉴赏许渊冲先生翻译的古诗《竹石》，理解竹石精神，即坚韧不拔的品质（tenacity & resilience）。引导学生学习 tenacity、resilience 这两个生词，包括其释义和例句，最后提出问题：患有抑郁症的人是脆弱的人吗？

2）课中（75分钟）

（1）TED演讲视频观看、讨论及练习（15分钟）

给学生分享TED演讲视频"Depression, the Secret We Share"（《抑郁，我们各自隐藏的秘密》）。看之前，提醒学生关注演讲者对自己患抑郁症前后状态的描述。看之后，向学生提问："患抑郁症前他是怎样一个人？"有些学生用视频里的单词"tough"回答，有些学生用了较为完整的句子"He thought himself as tough as able to survive in a concentration camp"。教师进一步提问："得了抑郁症之后他变成怎样一个人了？"有的学生说"losing interest in everything"，有的说"too painful to be alive"，有的说"his vitality disappeared"，还有的说"doing less, thinking less, feeling less"。至此，学生明白：坚强的人也会患抑郁症，抑郁症患者会对生活失去兴趣，活得很痛苦。通过这一环节的学习，不少学生纠正了对抑郁症患者的偏见，并体察到抑郁症患者的痛苦。

（2）猜猜他是谁（15分钟）

借助图片，向学生介绍3位患有抑郁症的名人：林肯（林肯曾经因为抑郁症险些自杀，后来他将报纸上美国人对自己的期望和赞美之词剪下来，放在口袋并常常拿出来看，最终战胜了抑郁症）、丘吉尔（他将自己的抑郁症称为"黑狗"，用自己的亲身体验告诉公众，抑郁症是可以战胜的），以及杭州著名翻译家金晓宇（10年翻译22本书约700万字，无一错字错句错译）。之后，学生说抑郁症如此令人痛苦，而抑郁症患者凭着坚韧不拔的竹石精神取得如此傲人的成绩，确实值得敬重；另外，确实应该摒弃对抑郁症患者的偏见与歧视，报以肯定、尊重和关怀。

（3）观看TED科普视频并完成相关练习（25分钟）

为了让学生了解抑郁症的严重程度，在观看TED视频"What Is

Depression"前教师提出3个问题:

A. What percentage of the United States population suffers from depression?

B. According to the WHO, what is the leading cause of disability in the world?

C. How long, on average, do people suffer in silence from serious depression before they seek medical help?

从视频可以得知:抑郁症患者的比例很高(10%),而抑郁症也是致残的主要因素,抑郁症患者平均忍受10年之久的痛苦才寻求治疗。这一结果让学生十分震惊。

之后,学生观看该视频(2遍),完成一个涵盖4个知识点的填空练习:①区分抑郁症和感觉抑郁;②抑郁症的定义;③抑郁症的症状;④作为个人,如何帮助抑郁症患者。

教师讲解练习里的单词stigma(耻辱;污名),引导学生"Stop the depression stigma now"(马上停止对抑郁症的污名化)。另外,让学生讨论这个视频中令人印象最深刻的地方。不少学生提到了视频里的"a complex interaction between genes and environment(可能和基因与环境的相互作用有关)",他们认为这是抑郁症令人绝望之处,因为人的基因是无法改变的。总之,这一环节的教学过程让学生对抑郁症和抑郁症患者的痛苦有了较为全面的了解和感受。

(4)梳理生词表中描写抑郁症患者的负面情绪的词汇(20分钟)

首先,让学生圈出生词表里描写负面情绪的名词。其次,提醒学生关注形容词ever-present(无处不在的),注意其构词法(ever-+adj.),让学生以课堂作业的形式将其他包含ever-的单词构成的短语译成中文,比如an evergreen opera(经久不衰的歌剧),并当堂让学生在钉钉作业端提交。教师批改部分学生的翻译,待全体学生提交后,当堂公布答案并点评。最后,让学生在课文里找到该词所在的句子"Thoughts of self-contempt and guilt were **ever-present** companions in his daily life"（自轻和自责的念头总是如影随形），让学生设身处地、自然而然对抑郁症患者产生同理心。

课后，有学生表达说："老师，我觉得这次课是专门为我上的，谢谢！"这个学生的反馈表明这次课是卓有成效的。

3）课后

布置2个任务：①复习本次课内容，包括重温2个视频以及本节课提到的重点单词，以便下次课听写；②预习课文。

2．第二次课（90分钟）

这次课以听写开头，然后以"提出问题—分析问题—解决问题"的框架介绍课文的结构，之后重点介绍撰写文章引子的9种方法，最后讲解本篇课文的引子；并让学生关注课文第1—7段中Hartoonian以第一人称视角对抑郁症的描述。

1）单词听写（10分钟）

听写10个单词，包括生词表里的重点单词、上次课提到的tenacity和resilience，以及TED视频里的重点词汇，并借助钉钉应用软件当堂提交、评分、订正。

2）课文分析

（1）文章结构的梳理（10分钟）

首先，本篇课文属于"问题—解决"型文章：第1部分描述问题（what），从Hartoonian第一人称视角出发描述抑郁症，并特别指出抑郁症患者寻求帮助是非常重要的。第2部分分析问题（why），抑郁症患者没有寻求帮助的原因：社会对抑郁症缺乏广泛的讨论，缺乏对抑郁症及相关疗法的正确认知。第3部分解决问题（how），再次借Hartoonian的第一人称视角，叙述抑郁症患者可以从2个途径获取帮助，即专业心理咨询、与信赖的人倾心交谈。

（2）文章引子的撰写（10分钟）

很多学生用"With the development of ..."为自己的英语作文开头，而这样开篇的作文得分不高。针对这个问题，教师给学生介绍英语论说型文章（essay）的引子。将其作为论说型文章的开头，有助于吸引读者的注意力，其撰写策略有9种：

①引用名著名句(Use literary quotes)；

②引用名人名言(Write a quote from a famous person)；

③引用错误理念震惊读者(Surprise with a misconception)；

④讲述他人的轶事(Write an anecdote)；

⑤讲述自己的故事(Tell a personal story)；

⑥引用统计数据(Use statistical data)；

⑦设问(Ask a question)；

⑧阐明定义(Clarify a definition)；

⑨场景描写("Draw" a scene)。

之后，与学生讨论哪种策略更具实操性。

(3)分析课文中的引子(20分钟)

第1—4段是本篇课文的引子，属于第4种文章引子的写法，即讲述他人的轶事。教师让学生画出文中5个对Hartoonian的原话的引用，感受它们对自己的影响力：生动亲切、真实可信。其中两句"I just wasn't happy with my life, and couldn't find my way out of the rut that I was in"和"I have contemplated suicide and have even gone so far as to have planned it out"能让学生更真切地感受到抑郁症患者的绝望，并心生悲悯。

接下来是完成课堂作业环节，在第1—4段找到描述抑郁症患者的短语并翻译成英语，如：thoughts of self-contempt and guilt(自轻和自责的念头)、became integral to his being(已成为他生活中挥之不去的一部分)，等等。学生当堂完成后教师做点评，这样，学生对抑郁症患者的困境就有了更加清晰的认识，也为学生用英语描述这种困境做好了词汇储备。

(4)分析问题之引用权威(20分钟)

让学生画出课文中出现的数据，引导学生关注以下方面：①不同的数据表达，如an estimated 1-in-10 Americans、over two-thirds、1.5 percent等。②引出数据的相关表达，如according to、shows、found、reveal、said。让学生从数据出发了解抑郁症的严重程度，另外，提示学生在写作中引用权威数据增加论点的可信度。

（5）解决问题之第一人称叙事（20分钟）

①浏览课文,并完成填空练习,找到文中提到的对抗抑郁症的方式;

②关注 Hartoonian 作为抑郁症的治愈者对抑郁症患者的建议及关爱;

③完成填空练习,注意 Hartoonian 作为抑郁症患者以第一人称叙事的方式讲述自己在接受专业心理咨询的过程中从紧张到轻松的心理变化,同时体会心理咨询师对抑郁症患者的体贴、关怀。

3）课后作业布置（10分钟）

①观看 2 个 TED 视频"Don't Suffer Depression in Silence"（《不要在沉默中忍受孤独症的折磨》）和"Depression, the Secret We Share",回答以下问题:

A. What are their video hook?

B. What do they have in common in the ways they deal with depression?

C. What have they learned from their depression?

D. How do the two speakers end their talk?

通过以上问题,学生可以关注 2 篇演讲的开篇方式、主人公应对抑郁症的方式和心得以及结束演讲的方式,为后面的作业做好准备。

②撰写演讲稿"My Ted Talk on Depression":假设自己是 Hartoonian,学校邀请你做一个关于抑郁症的专题演讲,模仿前面的 2 篇演讲,撰写演讲稿,具体要求如下:

A. Your speech should last at least five minutes;

B. Your speech should be convincing, touching, and inspiring.

第一个要求是对演讲稿篇幅的要求,第二个要求是对演讲稿语言效果的要求,即具有说服力和感染力。

4）作文点评（20分钟）

本次作文点评从体裁、篇幅、内容、语言形式等方面进行：

①在体裁方面，绝大多数学生都是以 Hartoonian 的口吻来写的。

②在篇幅方面，80%的学生基本达到要求。

③在内容方面，85%的学生认为抑郁症是"一种和感冒一样可以治疗的疾病"；70%的学生提到要消除对抑郁症患者的歧视与偏见；65%的学生提到要正确帮助抑郁症患者；60%的学生按照时间顺序梳理了 Hartoonian 患抑郁症前后的心路历程；55%的学生在演讲稿结尾处号召给抑郁症患者更多的关爱；45%的学生模仿了 TED 视频"Depression，the Secret We Share"，提到了自己从抗击抑郁症的过程中学到的爱、感恩、坚韧等品质。

④在语言形式方面，75%的学生在演讲稿的开头时候明显考虑了 essay hook 的写法；大多数模仿 Ted 视频"Don't Suffer Depression in Silence"的开头方式（以第一人称叙事的方式袒露心声），有的引用课文或视频材料里的数据，还有部分同学引用名人名言。

总而言之，这次作文练习说明本次教学过程达到了预先设定的思政目标及英语语言技能目标。

五、教学成效与教学反思

为了全面、深入地反思本教学过程的教学行为、教学效果，以下部分将以态势分析（SWOT Analysis）为工具进行评价。

（一）优势（Strengths）

以友善这一社会主义核心价值观为指导的课堂教学能帮助学生树立正确的世界观、人生观、价值观。

以消除对抑郁症的偏见与歧视并正确帮助抑郁症患者为焦点的教学内容具有较大的现实意义。

以学生喜闻乐见的 TED 视频为教学辅助材料，有助于学生正确理解抑郁症及抑郁症患者,有助于培养学生的理性思维。

课堂中穿插的短语翻译、词汇填空等课堂作业有助于学生夯实英语基础知识,并加深对语篇的理解。

课后布置的写作练习有助于学生串联文章内容、复习相关知识点,并加深对抑郁症的正确认知,对抑郁症患者的理解、尊重和关爱。

(二)劣势(Weaknesses)

无法兼顾每一个学生的英语水平和认知水平。

因为课时有限,无法让学生展示自己的演讲。

(三)机遇(Opportunities)

人文学科的学生更容易感受到抑郁症患者的各种负面情绪。

人文学科的学生更容易理解英语词汇中的某些微妙含义。

钉钉应用软件上的作业布置评分功能有利于高效完成课堂练习。

(四)威胁(Threats)

大部分学生词汇量有限,句法基础薄弱。

少部分学生英语学习兴趣不强。

不少学生过分依赖电子设备,用电子设备来拍摄重点内容,用电子设备来拍摄 TED 视频内容,参照完成相关练习,缺乏动手记笔记的积极性,虽一再提醒,却没有改正。

综上所述,若对"关爱抑郁症患者"这一主题进行第二轮教学,则需要尽可能地将劣势转化为优势,努力达到既定的教学目标;与此同时,尽可能多地调动学生英语学习的积极性,提高其自主学习的能力,鼓励其成为具有理性思维能力并对他人抱有友善之心的新时代中国青年。

六、教学特色与教学创新

鉴于本课程所面对的学生的英语水平参差不齐,英语基础普遍薄弱,因此在本课程的教学中做了如下创新:

①以中国古诗《竹石》为引子,引导学生关注抑郁症患者和竹石精神的关系。

②以课文主题为依托,设计各种形式的课堂词汇练习,借助钉钉平台,当场提交并评判,夯实学生的英语基础知识。

③引入学生喜欢的相关主题的 TED 视频,通过头脑风暴、提问、填空练习等方式,全面、深入地帮助学生了解抑郁症,并体察抑郁症患者的不易,发现并学习他们在抗击抑郁症的过程中所体现出来的坚韧不拔的竹石精神。

④旧游戏新目标。利用"猜猜他是谁"这样的课堂活动,向学生介绍3位抑郁症名人,让学生真切地了解了抑郁症患者身上的闪光之处。

⑤课程内容结束后布置的演讲稿写作任务有利于学生复习并整合所学内容,把语言、知识的输入转化为语言的有效输出。同时,更全面地了解抑郁症,并对抑郁症患者报以更真切的关爱和尊重,真正实现本课程的思政目标——懂得,更能温柔以待。

聚焦留学考试，弘扬传统文化
——"雅思英语"课程思政教学案例

赵　路[①]

（浙江工商大学杭州商学院）

一、课程基本情况

课程名称	雅思英语
课程所属学科门类	英语语言文学
课程类别	□公共课　　□专业基础课　　☑专业课
课程学分/学时	2/32

　　"雅思英语"课程涵盖雅思听力、雅思口语、雅思阅读和雅思写作，对雅思考试内容、提问方式、解题方法和考试技巧进行全面的介绍和详细的讲解，并提供模拟考试以及听说读写的全面训练，以帮助学生对雅思考试的形式、要求、难度有全面的了解，力求提高学生的听说读写能力，为学生国外求学打好语言基础。以社会主义核心价值观为育人理念，在雅思教学中加入课程思政元素，把知识传授、技能培养和价值引领结合起来，有助于培养跨文化交际背景下的新商科人才。

---

① 赵路，浙江工商大学杭州商学院讲师，硕士，研究方向为跨文化交际、新闻英语、话语分析等。

二、课程思政育人理念与目标

习近平总书记指出："要立足中国大地，讲好中国故事，塑造更多为世界所认知的中华文化形象，努力展示一个生动立体的中国，为推动构建人类命运共同体谱写新篇章。"在雅思英语听说读写的教学过程中，逐步导入社会主义核心价值观，如富强、民主、文明、和谐、自由、平等、公正、法治、爱国、敬业、诚信、友善等，挖掘雅思英语中的德育元素，并将其渗透到教学过程中去，这有助于培养具有家国情怀的新时代外语人才。在课程思政教学设计中，可以采取翻转课堂、体验式教学、课堂讨论、个人展示及辩论等，丰富课堂表现形式，并代入真实案例研究，激发学生学习外语并提升素养的热情，以丰富课程内涵，帮助学生树立正确的世界观、人生观、价值观。

三、课程思政元素与融入点

课程思政元素与专业知识点的融合如表1所示。

表1　课程思政元素与专业知识点的融合

课程专题/知识单元	专业知识点	思政元素	专业知识点与思政点的融合	课程思政的实施路径与方式
听力1	租房场景	公平公正、和谐、以人为本	《人民日报》"房住不炒"	媒体引导、话题链接
听力2	新生入学场景	和而不同、集体主义、责任意识等	与新生入学相关的词汇、校园资源、金融建议、新生学习、课程选择、住宿等	小组讨论、头脑风暴
听力3	医疗健康场景	公平正义、责任意识等	门诊预约、开处方、个人习惯、请假等	媒体引导、小组讨论
听力4	课题研究场景	包容协作、工匠精神	分配、需求、未完成的原因、展示、市场调查、学习方式	头脑风暴、话题链接

续　表

阅读略	阅读真题	社会主义核心价值观	根据不同的阅读材料具体分析	讨论、总结
写作1	大作文教育类话题	教育公平、法治教育、权利平等	城乡贫富差距问题导致的教育问题,即教育的公平性、青少年失业率的问题,以及是否应该接受教育的问题	小组讨论、个人头脑风暴
写作2	教育类话题:寄宿制学校的优缺点	集体主义、和谐	独立性培养、考虑他人感受、个性养成等	讨论、总结、辩论
写作3	教育类话题:留学的优缺点	教育公平、共同富裕、权利平等	为实现个人发展,教育应该包含的内容(为了促进社会的良好运行,教育应该):(1)为未来储备有竞争力的劳动力;(2)培养有社会责任感的公民;(3)向年轻一代传递优秀文化与价值观	讨论、总结、辩论
口语1	口语话题	社会主义核心价值观	1. Name(思政链接:身份意识、文化自信等) 2. Work(思政链接:勤劳致富、工匠精神、责任意识、团结协作等) 3. Hometown(思政链接:环保、责任意识等) 4. Film(思政链接:文化自信、民族精神等) 5. Music(思政链接:和而不同、真善美、文化自信等) 6. Reading(思政链接:人的自由面发展等)	头脑风暴、小组讨论、总结展示
口语2	口语话题	社会主义核心价值观	1. Shopping(思政链接:责任意识、热爱劳动、以人为本等) 2. Sports(思政链接:共同富裕、团结协作、职业道德等) 3. Weather & Seasons(思政链接:环保、责任意识、人与自然和谐相处等) 4. Traveling(思政链接:环保、和谐等) 5. 人物类:真题&高分句式&范文讲解	头脑风暴、小组讨论

四、教学设计与教学实施

(一)学情分析

雅思英语课程为专业选修课，授课对象为独立院校本科二年级及以上的非英语专业学生，他们有如下特点：(1)是互联网"原住民"，受兴趣驱动，新鲜感强，热衷网游、二次元等，学习方式多样化，偏爱多元世界。(2)学习动机强，需求高，语言能力培养是全球化背景下新商科教育的必然要求，也是出国留学的必经之路。(3)受网络语言的碎片化影响，对文化、价值观及人文性的重视不够。(4)独立思考、批判性思维能力有待提高，尤其是在面对海量信息的时候。

外语类课程思政元素的导入有很强的必要性，这是因为外语课程教学的特殊性。通过语言知识技能的系统学习，英语国家的主流价值观逐渐进入学生视野，在还未深入了解自身文化优势的情况下，外语类专业学生会不自觉向西方文化倾斜。外语教学在传播知识的同时也输出了思维方式。从大环境看，虽然中国通过改革开放进行了社会主义建设，取得了巨大成就，但是大学生对中国文化、中国道路、中国制度的认识还有所欠缺。因此，外语类课程思政的导入具有必然性和必要性。而雅思英语教学中课程思政的导入又对其专业教学做了补充。目前国内对雅思英语教学的研究多集中在中外合作办学以及雅思听说读写教学技巧的探讨中，思政元素加入，有助于雅思英语课程在社会主义核心价值观的指导下完成跨文化人才的培养任务。

(二)教学目标

针对以上学情，雅思英语课程的教学目标是学生经过一学期的学习，能够满足雅思考试听、说、读、写能力的要求，在掌握语言技能的同时，能够具有跨文化意识、思辨能力以及实现自我发展的能力，能够在词汇认知、口头表达、学习策略、文化价值及学术文献积累等方面得以提升。本课程结束时，学生应达到如下要求：

1. 雅思听力

了解雅思听力考试的材料类型和题目形式(共四个部分,各自有重难点)。学生要熟悉在听力场景中应用的词汇及表达,能够听懂具体细节及大意、听懂作者的观点和态度,能够熟练运用听力信号词帮助答题。在课程教学中,学生一方面要习得应试技巧,另一方面要熟悉国外日常生活学习场景,为留学深造做好准备。

2. 雅思口语

了解雅思口语考试形式及口语话题范围,在课程教学中熟悉口语话题并总结答题技巧,能够产生参与谈话的愿望、阐述个人感受,能够对话题进行深入讨论。另外在口语输出过程中需凸显课程思政元素等。在课程结束之际,希望学生能够流利地阐述相关考试话题,并熟练应用于日常生活和学习中。

3. 雅思阅读

了解雅思阅读的材料和题目形式,能够快速浏览获取具体信息,识别论点与论据、整体段落大意、中心思想等,能够区分观点与事实的技巧。在课程教学中,一方面要培养学生雅思阅读应试的能力与技巧,另一方面要增强其留学深造阅读外国文献的能力和抓取信息的能力。

4. 雅思写作

了解雅思写作 task 1 的题目形式,增强学生审题、描述事实、比较数据、总结数据、描写趋势、描写过程的能力;掌握雅思学术写作 task 2 的题目形式,能够审题、收集素材、构思、提出观点、进行评价和反驳、定义与解释以及主题句与长难句的写作等。在课程结束之际,学生能够对 task 1 中的 6 种图表类话题和 task 2 中的议论文与说明文进行独立写作,为学术论文写作打好基础。

(三)教学策略与实施

1. 教学内容

在教学内容上,融课程思政于专业知识教授之中,尤其是雅思写作中关于各大话题的头脑风暴环节,特别适合德育内容的展示,如中国传统文化、传统思想、美食、建筑等。在听说方面，选取各类生活、学习、工作场景对话，满足学生的日常生活需要及其在国外求学的科研需求。在阅读方面，选取国外杂志报纸中的文章或新闻报道，融跨文化对比于教学之中，培养国际化的思维能力。

2. 教学手段

学习者在动态多维的智慧环境中按需获取学习资源，灵活开展学习活动。充分利用互联网和各类智慧学习平台。如在词汇学习中，学生可以进入词汇测试平台，如学院派、Kahoot等，进行抢答任务、词语积累、词库更新；在写作练习时，可利用国外优质大学平台，如Phrasebank，查阅不同的表达；在听力练习中，可利用雅思考满分、雅思哥、小站雅思等App进行听写，并设置错题本或错词练习模式；在口语训练中，可利用英语趣配音、扇贝口语等App，这既可以增加课堂的趣味性，也可以培养小组的合作能力；而阅读训练除一般资料外，还可通过《中国日报》《经济学人》等摄取新闻要点，讨论、记录、总结、领会相关主题的表达方法，为写作做好知识储备。

3. 教学活动

在教学活动中，使用多种教学手段，寓教于乐，贯彻"以学生为中心"的理念，让学生成为课堂的主人。采用一系列课前、课中、课后活动，如头脑风暴、翻转课堂、你描述我猜、小组讨论、小组辩论、课堂口语展示、拼图式阅读、词汇游戏、英语演讲、配音、互联网平台线上呈现等，让学生充分参与其中，避免填鸭式教学，积极利用学生定期反馈改善教学方式。

4. 教学评价

(1)评价主体多元化

摆脱单一的教师评价标准，以自我评价为起点，同伴互评与小组互评为双翼，师生合作评价为依托，建立个人评价与合作评价相结合的学习档案，将群体诊断报告和个体诊断报告相结合，实现"以评促学"和"以评促教"的良性循环。

(2)评价方式多样化

基于动态评价模式，集课堂提问、小组讨论、翻转课堂、英语演讲等多项评价方式于一体,从词汇语篇认知能力、批判思维能力、口头书面表达能力、学习策略运用能力和文化价值交流能力出发,帮助学生挖掘潜能,助力学生形成探究性和个性化的学习结果。

（3）评价途径信息化

①依托词汇测试平台,如学院派、Kahoot等,进行抢答任务、词语积累、词库更新;

②依托国外优质大学平台,如Phrasebank,查阅不同的表达方式;

③依托雅思考满分、雅思哥、小站雅思等App进行听写,并设置错题本或错词练习模式;

④依托英语趣配音、扇贝口语等App,练习口语,以增加课堂的趣味性,培养小组的合作能力;

⑤依托《中国日报》《经济学人》等摄取新闻要点,讨论、记录、总结、领会相关主题的表达手法,为阅读和写作储备知识;

⑥依托学习通App评价单元产出项目,采集优秀小组范例,建立典型错误库,通过大数据分析技术助力智能评阅,提升教师测评素养。

五、教学成效与教学反思

通过教学模式、教学内容、教学活动、教学评价等的改革创新,该课程思政取得了可喜的成果。在近3轮的教学中,涉及在校学生近千人,出国留学学生的雅思成绩平均达6分,达到了大多数国外高校的申请标准;也有许多学生的成绩达到7分以上,满足了申请国外名校的要求。而对于没有出国留学的学生,他们的六级通过率都在90%以上。学生对该课程的好评率在95%以上,已在全校形成良好口碑。在每个学期的选修课中,该课程已成了学生的必选项,助力了独立院校新商科的发展。在课程思政成效方面,经过几个学期的思政引导,学生在口语素材的积累、阅读材料的理解以及写作话题的深入探讨方面养成了从社会主义核心价值观出发的思维路径。这让学生在提高考试成绩的同时,也间接宣扬了中国的传统文化,有助于中国文化走出去。

六、教学特色与教学创新

鉴于独立院校新商科国际化的需求，我校免费提供雅思英语课程，一方面为出国留学的学生提供学习便利，减少他们的时间和物质成本；另一方面也为大多数不出国的学生提供习得多样化的语言能力的方式。因此在雅思英语教学过程中，创新理念及手段至关重要。教师对此深谙于心，故在教学过程中创新了以下教学模式：

①秉承课程思政教学理念，融思想政治教育于课程教学内容之中；

②采用"互联网＋"教学模式，融各种互联网教学平台和工具于教学之中，如小站雅思、iWrite、批改网、雅思哥、英语趣配音等；

③推进智慧教育，助力学校雅思工程，培养国际化人才。创建线上学习小组，发挥学生的主观能动性，要求学生按时打卡、在线提交作业等。

以上使得学生在语言知识与技能、思辨力和学习策略以及跨文化交际能力方面获得了进步与成长。

在教学模式上，贯彻"以学生为中心"的教学理念，摒弃以往的填鸭式教育，充分发挥学生的主观能动性。如在听说环节积极采用翻转课堂教学方式，培养学生主动探究、学习和运用知识的能力，促使学生形成积极思考的习惯，促进学生输出能力的培养。

在教学内容上，融课程思政于专业知识的教授之中，融立德树人于话题的头脑风暴之中，融跨文化对比于专业知识的教授之中，拓展国际化视野和培养辩证思维的能力，引导学生思考人生目标，能够批判性地分析社会文化，树立正确的世界观、人生观、价值观。

在教学活动中，使用多种教学手段，如翻转课堂、头脑风暴、小组辩论、英语演讲等，寓教于乐，让学生充分参与其中。同时，教师可以积极利用学生的反馈改善教学方式等。

在教学评价中，要以自我评价为起点，同伴互评与小组互评为翼，师生合作评价为依托，实现"以评促学""以评促教"的良性循环。

大学英语课程思政教学实践初探
——以艺术类专业英语教学为例

范潇潇[①]

（浙江工商大学杭州商学院）

一、课程基本情况

课程名称	大学英语（艺术类）
课程所属学科门类	英语语言文学
课程类别	☑公共课　□专业基础课　□专业课
适用对象	人文学院艺术类专业学生
课程学分/学时	2/32

　　"大学英语（艺术类）"是为杭州商学院人文学院的艺术类专业学生所开设的一门公共基础课，该课程以英语语言知识与应用技能、学习策略和跨文化交际为主要内容，以外语教学理论为指导，融多种教学方法和教学手段为一体的教学体系。本课程的开设有助于学生开阔视野，拓宽知识面，加深对世界的了解，借鉴和吸收外国优秀文化精华，了解中外基本文化差异，提高自身文化素养，旨在为社会培养21世纪复合型人才。

　　本课程每学期共32个课时，其中课堂讲授28个课时；口语表现、答疑4个课时，口语表现与答疑在每堂课穿插进行。

[①] 范潇潇，浙江工商大学杭州商学院外语学院讲师，硕士，研究方向为英语教学。

课程总评的构成为:期末考试50%(闭卷)＋平时成绩50%(含出勤、课后作业、课前小组配音展示、口语表现)。

二、课程思政的内涵

2016年12月,习近平总书记在全国高校思想政治工作会议上指出:"要用好课堂教学这个主渠道,思想政治理论课要坚持在改进中加强,提升思想政治教育亲和力和针对性,满足学生成长发展需求和期待,其他各门课都要守好一段渠、种好责任田,使各类课程与思想政治理论课同向同行,形成协同效应。"2020年10月,中共中央、国务院印发《深化新时代教育评价改革总体方案》,反复指出并强调高校要"坚持立德树人""坚持把立德树人成效作为根本标准"。由此,我们可以得知,课程思政的核心内容是立德树人,教育目标是实现"三全育人"。

课程思政并不是思政课程,不是在课堂上进行思政教育,而是一种将品德教育与知识教育相融合的理念,即通过各学科课程实现思想政治教育协同效应。课程思政有助于学生批判性地看待西方文化及价值观,树立社会主义核心价值观,培养家国情怀,开拓国际视野。

三、课程思政融入艺术类大学英语课程的现实意义

大学英语是全国普通高校面对全体学生开设的必修课程,其课程目标是提高大学生的英语语言水平,提升人文素养与思辨能力,开拓国际视野。但是,很多高校艺术类大学生经过多年的英语学习,不仅其英语语言知识储备不足,一些最基本的中国传统节日的英语表达都很不熟练,信息文本处理和思辨能力就更加不足,仅仅停留在知道西方文化中的感恩节和圣诞节这样的层面。如此现状凸显了高校英语教师将课程思政融入日常教学的紧迫性与重要性。

（一）教育意义

爱因斯坦早在 1936 年就说过："如果一个人忘掉了他在学校里所学到的每一样东西，那么留下来的就是教育。"这留下来的"教育"具体是指什么呢？我想应该是其自身的理想与信念、优秀的品质人格、正确的"三观"、终身学习与独立思考的能力等一切根植于每个人身上不会随时间流逝而忘却的东西。古人云"授人以鱼不如授人以渔"，但现在的学校教育很多时候仅仅停留在教学层面，给学生灌输某领域的知识和应试技巧，并未真正"点燃"学生对知识的追求和热爱，没有赋予其独立思考、创新精神等一系列内在学习的动力，而这"点燃"功能恰恰就是教育最珍贵的部分。

课程思政并不是思政课程，它的主要功能是育人，是帮助引导学生树立正确的世界观、人生观和价值观。因此，将课程思政融入艺术类大学英语课程的意义并不在于学生能用英文背诵中国传统美德故事或用英文默写爱国名言，而在于能否帮助学生形成正确的"三观"，把他们培养成爱国、敬业、友善、文明的社会主义接班人。

（二）社会意义

1. 学会感恩

在一次课堂上正好讲到"感恩"的话题，在和学生的交流中发现几乎每个学生对陌生人的善意和帮助都会报以"谢谢"二字，而对自己父母表达过感恩之情的寥寥无几。当时我分享了我和父母之间的小故事和感想，课后有学生发信息说和父母视频的时候向他们表达了感谢，虽然父母嘴上说自己人没必要客气，但在父母脸上看到了特别灿烂的笑容。

2. 尊重他人，礼貌待人

我们从小就被教导要尊老爱幼、尊敬师长，但在通信技术与社交媒体拉近学生和师长间的距离的同时，也引发了一些问题：部分大学生时间观念淡薄，如晚上 12 点会向老师连发信息，只因自己的疏忽错过了考试而让老师帮其解决；有的学生在和老师沟通或请求老师帮助的时候从来没有称谓，只顾提自己的要求，语气蛮横、颐指气使。这样极度以自我为中心、不尊重他人的行为最终换来的也是他人的不尊重。哪怕学历再高，成绩单上的分数再完美，这样的人进入社会也势必会受到惨痛的教训。

3. 诚信做人

每次大型考试前各高校都会进行诚信考试的宣传，但依然有学生以身试险。在平时作业中，有学生连200词左右的英文演讲稿都要上网抄袭，导致来自2个班的2名同学上交了2份一模一样的作业，还都信誓旦旦说确实是自己所写的。这些行为不仅对自己不负责，更会让以后踏入社会的他们对这种不轨行为心存侥幸，产生更恶劣的影响，甚至给国家、社会带来严重的损失。

四、大学英语（艺术类）课程思政实施路径

由于艺术类专业大学生较为特殊的自身情况与学习特点，若再要求将课程思政与其课程教学相融合，教师们会认为难上加难。根据2年艺术类专业大学英语的教学经验，以下我从学校、教材、教学实践及考评机制4个方面提供一些可行性方法以供参考。

（一）校方落实支持打造课程团队

将课程思政无声地融入任何一门课都不是易事，需要各高校从思想上的重视并落实到具体的实践活动中。课程思政在课程中的融合实践单靠个人的努力是比较难的，需要团队合作展开。

这就要求教师应首先提高自身政治素养，而这也离不开各高校在活动上的落实。例如，学校可以组织教师结合各自学科进行线上或线下的课程思政教学技能培训；定期组织学校的思政教师与各院其他学科教师开展讨论交流会，探讨将课程思政融入各学科的实现路径；邀请各院在课程思政教学方面较为突出的教师做经验交流，将操作性强、学生反响好的教学方法与大家分享；等等。通过一些培训活动的组织和实施，各教研组可挑选一些骨干教师打造课程思政教师团队，为课程提供教学素材和课程实践上的相关支持。

(二)挖掘教材中的思政元素

教学质量是课堂生命,课程思政是课堂灵魂。由于艺术类专业学生的英语基础比较薄弱,他们又对课本内容缺乏兴趣,因此在课堂教学过程中在选取他们感兴趣的素材时,需要我们教师花心思、动脑筋。

我校艺术类专业学生大学英语课程目前选用的教材是21世纪大学英语《应用型综合教程》(以下简称《综合教程》),该教材主题新颖,选材广泛,抓取了现代大学生感兴趣的话题,就连英语学习兴趣并不浓厚的艺术类专业学生也能在课文学习中找到共鸣。下面以《综合教程3》为例,探讨教材中的思政元素与当下时政要闻相融合的可能性,具体如表1所示。

表1 教材思政元素及素材

单元内容	可挖掘的教材思政元素	可用时政素材
Unit 1 Hero and Courage (英雄与勇气)	英雄来自普通人,英雄就在我们身边; 平凡人也能获得不平凡的人生	疫情期间无私奉献的人们;"共和国勋章"及"七一勋章"获得者
Unit 2 Communication (交流)	提高国家的对外交流能力,从而提高中国在国际事务中的地位	疫情对我们工作、学习中的交流方式的影响
Unit 3 Stress (压力)	心理健康对个人、家庭及社会的重要性	"双减"政策的出台与实施对中小学生学业压力及对其身心健康带来的影响
Unit 4 Study Abroad (出国留学)	培养学生的综合素养; 自强不息	文化冲击;"四个自信";疫情之下的海外留学
Unit 5 Consumption (消费)	消费对国家经济发展的重要性	"双11"体现出的国民消费模式、消费观;"央视Boys"直播带货
Unit 6 Aging Society (老龄化社会)	人口老龄化为国家、社会带来的挑战	国家进一步放宽生育政策

续　表

单元内容	可挖掘的教材思政元素	可用时政素材
Unit 7 Charity（慈善）	做公益、慈善帮助他人，在奉献自己的同时会收获幸福与充实	近年来多地进行公益直播带货，所得善款捐赠给儿童基金会等
Unit 8 Leadership（领导力）	领导者要牢记得道多助，始终把人民、集体的利益放在第一位	中国政府在疫情期间"人民至上"的举措；习近平总书记在庆祝中国共产党100周年大会上的讲话

由表1可知，教师可结合单元主题，挖掘教材中的思政元素，再根据当下时政热点，结合学生感兴趣及有利于开阔其视野的新闻热点和时政要闻，在课堂教学中适当进行一些补充，引导学生关注国家大事，关注我国优秀文化与传递社会正能量的暖心善举，引导学生树立正确的"三观"，实现立德树人的目标。

（三）创新教学模式

传统大学英语课堂"教师讲授，学生记笔记"的这种以教师为中心的模式不仅让教师疲惫，也无法提高学生的学习兴趣。而艺术类专业学生除英语基础比较薄弱之外，他们思维活跃、视野开阔、动手能力强，若教师能充分利用各类教学资源及多媒体平台，形成线上线下混合式教学模式，就可以增加学生的学习时间和空间。

以我校艺术类专业大学英语课程为例，除了课本教学外，教师还设置了课前展示和课堂设计2个环节让学生更多地参与学习过程。

1. 课前展示

教师要求每个学生在课前结合当下所学单元内容准备 presentation（课前展示），然后在全班面前进行。展示内容要求学生结合当下时事，体现自己对本单元主题内容的理解；展示形式可以是自己制作的PPT、视频或者现场表演等。以第4单元"Study Abroad"为例，当时有学生联系了在英国留学的高中同学，获得了一些音视频资料，该学生经过整理制作，在课堂上通过PPT和小视频结合的方式向全班展示了中国学生出国留学会遇到的文化冲击，并展示了疫情之下英国人的生活方式，帮助同学们开阔了视野，也直观地了解到一些典型的中英文化差异。

2. 当堂设计

因为我校艺术类专业学生集中在"环境设计""产品设计"和"视觉传播"等专业，美术功底都不弱，该环节的设置就是为了给学生提供一个在能英语课堂上结合自己强项展示自己能力的机会，让他们在相对安全感较弱的英文课堂中认识到英语学习也可以和他们的兴趣相结合，让他们知道他们能做得很好。但是由于教学进度，该环节每学期只进行一次，由教师根据单元内容选择开展时间。在《综合教程1》的第6单元"Pop Culture"的教学中，要求学生根据自己对流行文化的理解当堂完成一件艺术/设计作品，并附上简单的英文介绍。学生的作品让人惊叹，不仅有联名球鞋、潮牌服饰公仔、超级跑车、环保袋，还有结合传统建筑、京剧脸谱、中国结、纹饰等中国传统文化元素设计的作品（如图2所示）。针对英文介绍部分存在的语法错误，教师可在统一收集学生作品后进行批改及归纳整理，在下一课时下发，并将普遍存在的语法错误进行讲解。

|  结合京剧脸谱设计的字符 |  受京剧脸谱图案和配色启发设计的中国结 |  结合中国传统建筑与纹饰设计的水杯 |

图2　学生的课堂设计作品

在以上2个环节中，教师都可融入思政元素，比如从讲好中国故事、传承传统文化着手，启发学生的课前展示和当堂设计，让学生在完成作品的过程中主动地了解、感知，从而激发学生的思想情感，培养其思辨、传承、创新等能力。

（四）丰富考评机制

大学英语课程对学生的评价方式多以书面测试为主，如平时的单词听写和期中、期末测试等，但这些方法无法体现课程思政的教学效果，反映学生的综合素质。因此，丰富对学生的考评机制也是课程思政融入教学的必要措施。教师可降低期末考试成绩占总评分数的百分比，将其控制在40%—50%之间，加大平时成绩的比重，将平时成绩根据课程内容及课时安排细分成4—5个小项，并尽量减少教师主观的评分项。除了上文提到的2个环节外，还可以设计英文配音、小组报告等活动，对学生的学、行、思进行全方位的评价。

同时，高校也可完善教师评价机制，增设"学生对课程思政教学效果"这一考评项，从教学方式、教学内容、教学效果、课堂体验等方面帮助教师不断优化课程思政教学实践，确保课程思政真正达到立德树人的目的。

五、教学案例

下面选用《综合教程3》第6单元"Aging Society"第1课时作为课程思政教学案例。

（一）教学目标

通过本课的学习，学生能达到以下目标：

①巩固并掌握有关老龄化、老年福利等方面的英文词汇与表达；

②掌握课文的核心词汇，并能翻译与课程思政相关的例句；

③认识到老龄化对个人、社会及国家所带来的影响；

④了解国家为应对老龄化社会所采取的相应措施及颁布的政策。

(二)教学重难点

首先,该话题对学生来说较为陌生,学生对很多相关话题的中文内容就知之甚少,更不用说相关的英文词汇与表达了。因此如何激发起学生的学习兴趣以及筛选合适的与该单元话题相关的词汇表达作为课堂内容的补充是本次教学的重点与难点。其次,很多相关的资源本身语言难度较高,如何引导学生认真观看、聆听并有所收获是另一大难点。

(三)教学过程

1. 热身导入环节

通过2个问题"Have you ever accompanied your parents/grandparents to the hospital? When?""Will you live with your parents when they get older? Why?"引导学生对自己身边老年人的生活以及健康状况进行思考,引出单元主题。

2. 教材词汇输入

学生在课前预习教材中的词汇,所以教学重点主要放在纠正读音和对单词的分类上。

3. 课外词汇扩充

将一些与"老龄化社会"相关的词,如"空巢家庭"(empty nest family)、"养老院"(nursing home)、"啃老族"(NEET)、"赡养老人"(support the elderly)、"老龄化国家"(aging country)等,作为补充。

4. 利用视频进行视听说训练

选用CGTN的双语字幕视频对学生进行视听说训练。将视频播放2遍,要求学生在观看的时候对自己感兴趣的表达做记录;视频播放结束后,请学生分享。

5. 词汇讲解与思政元素的融合

结合课件对课文核心词汇进行讲解,并给出与课程思政内容相关的例句(学生在课前预习过课文,因此他们已了解课文主旨与大意)。

例如：

①pension *n.* 养老金

e.g. Basic pension payments for retirees and minimum basic <u>pension</u> benefits for rural and urban non-working residents were both raised.

提高了退休人员基本养老金和城乡居民最低基本养老金标准。

②trial *n.* 考验

e.g. Proceeding from reality in all it does, the CPC has led the Chinese people in finding, through <u>trial</u> and error, the path of socialism with Chinese characteristics.

中国共产党坚持一切从实际出发，带领中国人民探索出中国特色社会主义道路。

六、教学成效与教学反思

（一）课堂生动有趣，学生满意度较高

针对结合课程思政的课堂教学模式，学生们的反馈都较为积极。从每学期学校举行的期中教学反馈中，我们可以看到艺术类专业的学生对大学英语课程的反馈集中体现为"课程形式多样""课堂生动有趣""能感受不同文化"等。学生对英语学习的排斥、反抗等负面情绪也有减弱之势。

（二）学生课程思政意识增强

经过一段时间的课程思政教学，学生的课程思政意识也有不同程度的增强。不少学生会在课前展示内容中融入课程思政元素；在课堂讨论环节，学生也会将课程思政元素融入其中，如建党100周年、中国国际地位及国家实力的提高等内容。

七、总结

　　课程思政融入高校各学科教学势在必行,艺术类专业学生的大学英语教学也不例外。教师应系统构思课程设计,丰富课程内涵,创新教学方式,结合学生特点,将学术性、思想性与趣味性有机融入课程思政教学。课程思政并非靠一己之力就能达成,它需要团队合作、长期积累,不断优化、深化。教师只有充分研究教材和学生的特点,才能构建出最适合学生的课程思政教学体系。

增强社会责任感，树立人类命运共同体意识
——"公共日语（二）"课程思政教学案例

郑盼盼[①]　王艳玲[②]

（浙江工商大学杭州商学院）

一、课程基本情况

课程名称	公共日语（二）		
课程所属学科门类	日语语言文学		
课程类别	☑公共课　　□专业基础课　　□专业课		
课程学分/学时	12/48		

　　"公共日语"课程是杭州商学院面向以日语为第一公共外语的非英语专业大一、大二学生开设的课程，历时4个学期，每周3个学时，每学期共48个学时、12个学分。

　　《大学日语教学指南（2021版）》提出了大学日语教学的三级目标，即"基础""提高""发展"。"公共日语"课程主要针对高考选用日语为外语的有一定日语基础的学生，旨在通过4个学期的学习，达到"公共日语"教学的"提高"目标，并与更高阶段的"发展"目标相衔接。"公共日语（二）"的教学目标对应"基础"目标。

---

① 郑盼盼，浙江工商大学杭州商学院外语学院助教，硕士，研究方向为日语教育学。
② 王艳玲，浙江工商大学杭州商学院外语学院讲师，硕士，研究方向为中日文化比较。

　　根据分类指导、因材施教的原则,结合我院实际情况,本课程总体教学目标为:培养学生的日语综合运用能力,增强学生的跨文化交际意识和交际能力,提升其自主学习能力,提高其综合文化素养,培养其人文主义精神和思辨能力,让学生在学习、生活和未来的工作中能够恰当有效地使用日语,满足国家、社会、学校和个人发展需求。

二、课程思政育人理念与目标

　　"公共日语"课程是普通高等学校通识教育的一个重要组成部分,要发挥好公共日语课程的育人作用,实现专业教育和思政教育的有机融合,寓价值塑造于知识传授、能力培养之中。具体目标为:

　　①引导学生树立正确的世界观、人生观、价值观,塑造其健全的人格,提高学生的人文素养。

　　②开阔学生的国际视野,让他们了解外国文化,提高跨文化交际能力和思辨能力,培养他们对异国文化的包容意识和批判精神。

　　③培养爱国情怀、坚定文化自信,同时,提高学生对中国文化的理解和阐释能力。让他们学会用日语讲好中国故事,做中国文化的传承者和传播者。

三、课程思政元素与融入点

　　本课程所用教材为上海外语教育出版社出版的《新时代大学日语》(第2册),共18课,除"课文""单词""语法解释""练习"等与日语知识相关的内容之外,还设有介绍日本文化的"文化点滴"板块。本课程深入挖掘教材中的思政元素,从"语法""课文""文化点滴"等方面融入思政教育内容,并利用讨论法、对比法、情景教学法等形式多样的教学方法,达到润物无声的育人效果。本课程专业知识点与思政元素的融合如表1所示。

表1　本课程的专业知识点与思政元素的融合

课程专题	专业知识点	专业知识点与思政元素的融合
第2課 図書館案内	语法： ～ないでください ～てもいい	引导学生树立"规则意识"，遵循规则、尊崇规则、敬畏规则，践行"文明"这一社会主义核心价值观
第3課 トラブル	课文： トラブル	引导学生正确认识大学生活中遇到的烦恼与问题，并学会处理人际关系，友爱互助，宽容律己，珍惜校园生活
第4課 部屋探し	文化点滴： 不動産屋	了解日本住宅的特点、日本租房的情况以及中日租房的异同，培养跨文化交际能力和思辨能力
第5課 スマホの買い替え	课文： スマホの買い替え	在了解日本手机等智能产品市场的同时，向学生介绍中国数字技术的发展现状，增强学生对中国国情的了解，增强学生的民族自豪感和爱国情感
第6課 日本食探し	文化点滴： 和食	了解日本饮食的特点，通过对中日餐桌礼仪的对比，了解中国饮食文化的历史和发展现状，坚定文化自信，增强跨文化交际能力和思辨能力
第7課 ごみ分別	语法： ～ても・でもかまわない ～なくてもならない・なくてはいけない ～か～ないか	通过对垃圾分类这一话题的讨论，增强学生的社会责任感，树立人类命运共同体意识；了解中日垃圾分类规则的异同，增强跨文化交际能力和思辨能力
第8課 花見に行きましょう	文化点滴： 花見	介绍日本赏樱文化的同时，引导学生思考中国文化中与赏花相关的知识，增强学生探究中日文化异同的热情，同时增强学生的爱国情感
第9課 奖学金の申請	语法： ～ことができる	引导学生认识自身的不足，使学生能够客观地认识自己，努力学习，全面发展

续　表

课程专题	专业知识点	专业知识点与思政元素的融合
第12課 悩み相談	文化点滴： カウンセリングについて	使学生了解目前中日心理咨询的方式和现状,增强学生对中日文化和中日国情的了解;同时关注学生的心理健康,引导学生学会提高自我调节及自我抗压的能力
第13課 オンラインショピング	语法： 〜る・ないことがある 〜のは〜からだ	引导学生树立正确的消费观和生活观,摒弃攀比心理,自觉纠正超前消费、过度消费和从众消费等错误观念
第14課 日本旅行の準備	语法： 〜う・ようと思う 〜つもり 〜てある 〜ために	在了解日本观光文化的同时,引导学生思考并介绍中国或者家乡的名胜,并尝试使用日语邀请日本朋友前往观光,进一步增强学生的跨文化交际能力,开阔其国际化视野
第16課 大阪グルメの満喫	课文： 大阪グルメの満喫	引导学生介绍自己家乡的地方美食,增强学生对中日饮食文化的理解,增强学生的民族自豪感
第17課 大阪グルメの満喫	课文： お祭り	让学生学习、了解与日本节日、庙会相关的文化,同时引导学生思考中国的节日文化,促进学生对中国传统文化的理解和对传统文化重要性的认知,进一步增强学生的民族自豪感
第18課 期末試験	课文： 期末試験	引导学生培养乐学、善学的精神,养成良好的学习习惯;同时引导学生形成对考试的正确认知,认真备考,展现诚信

四、教学设计与教学实施

本次教学设计以教材《新时代大学日语》(第2册)第7课第2学时为例,展示具体的教学过程。

（一）学情分析

本课程的教学对象为2021级以日语为外语参加高考的非英语专业的学生。由于高中阶段的日语学习以短时间内取得高考的胜利为目标，学生习惯了题海战术，大部分同学的阅读能力较强，听力水平较弱，用日语进行口头和书面交流的能力有待加强。同时，高中阶段的日语学习注重语言知识的学习，忽略了对日本社会文化的学习，导致学生对日本的社会、文化以及中日之间的文化差异等内容知之甚少。此外，他们的思辨能力不强，运用课文里得到的信息进行思考和分析并进行推断的能力较低。

（二）教学目标

1. 知识目标

①掌握关于义务、责任或必要性的表达方式：「～なくてはならない・なくてはいけない」。

②掌握关于让步和许可的表达方式：「～ても・でもかまわない」。

2. 能力目标

①能用日语表达义务、责任、必要性、让步和许可。

②能用日语对中日垃圾分类方式的异同进行简单的描述。

③调查中日两国社会文化方面的差异，并能用日语对差异进行描述。

3. 育人目标

①引导学生认识垃圾分类的必要性，关注环境保护问题，树立可持续发展观和人类命运共同体意识。

②增强学生的环保意识和社会责任感，从身边的小事做起，养成文明环保的习惯，促使其成为有礼有节的新时代青年。

③通过中日对比，认识到我国科技日新月异的发展和创新，坚定道路自信，增强民族自信心和自豪感。

(三)教学重点和难点

1. 教学重点

「～なくてはならない・いけない」「～なくてもかまない」和「～てもかまわない」3个句型形式相近,但是接续和意义各有差异,甚至完全相反,需要对其进行区分和讲解。

2. 教学难点

①「～なくてはならない・いけない」「～なくてもかまない」和「～てもかまわない」的意义和用法的区分。

②「～ても・でもかまわない」的接续相对比较复杂,既可以接续动词,也可以接续名词和形容词。

(四)教学策略

1. 合作学习法

学生以小组为单位完成各项任务,通过讨论研究、任务实施、展示汇报等活动,完成知识的内化和重构。培养学生的思辨能力,锻炼其团队协作能力和交际能力。

2. 情景教学法

创设垃圾分类的小游戏情景导入课程,激发学生的学习兴趣,活跃课堂气氛,引发学生对垃圾分类、环保主题的思考。在语法讲解过程中,用生动形象的图片展示各种能够应用所学语法点的情景,使学生能够活学活用,更好地理解重点和难点。

3. 以学生为中心

本课程坚持"以学生为中心"的教学理念,重视与学生的互动。用生动有趣的例句,增强学生的思政意识;以提问的形式,给学生思考的空间,加深其对课程内容与思政内容的理解。通过对学生的引导、设疑、启迪,激发学生的学习兴趣和求知欲,进一步提高学生的自主学习能力。

（五）教学过程

1．课前

课前学生需要完成以下任务：

①预习第7课的语法和单词。

②小组讨论垃圾分类的原因，并准备口头展示。

2．课中

具体教学过程如表2所示。

表2　具体教学过程

教学环节	教学过程	设计意图
导入 （7分钟）	1. 垃圾分类小游戏（2分钟） 教师展示几种常见的生活垃圾，请学生按照杭州的垃圾分类规定进行分类，以此导入本课主题「ごみ分別」 2. 小组发表（3分钟） 随机选取2个小组展示垃圾分类的原因 3. 总结（2分钟） 根据学生的展示情况，教师总结垃圾分类的必要性，并引出例句「ごみを分別してはいけません」，从而导入语法「～てはならない·いけない」	1. 导入本课主题和语法句型 2. 培养学生的日语口语表达能力和团队协作能力 ※思政点 · 增强学生的垃圾分类意识，增强学生的文明意识和社会责任感，促使其成为有礼有节的新时代青年 · 引导学生认识垃圾分类的必要性，关注环境保护问题，树立人类命运共同体意识
语法讲解 （33分钟）	·「～なくてはならない·なくてはいけない」 1. 基本用法讲解（2分钟） 展示此语法的接续、意义和例句 2. 练习（8分钟） （1）用PPT展示图片，创设情境，让学生造句（3—5个），并完成课本替换练习（例3） （2）介绍日本的垃圾分类规则，并让学生用该句型进行描述，如「日本では粗大ごみを出すとき、お金を払わなくてはいけない」。最后，引导学生思考日本的垃圾分类规定形成的原因	掌握语法：理解语法的意义并灵活运用 ※思政点 · 了解日本的社会与文化，开阔学生视野，提高学生的跨文化交际能力和思辨能力

续　表

教学环节	教学过程	设计意图
语法讲解 (33分钟)	•「～なくてもかまわない」 1. 语法点的过渡和导入(1分钟) 引导学生思考中国的垃圾分类规定,对比中日垃圾分类规定的差异,「中国では粗大ごみを出すとき、お金を払わなくてもかまいません」,从而导入让步和许可的表达方式「～なくてもかまわない」 2. 基本用法解释(2分钟) 用 PPT 展示此语法的接续、意义和例句 3. 语法点对比(1分钟) 与「～なくてはならない・なくてはいけない」进行对比,分析二者的异同。二者接续相同,表达意思完全相反 4. 练习(5分钟) (1)用此语法点描述中国与日本垃圾分类规定的不同之处 (2)完成课本替换练习(例1)	掌握语法:理解语法的意义并灵活运用 ※思政点 •引导学生认识和了解中日两国在垃圾分类方面的异同,提高学生跨文化交际能力和思辨能力
	•「～ても・でもかまわない」 1. 语法点的过渡和导入(1分钟) 上一个语法点中的例句「中国では粗大ごみを出すとき、お金を払わなくてもかまいません」可以换一种说法,即「そのまま出してもかまいません」 2. 基本用法解释(3分钟) 用 PPT 展示此语法的接续、意义和例句 3. 语法点对比(2分钟) 与「～なくてはならない・なくてはいけない」和「～なくてもかまいません」进行对比,以表格的形式展示三者在接续和意思表达方面的异同 4. 练习(8分钟) 用PPT展示图片,创设情境,让学生造句(5—7个),并完成课本替换练习(例2)	掌握语法:理解语法的意义并灵活运用

教学环节	教学过程	设计意图
总结 （3分钟）	用思维导图从接续、意义和用法这3个方面对本节课的内容进行总结，并将本次课的语法点用1个例句展示，如「日本では粗大ごみを出すとき、お金を払わなくてはいけませんが、中国ではお金を払わなくてもかまいません、そのまま出してもかまいません。」	1. 用思维导图帮助学生更好地理解和掌握本节课的语法 2. 提高学生对知识点的归纳、总结能力
作业布置 （2分钟）	以小组为单位调查和讨论以下问题，将调查和讨论结果上传学习通，并准备口头展示： 1. 调查中国垃圾分类的现状 2. 为减少垃圾，我们可以做些什么 3. 除了垃圾分类，中日两国在社会文化方面还有哪些不同（要求：用本次课的语法句型回答）	1. 巩固所学知识并能灵活运用 2. 增强学生的团队协作能力和自主学习能力 ※思政点 • 引导学生关心国家问题、社会问题，增强社会责任感，强化人类命运共同体意识 • 增强化学生的环保意识和可持续发展理念，让学生从身边的小事做起，养成文明环保的习惯，促使其成为有礼有节的新时代青年 • 通过中日社会文化的对比，提高学生的跨文化交际能力和思辨能力

3. 课后（形成性评价）

对本课时的形成性评价主要体现在课堂表现和课后作业2个部分。

1）课堂表现

评价课堂表现的主要依据为学生上课的专注度、配合度以及学生回答教师提出的问题情况。

2）课后作业

课后作业的评价分为3个部分——教师评价、生生互评以及组内互评。要求学生将小组讨论的结果和过程（包括一起讨论的照片、微信聊天截图等）上传到学习通"小组任务"区。教师和学生可以依据各个小组上传的线上资料与线下口头展示的情况,通过线上平台进行综合打分,并给予相应的评语。由此,提高了学生对课程的参与度。另外,也能从小组协作能力、知识点掌握情况、信息收集分析能力、口语表达能力等多个维度对学生的能力进行评价和考查。

五、教学成效与教学反思

(一)教学成效

课前展示及课后小组讨论,使学生不仅了解了中日两国的文化,还认识到了中国文化对日本文化的深远影响,坚定了文化自信,培养了跨文化交际的能力。同时,小组展示还让学生意识到了分工合作的重要性,增强了团队合作意识。

(二)教学反思

本此教学未关注学生的专业背景。在今后的教学中将以此为课题,在单词扩充及句型的讲解中融入专业词汇,发挥日语的工具性特征,使学生不仅仅要"学日语",还要获得通过日语进行学习的能力。

另外,在小组任务的实施过程中,个别小组出现有同学不参与小组任务的情况。在小组任务中如何合理分组、明确职责,使每个同学真正参与小组讨论,是今后必须要思考的问题。

六、教学特色与教学创新

(一)线上和线下相结合的教学方式

线上和线下相结合的教学方式打破了时间和空间的限制,大大提高了师生、生生之间的互动,提高了教学效率。学生的学习成果以更加便利的方式展示在教师和其他学生面前,并能够得到教师和其他学生及时有效的反馈,促使学生进行反思和改进。学生与学生之间也能够利用教学平台相互学习,各取所长。

（二）思政内容环环相扣，脉络清晰

本课时的思政内容紧紧围绕"环保""社会责任感"以及"跨文化交际"这3个主题，层层递进。从中国的垃圾分类导入主题，引导学生对垃圾分类规定进行思考；之后阐述垃圾分类的必要性，树立学生的可持续发展理念；接着对中日两国的垃圾分类规定进行比较，让学生了解他国社会与文化，培养其跨文化交际能力和思辨能力。

另外，思政教学贯穿"导入""语法解释""练习""作业布置"等各个环节，以润物无声的方式将课程思政与专业知识点相结合，旨在培养具有家国情怀、国际视野以及专业素养的国际化人才。

商科院校跨文化交际教学实践
——二外"德语"课程思政案例探析

陆杨阳[①]

（浙江工商大学杭州商学院）

一、课程基本情况

课程名称	二外"德语"
课程所属学科门类	德语语言文学
课程类别	□公共课　□专业基础课　□专业课　☑学科共同课
课程学分/学时	4/64

二外"德语"是一门根据《普通高等学校本科专业类教学质量国家标准》和英语专业、商务英语专业本科教学大纲要求为英语专业和商务英语专业本科生开设的专业必修课。作为外语学院学生零起点的第二外语，二外"德语"课程不单单要进行语言能力的培养，还要重视跨文化交际能力和国际化视野的培养。德语与英语同属印欧语系日耳曼语族，二者有深厚的联系，有许多相似之处。在二外"德语"的教学中，若能巧妙地引入英语和德语的语言对比，以及英语文化、德语文化及中国文化的比较认知，则有助于英语专业和商务英语专业学生更好地掌握外语语言运用能

---

① 陆杨阳，浙江工商大学杭州商学院外语学院讲师，硕士，研究方向为英美文学和跨文化交际。

力，让他们更有效地应对文化差异。

课程目标：本课程旨在培养学生具有一定的听、说、读、写、译的基本语言能力，使学生掌握更多的语言技能，并为进一步提升德语语言水平打下较好的基础。在保证学生德语技能全面发展的同时，培养新商科应用型外语人才的跨文化交际能力，开拓其国际视野。

使用教材：《新编大学德语》第2版，外语教学与研究出版社。

课外读物：（1）《交际德语教程A1》，上海外语教育出版社；

　　　　　（2）《职场德语》，同济大学出版社；

　　　　　（3）《简单就好，生活可以很德国》，山东人民出版社。

教学主题：通过主课文《找房和搬家》和拓展阅读课文《租房广告》，探讨"住在德国"（Wohnen in Deutschland）这一主题。

教学对象：英语专业、商务英语专业2019级，商务英语专升本2021级。

教学时间：90分钟。

思政目标：可以让学生了解德国国情和中德在文化上的差异，加深对自身居住文化的理解，促使高校学生形成"家"的概念，并对自身居住文化进行传承和发扬。将思政元素融入二外"德语"课程有助于拓宽大学生思想政治教育的途径，有助于培养学生良好的道德修养和人文素质。对中德文化差异的了解、对比和分析，有助于培养学生的跨文化交际能力，开拓其国际视野。一系列语言知识、文化知识的学习，可以让学生体会不同文化之间的差异，找到求同存异的方法。

二、课程思政育人理念与目标

在2016年的全国高校思想政治工作会议上，习近平总书记明确指出："要用好课堂教学这个主渠道，思想政治理论课要坚持在改进中加强，提升思想政治教育亲和力和针对性，满足学生成长发展需求和期待，其他各门课都要守好一段渠、种好责任田，使各类课程与思想政治理论课同向同行，形成协同效应。"我们要以此为指导思想，结合商科院校的二外"德语"教学实践，在课堂教学中探索跨文化交际教学，从而实现课程思政目标，培养符合社会主义核心价值观要求的、具有国际视野的商科类外语人才。

第二外语课程作为英语专业和商务英语专业三年级的专业必修课程,在外语学院课程体系中占有重要地位,服务于学院人才培养方案,体现专业特色,基于杭州商学院"两型两化"(应用型、创新型和国际化、区域化)本科人才培养理念,旨在培养新商科应用型外语人才。在现代外语教学中,第二外语也是高校对外语学院学生的一项必备要求。本文以二外"德语"课程为例,探讨二外"德语"课堂教学中跨文化交际能力的培养和国际视野的拓展。跨文化交际能力的培养不单单是学生对国外文化的学习,也包含对自身文化的重视。要满足具备国际视野的要求,就要求学生不仅具备良好的语言基础,还要拥有丰富的人文内涵,明白自身文化、英语文化和德语文化三者之间的文化差异。

三、课程思政元素与教学的融合

在本课程教学实施过程中,思政元素与专业知识点的融合如表1所示。

表1　课程思政元素与专业知识点的融合

课程专题	专业知识点	思政元素
Kennenlernen	Sich oder jemanden vorstellen	初识跨文化交际
Studentenleben	Zeit erfragen und angeben	中德大学生对学习、生活的理解所体现出的文化差异
Familie	Vorschläge machen, Einladung annehmen und ablehnen	了解德国概况和德国文化;生活在德国的外国人围绕"家庭"这一主题的叙述
Essen und Trinken	Wünsche äußern	了解中德饮食文化差异,如菜单、用餐礼仪等

续　表

课程专题	专业知识点	思政元素
Wohnen in Deutschland	Erlauben und Verbieten	了解德国居住文化、中德居住文化差异
Kaufen und Schenken	Gute Wünsche aussprechen und gratulieren	了解赠送礼物的礼节、中德跨文化交际礼仪
Freizeit und Ferien	Nach Erlebnissen fragen und darüber berichten	在业余生活和度假方面中德文化的差异
Körper und Gesundheit	Meinungen ausdrücken, zustimmen oder widersprechen	围绕"看病"这一主题,了解德国国情及中德文化差异
Orientierung in der Stadt	Nach dem Weg fragen und den Weg beschreiben	了解德国的城市交通
Aussehen und Persönlichkeit	Personen beschreiben	表达自己对他人的喜爱和好感
Deutschland und Europa	Vergleichen	了解德语国家和欧洲国家概况、欧洲一体化进程
Deutsche und Ausländer	Vorhaben ausdrücken	了解外国人对德国人的大体印象,提升跨文化交际能力
Märchen und Geschichten	Befehlen	从格林兄弟的童话入手,了解德国文化起源
Leute und Städte	Zeitliche Angaben ausdrücken	通过对德国城市和名人的描述,了解德国历史
Computer und Internet	Sachlich erklären	了解信息时代日常生活和工作中的沟通方式
Beruf und Arbeit	Widersprüche ausdrücken	了解德国教育体系的双元培训制度、中德教育差异及当下国内的职业教育改革
Studium und Studierende	Folgen schildern	了解德国大学及德国大学生学习、生活的情况;对比中德高等教育

四、教学设计与课堂活动

本次教学案例以"住在德国"为主题单元开展课程的隐性思政教育，一方面是让学生了解与德国居住相关的知识（如租房子的各种途径，如何与房东约定看房时间，租住的注意事项，要受到哪些规定的约束，如何描述、布置房间等），提升人文素养；另一方面，对比自身居住文化，了解并体会不同文化之间的差异。通过跨文化交际教学，丰富第二外语课堂的人文内涵，使第二外语的工具性和人文性实现有机统一。

1. 课前准备

课程开始前，先给学生展示一句中国古语："此身安处是吾乡。"围绕对这一句古语的理解，解读故乡对每个人的意义。"吾乡"不单单是一个地域概念，更是一个情感概念。人们认为身有所依、心得安定就是家的意义。主课文中的王先生因工作关系需要在德国租房子，中国人在海外学习、工作和生活，与家、与故乡最具象的情感联结方式之一就是居所。虽然身在海外，但与居所相关的一切没有与家乡脱离关系。通过"此身安处是吾乡"这句古语，学生思考和体会家的概念，对居住文化有初步了解。

2. 课堂教学知识点

（1）通过照片和插图解读德国一般的住房情况，如套房、合住房、独户住房、排屋、楼房，以及各种房屋、房间的名称；

（2）获得关于"找房子"和"搬家"方面的知识；

（3）通过改编的网络住房出租和租赁广告，获取更多有关德国居住文化的信息；

（4）对比中德在居住文化上的差异，找到共同之处。

3. 教学活动

首先，教师提出本单元的学习目标：了解与德国居住相关的知识，如租房子的各种途径，如何与房东约定看房时间，租住的注意事项，要受到哪些规定的约束，如何描述、布置房间，等等。学生在本次课结束后，可以掌握与德国居住文化相关的元素，发现中德在居住文化上的差异及共同点。

通过头脑风暴,请学生各抒己见,从实际出发,畅谈对租房的认知。学生首先想到的是参加工作后自己即将会有的租房经历,要考虑到租住的房屋类型(套房、合租房等)、理想的居住条件(房屋硬件条件和住所环境条件等)、租住价格(水电煤气等费用)、合租室友、房东等。这些在我们自身居住文化中会考虑的租房事项,在德国是如何体现的,其中存在什么样的差异,又有哪些共同点。不同的租房群体,如大学生、上班族和家庭在租房时会有不同的需求。例如:一般德国大学生会申请租住学生公寓、外出单住或合租,不论是以哪种形式租住,都要求大学生有一定的独立性,一般设施配备齐全,比如厨房设施。在我们国家,大学生大都被统一安排居住在学生公寓,由专门的宿管人员管理,包括门禁时间、卫生情况等。德国的学生公寓也有 Hausmeister(公寓管理员),但他们只在上班时间负责公寓内设施的日常维护。之后,对比中德学生宿舍的条件,以及搬家时需要考虑的一些实际的生活、学习等环境因素。

紧接着,教师引导学生继续思考:假设毕业后作为上班族去租住房屋,会遇到什么情况?可能需要考虑租住形式(是否合租)、租房环境(小区和交通环境)、租房价格、合租室友是否好相处、租房注意事项等等。在德国,也会遇到同样的问题,只是在不同的文化背景下,侧重点不同。

在学生对中德居住文化有一定的了解后,教师要求学生在"此身安处是吾乡"的指引之下,更深层次地理解居所的概念、家的概念。

即使是租住的房屋,依然是自己心安之归处。对自己房间的布置,不仅体现了每个人的独特个性,还体现了对家的解读,是一种生活方式的反映,体现了与家乡的联结。在德国,对于休闲生活的重视,体现了他们对舒适生活的追求,具体表现为不被烦琐事物所羁绊、让心灵回归简单朴实,这体现了德国文化中对理性价值的推崇与实践。这对于过于感性、行为失序、生活混乱的人而言,是一种新的认知。但不论哪种文化,对于心安之处——家,都有自己的向往和追求,这是一种共性。

4. 课后拓展

假设自己走出校园后需要租住房屋,以此为场景,在下一次课上以课堂展示的形式分享找房、租房的经历和心得。

五、教学成效

1. 德语语言应用能力的提升

通过对"居住"这一主题的一系列探讨,自然地引出相关词汇、短语和语法知识。在引导学生学习新知识的同时,也启发学生回顾之前单元中是否学过有关住房和描述住房的词汇,让学生有意识地在课堂上复习前几个单元的单词并联系相关的语法知识。在回顾和启发的基础上,引导学生说出一些简单的句子,加强对学生听说方面的训练。这有利于培养学生的表达能力,为今后用德语进行交际打好扎实的语言基础。

2. 跨文化交际能力的加强和国际视野的拓展

通过对居住文化的探讨,加深了学生对居住文化的了解。让他们从自身出发,找到中德在居住文化上的差异,并结合自身情况,找到自己的心安之归处。无论是哪一种社会背景下的居住文化,都是人文内涵的体现。在文化对比中,学生可以审视本国文化和外国文化,拓展国际视野,坚定文化自信。

六、教学反思

课程思政是长期、隐性和潜移默化的过程。首先,从教学内容来看,二外"德语"并不是德语专业课程,所以除教材本身的学习内容之外,要利用网络上的丰富资源,选取简单易懂、更贴近生活(留德、居德华人的多媒体分享)、实用性强的多媒体资源,以引起学生学习语言、了解异国文化的兴趣。

其次,从教学效果来看,本课程的课堂活动既需要完成德语语言基础知识的传授,也需要对其文化背景进行了解。不同国家、不同民族都有自己独特的文化,这些文化不仅体现在生活方式上,也体现在思维方式和表达方式上。在跨文化交流的过程中,更应当注意文化上的误解。因此,在教学活动中,要提高跨文化交际意识,有组织、有针对性地补充课外文化知识,把文化融入日常教学当中。比如,讲到饮食、医疗健康、租赁等话题时,注意相关文化的讲解,鼓励学生思考中德文化的差异,把德语语言教学和文化教学有机地结合起来,使学生在语言能力培养的过程中提升文化素养,从而在跨文化交际过程中树立正确的文化观,更加客观地去认识和了解不同文化。

　　在课程思政融入专业教学的大背景下,二外"德语"教学通过跨文化交际教学在很大程度上践行了课程思政理念,这是新时代高校教育的新特点和新方式,同时,也对参与二外"德语"教学的老师和学生提出了更高的要求:一方面,老师在教学过程中要尽可能多地丰富教学内容,不能仅限于课本知识,还要利用各种多媒体资源调动学生对德国文化的兴趣,使学生提升跨文化交际意识;教师在每一次课程主题开始前要有计划地、系统性地进行课程设计,特别是在文化方面。另一方面,学生要在认识和学习文化的同时,学会反思,发现文化的差异性,明白文化和文化之间的相互关系,以及各种文化背后的因素。

七、教学特色与教学创新

　　二外"德语"教学的特色和创新主要体现在以下3个方面:

　　第一,将价值塑造、德语语言知识传授和跨文化交际能力培养融为一体,帮助学生将中华民族传统文化内化于心、外化于言,增进对自身文化的认同。中华民族的家文化来源于农耕文化,即耕、种、收、藏,这是群体意识的一种体现,而其中最小的群体就是家庭。随着生产力水平的提升,随之出现的"小家"叫家庭,"中家"叫国家,"大家"叫家天下。天下之本在国,国之本在家。"国"与"家"从未割裂,在中国人的精神世界和传统文化中,家庭和国家从来都是密不可分的。家的具象体现在居住文化中,是一种物质文化和精神文化的反映,展现了人们的居住习惯,即居住者的行为方式和对家的意识观念。将中国传统的价值理念通过外语传播出去,让世界更多、更好地了解中国,理解中华文化,不仅是对自身文化的认同,也是跨文化交际能力的一种体现。

第二,实施文化与语言相融合的教育活动,帮助学生通过德语进行相关主题(如"住在德国")的学习和探究,从而提高德语语言能力。在开展德语听、说、读、写、译的语言活动的过程中,不断加深对学生自身文化的理解及其对不同文化差异性的认知。在最大限度地提高学生德语语言学习的效能的同时,使学生注意并尽可能消除文化上的误解,以拉近社会距离。另外,结合外语专业学生的外语优势,逐步拓展他们的国际视野,丰富其人文内涵,为他们成为新商科应用型外语人才做好准备。

第三,通过跨文化思辨教学理念,帮助学生从跨文化视角分析德国与中国在文化上和实践中的差异和相似之处。通过启发式、讨论式、体验式和线上线下混合式等教学形式,启发学生思考并领会家的概念,让学生对家和居住文化展开思考,形成家的概念,理解"家"和"国"的关系。同时,利用网络上丰富的、实用性强的多媒体资源,使学生认识到不同的居住文化,从而激发学生学习语言和文化的兴趣,进而提升德语语言运用能力、跨文化交际能力、外语思辨能力、文化研究能力、合作能力等。

从波托西银矿的历史看"绿水青山就是金山银山"
——二外"西语(二)"课程思政教学案例

潘 格[①]

(浙江工商大学杭州商学院)

一、课程基本情况

课程名称	二外"西语(二)"
课程所属学科门类	西班牙语语言文学
课程类别	□公共课 □专业基础课 □专业课 ☑学科共同课
课程学分/学时	4/64

本课程的适用对象是已经修完二外"(西语)(一)"课程的英语专业及商务英语专业大三的本科生(含专升本学生),要求学生掌握西班牙语(简称"西语")的正确发音,引导学生积累基本西语词汇,熟悉西语初级语法,掌握西语学习方法,提高自主学习能力。通过对西班牙语世界民族文化的了解,让学生提高对西班牙语的学习兴趣,开阔国际视野。同时,通过汉西语言文化的比较,让学生辩证看待中西文化差异,提升文化自信。

课程目标:通过本课程的学习,学生能够了解西语国家的社会文化概况,能用西语进行基本的口头和书面交流,能够应对即时性和日常性的话

① 潘格,浙江工商大学杭州商学院助教,硕士,研究方向为当代西班牙语言与文学、西班牙语教学。

题;旨在培养学生的跨文化交际能力,能够辨析中华文化与西语文化的差异,增强学生的文化自信。

使用教材:《速成西班牙语》(第1册)(12—23课);

课外读物:《拉丁美洲被切开的血管》《战败者见闻录》;

本案例课堂主题:Lección 16 La comida(第16课"饮食");

教学对象:英语/商务英语2019级、专升本2021级;

本案例教学课时:1个课时(45分钟)。

二、课程思政育人理念与目标

本课程将思政元素融入教学设计和课堂活动,旨在培养学生的跨文化交际能力,培养其人文精神和思辨能力。经过一学期的西班牙语语言文化学习,学生将进一步了解西班牙语世界各国和地区,开阔国际视野,提高自主学习能力,提高学习西班牙语的兴趣,能够辩证地看待中国和西语国家的历史文化差异,增强文化自信。

本案例课程思政目标:了解西班牙语世界国家的历史,以玻利维亚波托西银矿为例,了解殖民主义的罪恶,认识保护环境、可持续发展的重要性,深刻理解"绿水青山就是金山银山"和构建人类命运共同体的必要性。

三、课程思政元素与融入点

本课程的思政点主要有:保护传统节日,弘扬传统文化;保护环境,倡导"绿水青山就是金山银山"的理念,理解"人类命运共同体"的内涵;坚定中国特色社会主义道路自信,坚定中国特色社会主义理论自信,坚定中国特色社会主义文化自信;保护语言多样性,传承历史文化。

由于教材中的课文多为日常生活和工作的内容,所以为培养学生的跨文化交际能力,教师需要补充有关民族历史文化的内容,挖掘其中的思政元素。在实际授课过程中,教师可以让学生准备不少于5分钟的西语国家或地区的科普展示,其中西语口语展示不少于1分钟。教师根据学生的展示情况进行点评或补充历史文化知识。本课程思政教学的实施如表1所示。

表1 课程思政教学的实施

课程专题/知识单元	专业知识点	思政元素	课程思政的实施路径与方式	专业知识点与思政点的融合
Lección 14 Tienes que levantarte 第14课 你该起床了	词汇、语法（自复动词的用法）	保护传统节日文化，弘扬传统文化	学生通过口语展示的国家——西班牙；根据学生展示情况，补充特色节日	节日名称互译
Lección 16 La comida 第16课 饮食	词汇、语法（序数词、宾格、与格代词同时使用，直接宾语从句）	保护环境，绿水青山就是金山银山	学生通过口语展示的国家——玻利维亚、巴拉圭；根据学生展示情况，补充波托西银矿的兴衰史	用 parecer（觉得）、pensar（想，认为）、creer（相信，认为，觉得）进行口语问答
Lección 17 En el aeropuerto 第17课 在飞机场	词汇、语法（肯定命令式变位规则Ⅰ）	坚定道路自信、理论自信：以古巴、哥伦比亚和秘鲁为例，了解拉美共产主义运动的兴衰	学生通过口语展示的国家——古巴、哥伦比亚、秘鲁；根据学生展示情况，补充这3国共产主义运动的前世今生	著名革命理论及口号的西班牙语翻译
Lección 18 No me encuentro bien 第18课 我不舒服	词汇、语法（肯定命令式变位规则Ⅱ等）	珍爱生命，远离毒品：了解墨西哥禁毒现状和禁毒困难的社会原因；了解中国禁毒的制度优势	学生通过口语展示的国家——洪都拉斯、墨西哥；根据学生展示情况，补充墨西哥禁毒现状，并让学生搜集资料探讨原因	由medicamento、medicina引申到droga在西语里的语义，反映人们对毒品的认知差异
Lección 19 ¿A qué hora quedamos? 第19课 我们约在什么时候？	词汇、语法（动词ser和estar的用法总结等）	保护语言的多样性：了解Quechua（克丘亚语），了解语言对文化传承和保护的重要性	学生通过口语展示的国家——厄瓜多尔、危地马拉；根据学生展示情况，阐述当地语言成为官方语言的民族认同感	浅析伊比利亚半岛西语和拉美各国西语在词汇上的不同，讨论多种官方语言存在的意义

续　表

课程专题/知识单元	专业知识点	思政元素	课程思政的实施路径与方式	专业知识点与思政点的融合
Lección 20 ¡Qué cara es la vida! 第20课 物价真高啊！	词汇、语法（无人称句、自复被动句等）	坚定制度自信：从委内瑞拉的困境了解资本主义制度的缺陷，感受中国特色社会主义制度的优越性	学生通过口语展示的国家——委内瑞拉、乌拉圭、多米尼加；根据学生展示情况，补充委内瑞拉近些年来经济崩溃的制度原因	用西语描述价格，了解委内瑞拉通货膨胀的严重程度

四、教学设计与教学实施

本次课程思政案例选自第16课"饮食"，教师从课文内容出发，回顾以往知识，补充相关历史文化引导学生进行头脑风暴，激发学生对共建人类命运共同体这一主题的思考。

（一）学情分析

授课对象为2019级英语、商务英语专业和2021级专升本学生，他们对西班牙语及西班牙语世界的历史文化有强烈的兴趣，但在语法和口语表达上有所欠缺。基于此，教师平时在课堂教学中多采取讲授法和练习法，辅以视频呈现、游戏、情景模拟，鼓励学生自主搜集、研究和展示与西语文化相关的资料。要求每一个学生根据自己的兴趣爱好，选取适当的角度，做有关西语世界国家和地区的科普展示。

（二）教学重难点

用本课所学的单词parecer（觉得）、pensar（想，认为）、creer（相信，认为，觉得），说出对波托西银矿历史的感想。

（三）教学目标

通过对西语课文内容的学习，培养学生的西班牙语交流能力、跨文化交际能力,提升学生的人文素养,增强学生学习西班牙语的兴趣。在本次课上,学生通过口语展示的国家是玻利维亚和巴拉圭。要求学生能熟悉其地理、历史、文化传统、风俗习惯,辩证地看待"地理大发现";通过了解波托西银矿的兴衰,认识到保护环境、构建人类命运共同体的重要性。

(四)教学策略

教师主要采取启发式教学法,从"饮食"这个主题引申到"地理大发现"对世界饮食的改变及负面影响,如对当地的剥削,并以玻利维亚的波托西银矿为例,进行教学。

(五)教学过程

1. 课前准备

学生提前预习本课单词和课文,做科普展示的同学提前准备好PPT,并提前一天发给教师进行修改、润色。

2. 课堂教学知识点

第16课的语法、单词讲解。

3. 课堂活动

首先,教师确保书本上的基本知识点已经讲解完,之后,就课文(一)《饮食习惯》的主题,带领学生回顾上学期的教学内容"美洲作物如何影响我们的餐桌",学生一起说出美洲作物的西语名。

其次,引导学生思考"地理大发现"除了将世界紧密联系在一起的正面影响外,还有哪些负面影响? 有学生提到了欧洲对殖民地的掠夺等。

再次,请同学上台为大家展示有关玻利维亚和巴拉圭历史文化的内容。之后,引导学生互相提问,以确保学生能够理解和表达交流。

最后,教师对学生的展示内容、演讲重点、语音准确度进行点评,并且补充未提到的内容,以下面的问题引题:"玻利维亚不仅有美丽的天空,也有丰富的矿产资源,接下来让我们一起看一个视频,看完后请用西语告诉大家,你觉得这座城市怎么样?"

观看视频后,教师提问"¿Qué os parece esta ciudad¿"(你们觉得这座

城市怎么样?),学生答"¿Me parece que es una ciudad antigua?"(我觉得这是一座古老的城市)。接着,学生用本课新学的单词pensar和creer进行口语训练,如表2所示。

表2　口语训练

¿Pensáis viajar a Potosí?	你们想去波托西旅游吗?
Sí/No.	想/不想。
¿Por qué?	为什么?
Porque es muy bonita.	因为它很美。
Porque está muy lejos.	因为它太远了。
?Creéis que es una ciudad rica?	你们觉得它是一座富裕的城市吗?
Creo que sí.	我觉得是的。
Sí, creo que es una ciudad rica.	是的,我觉得它是一座富裕的城市。
No, no creo que es rica.	不,我不觉得它是富裕的。
No, creo que es una ciudad pobre.	不,我觉得它是一座贫穷的城市。

在学生对波托西有初步印象后,教师引出正题:"波托西既是一座富裕的城市也是一座贫穷的城市,它拥有世界上最大的银矿,鼎盛时期产银量占全世界的一半。但是它的资源并没有让它变得富裕,反而让它几百年来成为印第安人的地狱,有800多万人丧生于此,直到资源枯竭后才恢复了平静。恶劣的开采条件,让无数印第安人得了尘肺病,开采后提取银的过程又给环境造成了严重的污染——土壤、空气、水源均重金属超标,直到今天波托西每千克表层土的汞含量仍是有相关研究记录以来最高的,可以想象当年这座城市被污染的情况,工人遭受痛苦。现在,这里仍有很多人为了生存,去矿井里寻找银矿石,我们可以看看他们现在的工作条件。"

继续下一环节的学习,播放下一个视频。由于该视频是纯西语的,没有字幕,播放的时候可以暂停几次向学生解释内容。遇到学生可以听懂的西语,让他们自己翻译。比如记者询问矿工年纪的问答,可作听力训练。

看完这个视频,学生们对波托西银矿的艰苦条件很有感触。最后再播放一个简短的英文视频,让学生更好地理解这座城市遭受的苦难。

最后,教师总结波托西只是被侵略地区的一个缩影。虽然看起来离我们很遥远,但是这种不顾生态环境的掠夺式开发,不仅影响着当地的环境,也影响了全球的生态系统。此外,当时波托西大量白银最后流入我国,还间接影响了明朝的海禁和明清的闭关锁国,想知道原因的同学可以课下去找答案。

教师提问:"那我们从波托西银矿的历史故事中能得出什么结论呢?"教师引导学生回答"绿水青山是金山银山"并给出西语翻译(las aguas cristalinas y montañas verdes son tan valiosas como las montañas de oro y plata),解释"人类命运共同体"(una comunidad de destino de la humanidad)的内涵——持久和平(paz duradera)、普遍安全(seguridad universal)、共同繁荣(prosperidad común)、开放包容(apertura e inclusión)、清洁美丽(limpieza y hermosa)。之后,教师重申本次课程思政的主题。

4. 课后拓展

学生阅读《拉丁美洲被切开的血管》和《战败者见闻录》,并在学习通平台讨论区写下对波托西银矿的感想。

以上教学过程如图1所示。

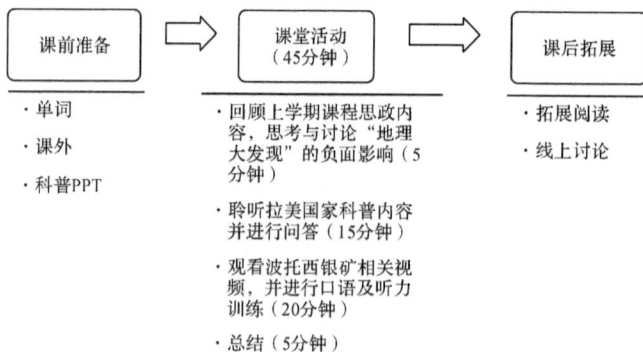

图1 教学流程图

（六）形成性评价

学生自选的口语展示作为口语考核的一部分,计入平时分。其他学生的课堂发言、课后讨论均作为平时成绩一部分。同时,补充的西语世界文化及课程思政内容也会出现在阶段性测试或期末测试里,以检测授课效果。

五、教学成效与教学反思

（一）教学成效

课前的预习和口语展示可以让学生对课堂上要讲的内容有所了解,锻炼了学生的自主学习能力和口语表达能力;课上的句式练习有助于学生牢记常用句型,完成西语交际;课后的阅读和讨论不仅提高了学生的人文素养,也进一步引发了学生的深入思考。

虽然没有规定要求学生必须参与讨论,但很多学生都结合自身感悟在学习通讨论区写下了自己的感想。有学生从人性的角度出发,谴责殖民者惨无人道;有同学从经济发展的角度出发,认为人们应该以史为鉴,不应该将经济发展凌驾于生命安全和可持续发展之上;有学生联想到看过的影视作品,将《爱、死亡和机器人》第三季中吉巴罗的故事与这段历史做了对比分析;还有学生在教师还没有找到电子资源的情况下,就主动寻找并分享了课外阅读资料《战败者见闻录》。这说明本课的教学方法确实引发了学生的思考,所选取的历史知识引起了学生的兴趣,具有课程思政教育价值。

（二）教学反思

2020年,《高等学校课程思政建设指导纲要》提出:"专业课程是课程思政建设的基本载体。要深入梳理专业课教学内容,结合不同课程特点、思维方法和价值理念,深入挖掘课程思政元素,有机融入课程教学,达到润物无声的育人效果。"

　　本次课程教学中融入的课程思政要素是深入挖掘教材内容的结果，不仅体现了语言知识的学习，还包含历史文化的学习和扬弃，而这种扬弃的学习观从侧面印证了课程思政的"润物无声"。所以本次课堂教学效果较好，激发了学生自主阅读的兴趣。当然，一切文化历史、课程思政等内容都不是说教的结果，而是学生主动参与和学习的结果，是知识积累和人文素养自然融合的结果。此外，补充丰富的西语世界历史文化常识，采用线上线下相结合的学习和考核形式，既有助于提升学生的学习主动性，又增强了其学习热情。

六、教学特色与教学创新

（一）教学特色

　　二外课堂若以教师讲述为主，课堂容易枯燥，因此激发学生的学习兴趣，让学生主动参与课堂活动至关重要。本课程最大的教学特色是以学生为主体，让学生自行挖掘自己的兴趣点，进行西班牙语世界文化知识的科普。而教师只作为课堂的引导者，在此基础上补充课外知识，激发学生思考的兴趣，让学生成为知识的探索者。

（二）教学创新

　　本课程的创新之处主要有四点：一是注重人文素养的培养，从历史、文化、政治、经济等多方面介绍西班牙语世界，鼓励学生发掘自己的兴趣点进行探究性学习；二是与以前的课程思政内容进行呼应，引导学生对"地理大发现"这一历史进程进行辩证的讨论，培养学生辩证地看待历史的意识；三是采用线上线下相结合的教学模式，将课程思政活动延伸到了课下，以学习通为平台，给学生提供了各种影音及文字资料，丰富了教学形式；四是采取可检验课程思政效果的形成性评价，从成绩和兴趣两方面激励学生参与课堂活动。

课程思政育人成果案例
——以本科毕业论文选题为例*

杨仙菊①　彭　敏②

（浙江工商大学杭州商学院）

一、本科毕业论文概况

教育部《高等学校课程思政建设指导纲要》（2020）明确课程思政建设重点，强调高校课程思政要融入课堂教学建设，贯穿课堂授课、教学研讨、实验实训、作业论文各环节。本科毕业论文是大学生综合运用所学专业知识和技能进行科学研究的过程，是《普通高等学校本科外国语言文学类专业教学指南　上　英语类专业教学指南》（2020）（以下简称《指南》）规定的本科教学中重要的实践教学环节之一。《指南》提出新时代英语教育应贯彻如下理念："将立德树人作为英语教育的根本……努力培养具备沟通能力、人文素养、中国情怀、国际视野的英语专业人才和复合型英语人才……要笃定文化自信，在文明交流互鉴中坚守中国文化立场，讲好中国故事，传播好中国声音。"同时，《指南》明确提出英语和商务英语专业的教学要求，重视语言运用能力、跨文化能力、思辨能力、创新精神、创造能力和终身学习能力的培养。在浙江工商大学杭州商学院外语学院的培养方

---

*　本文为2022年浙江工商大学杭州商学院课程思政教学研究项目"高校外语教师课程思政意识与育人能力培养研究"（负责人：杨仙菊）的阶段性成果。

①　杨仙菊，浙江工商大学杭州商学院外语学院教授，博士，研究方向为英语教学、语用学。

②　彭敏，浙江工商大学杭州商学院外语学院教学秘书，硕士，研究方向为翻译理论与实践。

案中,本科毕业论文的完成对象为英语专业、商务英语专业大四学生,涵盖选题、文献查阅、开题报告、论文撰写、答辩等环节。

二、课程思政育人理念与目标

通过毕业论文的撰写,可进一步提高大学生分析与解决实际问题的能力,培养大学生踏实的工作作风、严谨的治学态度,以及勇于探索的思辨能力和创新精神。毕业论文环节重点培养以下能力:

(1)中外文文献检索及本专业外文资料的阅读和评述能力;

(2)掌握有关本专业问题的研究方法,具备独立分析问题、解决问题的能力;

(3)撰写开题报告、文献综述及使用目的语(英语)进行论文写作的能力,以及使用英语在论文答辩环节阐述自己观点的口头表达能力。

本科毕业论文是专业育人成果的重要标志。为此,在毕业论文实施过程中,指导教师应注重育人元素的有机融合,实现"素质目标"与"知识目标""能力目标"的同步培养。鉴于毕业论文选题是毕业论文写作的第一步,本文着重分析浙江工商大学杭州商学院英语专业、商务英语专业2021—2023年本科毕业论文选题中思政元素的体现与融入情况。

三、本科毕业论文选题中课程思政元素融入点

为考查毕业论文选题中课程思政元素的融入情况,笔者首先按选题方向(包括教学、翻译、文学、语言学、文化等)对学院近3年的毕业论文选题进行逐一分析,其次按课程思政元素的融入方式进行归类,最后通过毕业论文案例对主要的课程思政元素进行分析解读。具体分类如下。

(一)聚焦课程、教材中育人元素的挖掘与融合

此类论文选题的特征体现为以某一专业课的教学为例,从教学设计、课堂活动、教学效果等视角分析课程中的育人元素及其融入情况。例如,

论文《"英语语言学导论"课程思政教学个案研究》以英语专业必修课"英语语言学导论"思政教学设计为切入点,探索该课程将思政教育融入课堂教学的具体做法。通过观察教师课堂教学实践,结合学生访谈和学生反思报告考查课程思政的实施效果。该论文发现:"语言学"课程思政的实施效果显著,学生在课堂实践、案例分析、相关语言学理论以及体验式活动的学习中掌握了课程中涵盖的思政点。

此外,这类论文选题还涉及对相关教材中的育人元素融入情况的分析。例如,论文《课程思政视角下大学英语教材修订分析——基于新目标大学英语〈综合教程1〉新旧版本对比》就大学英语教材的新旧版本进行了分析比较。该论文发现:新版本增加了中国传统文化内容,深入挖掘潜在的课程思政元素,重新设计练习结构。修订后的教材既发扬了第一版的长处,又凸显了新时代的特色,积极响应了高等教育立德树人的根本任务,充分体现了《指南》对大学英语教学融入课程思政的新要求。

此类论文多源于论文导师将思政教育融入专业课程体系的亲身实践。导师引导学生深入挖掘课程和教材中的育人元素,并指引其将研究成果转化为论文,形成了以学生为中心,以产出为导向,持续改进的良性循环。挖掘和梳理专业课程和教材中蕴含的育人元素,并将其融入教学方案,使其有机渗透和融入专业课教学的整个过程,是实现立德树人和"三全育人"的有效途径。

(二)聚焦经典文学作品、典籍和政治文献中中华优秀文化的弘扬与传承

此类论文选题主要体现在以下几个方面:中国文学作品、论著、典籍和政治文献的文化特色翻译研究,政府机关领导人、发言人的语言特色研究,主流媒体专题报道的话语分析,以及新媒体短视频中关于中华优秀传统文化的传播研究等。这类选题均立足于讲好中国故事,传播好中国声音,向世界阐释推荐更多具有中国特色、体现中国精神、蕴藏中国智慧的优秀文化。

例如,《习近平谈治国理政》这类权威著作全面系统地反映了习近平

新时代中国特色社会主义思想。导师引领学生研读并探究此类著作英译版中的语言特色,让家国情怀深入学生内心。例如,论文《论中国时政文献的特点与翻译策略——以〈习近平谈治国理政〉为例》以《习近平谈治国理政》英译本为研究对象,通过分析中国时政文献词汇和句法层面的特征,探析中国时政文献对外翻译的基本原则与主要策略,指出时政文献对外翻译及其传播可进一步助力中国国际传播,这对于提升中国的国际话语权具有重要意义。

中国古典文学、论著、典籍等有极高的文学水平和艺术成就,在论文中探析此类文学著作可以帮助学生提升其用英语阐释中华语言文字魅力的能力,培养其传承中华文明的历史责任感和使命感,引导学生思考中华文化如何走出去,提升其用英语讲好中国故事的能力。例如,论文《〈红楼梦〉杨、霍译本中中国特色文化的处理》对杨宪益夫妇和大卫·霍克斯译本中同类文化元素的翻译方法进行对比分析,发现杨宪益夫妇的译本致力于准确翻译出中国文化元素及其内涵,而霍克斯的译本更讲究语言的流畅性和可读性,由此引出对如何翻译中国文化元素的思考与探究。

(三)聚焦本土文化"走出去"的国际化实践和探索

聚焦本土文化的论文着眼于本土资源,服务地方文化。选题集中在本土旅游景点介绍或公示语的英译研究、浙江各地博物馆解说文本英译及外宣特色研究、浙江各地政府外宣网站文本的修辞研究等。研究对象涉及地方的自然资源、风土人情以及地方文化形象,它们在文化对外传播中扮演着重要角色。地方外宣发挥本地区域特色,创新工作机制,是增强中国文化软实力,向世界传播中国声音、讲述中国故事的重要窗口。

此类论文选题聚焦地方外宣与社会化服务,从公示语、外宣文本、景点简介等方面入手,结合所学的专业知识,由小及大,为推动地方经济、文化的国际传播实践探索与发展路径贡献智慧和方案。例如,论文《目的论视角下旅游外宣文本的英译策略——以〈杭州旅游指南〉英文版为例》以《杭州旅游指南》为例,从文本类型功能、翻译原则等方面对旅游宣传文本的翻译策略进行了探讨。该论文指出:在旅游宣传资料的翻译中,译者既要忠实于景点特征和文化内涵,让外国游客准确、全面地了解该地风貌,又要使游客对译文有良好的接受度,如此才能达到吸引外国游客、推广本土旅游文化、塑造杭州国际形象的最终目的。再如,论文《杭州城市外宣形象的话语修辞建构研究》以杭州市政府外宣网站的外宣文本为语料,基于修辞人格的建构,从"明智""美德""善意"三个方面分析杭州城市形象,发现修辞人格的建构在增强杭州城市外宣修辞能力以及提升杭州国际形象方面起着不可忽视的作用。

(四)聚焦生态文明建设的认知与完善

聚焦生态文明建设的论文选题涉及中英文学作品、诗歌、电影、旅游景点、城市外宣等内容,围绕自然观、生态文化和生态意识展开文学、翻译和语言学进行研究。党的十八大以来,习近平总书记围绕生态文明建设做出一系列重要论断,形成了习近平生态文明思想。关于生态意识方面的论文选题契合"绿水青山就是金山银山"的理念,有助于学生深刻理解并切实把握人与自然和谐共生的发展路径。

该类论文贯彻创新、协调、绿色、开放、共享的绿色新发展理念,启发学生树立人与自然生命共同体意识,呼吁新时代青年成为生态文明新风尚的倡导者和引领者,共担绿色发展责任,做实绿色发展行动。例如,论文《生态语言学视角下餐厅名与菜名语言特征研究》通过研究语言的生态因素去审视人类自身和生态环境之间的相互作用及关系,探究实际生活中餐厅名和菜名命名方式与生态环境之间的紧密联系及影响,发现顺应生态规律的命名能够展现出语言的魅力,体现出对自然生命的尊重。论文《〈瓦尔登湖〉中梭罗的自然观》探究梭罗的自然观——自然纯美,自然是自我实现的途径,人与自然应当和谐相处,进而探析人类应如何在自然中重塑自我。该论文指出,自然既是人类赖以生存的家园,也是人类精神寄托的地方,因此人类应胸怀对自然的敬畏之心,尊重自然、顺应自然、保护自然。

（五）聚焦跨文化视域下的文明交流与互鉴

聚焦跨文化视域下的文明交流与互鉴的选题涉及学生对中外文化的认识和对比评价，包括探讨文学作品、影视作品、商务谈判、品牌翻译、企业文化、人际沟通等领域体现的文化差异现象，旨在引导学生形成开放性与批判性兼容的思维，客观辩证地看待不同国家和民族的文化，正确理解中外文化差异，增强跨文化交际的能力，坚定中华民族的文化自信。

基于中外文化差异的对比研究，培养学生对多样文明的尊重、包容、开放态度，帮助学生树立全球意识和人类命运共同体意识，从而开阔学生视野，推动知识创新。例如，论文《基于高低语境的跨文化交际障碍案例研究》在霍尔高低语境理论的基础上，通过实例探究不同情境下的跨文化交际障碍，拓宽对语境文化研究的视野，了解不同文化之间的差异，并运用相关理论来指导有效的跨文化交际。再如，论文《论西方意象派诗歌对中国古典意象之借鉴与创新——以埃兹拉·庞德的诗歌为例》探究了庞德的诗歌作品对中国古典意象的借鉴与创新之处。中国古典诗歌与庞德的作品同中有异，相同之处体现了庞德对中国古典意象的精华的吸收，不同之处则体现了庞德对中国古典意象的加工改造，目的是契合西方社会现状和西方人民的审美需求。庞德对中国古典意象的借鉴和创新，不仅给西方诗歌带来了新的生命力，更给各国间开展文化交流留下了宝贵的经验和智慧。通过交流互鉴，学生对中华文明的生命力有了更深刻的理解，在潜移默化中增强了对中华文化的自豪感和自信心，有助于坚定中华文化立场。

（六）聚焦语言与社会和谐关系的构建和研究

聚焦语言与社会和谐关系的选题多来源于指导教师的研究课题、专业课教学内容，或从大学生创新创业训练项目的成果转化而来。研究内容主要涉及对网络直播话语、家庭话语、教师话语、商务沟通话语的分析，探讨和谐人际关系、身份构建等话题，聚焦语言与社会、网络以及日常生活的联系，注重发现通过语言投射出来的各类社会现象，引导学生树立正确的价值观。

语言是人类的交际工具,除了传递信息,还具备表达情感、建立和维护人际关系的功能。和谐语言环境的构建在一定程度上是社会和谐的重要表现,也是推动社会和谐发展的重要因素。例如,论文《和谐关系管理视角下中国家庭亲子话语语用身份建构研究》源自指导教师的课题"中国家庭亲子冲突话语的人际语用研究"。该论文通过分析真实的家庭谈话录音,探究中国亲子谈话模式中双方构建的语用身份。结论显示:亲子双方普遍运用多种话语策略动态构建不同的身份,既能达到交际目的,也能较好地对亲子和谐关系进行管理,进而维护家庭和谐关系。通过该论文的写作,学生意识到"和父母习以为常的谈话可能伤害亲子关系或加深亲子关系"。再如,论文《直播带货中主播话语实践与语用身份建构研究》源自大学生创新创业训练项目"语言学视域下的跨境营销分析"。该论文以国内电商直播带货会话为语料,从语用身份论视角探究主播在直播带货中通过话语实践建构的身份、实现的交际意图和影响身份建构的因素。该论文发现,影响主播身份建构的因素包括社会传统、环境以及用户的心理。主播建构卖家、专家、顾客以及朋友等身份,旨在迎合消费者的购买心理,赢得消费者的信任,从而建立和谐的消费关系。

四、成效与反思

本科毕业论文直接体现英语专业、商务英语专业的育人成效。指导教师以"立德树人"为根本宗旨,鼓励学生从课程、知识应用等方面出发确立论文选题,注重教学、科研成果的转化,充分体现了教研融合、成果导向的教学策略。笔者通过对比分析学院近3年来毕业论文中思政元素的融入情况,发现论文选题涵盖思政点的数量逐年递增,融入方式呈现多元化趋势。此外,大学生的思政意识也有明显提升。学生逐步建立宣传本土文化、服务地方的意识,能通过翻译分析、文学作品分析、话语分析等途径建立语言和社会之间的关系。有同学表示:"完成毕业论文后,发现自己对文化自信有了更系统的理解。""平时上课只关注语言和知识点,从未想到教材还精心融入了这么多育人元素。""了解中美深层文化差异,才能在商务沟通中换位思考、求同存异。"论文选题情况在一定程度上体现了全程育人、全方位育人和全员育人的"大思政"格局。

然而,将课程思政融入毕业论文绝非一日之功。在顶层设计方面,需要加大课程思政融入力度,体现其系统性、广度和深度。从教师视角来看,应加强教师的思政育人能力,通过理论学习和实践培训发掘不同课程所蕴含的育人元素,进而采取多种方式和毕业论文建立关联。从学生视角来看,应立足提升利用专业知识和科学的方法分析问题、解决问题的高阶思维能力,提升论文选题的高度,进而成长为德才兼备、服务国家的人才。

五、特色与创新

(一)挖掘教学中的思政元素切入点,丰富论文选题资源库

结合本科毕业论文选题方向,深挖专业课程和课堂教学环节中的育人元素,关注国际国内时事、社会热点问题和重大事件等时政素材,引导学生对相关话题进行深度剖析,从中挖掘并凝练思政元素。通过日常课程教学、毕业论文课程以及毕业论文选题等环节,逐步引导学生理解和专业相关的课程思政元素并确定选题。同时,利用现代信息技术手段,搭建毕业论文选题资源库,建立健全优质资源共享机制,在学生实践产出过程中实现价值引领。

(二)创设毕业论文选题的多种渠道,拓宽学生学术视野

教师通过案例示范、拓展阅读、课堂实践、创设情境、讲座交流等方式对学生的选题原则、途径和方法进行思政教育的渗透。引导学生在解决问题的过程中,辩证地看待问题,激发情感体验,自觉运用科学的思维方式做出合理的价值判断,以达到思政教育润物无声的效果。例如,论文《脱口秀冒犯性话语的积极语用功能分析》。该选题作者从"不礼貌"视角对冒犯性话语进行分析时,发现此类话语在特殊的语境中不同于普通意

义上的冒犯话语,进而在导师的引导下,结合"虚假不礼貌"理论,阅读相关文献,探讨冒犯性话语在脱口秀中缓解尴尬气氛、维护和谐关系的积极语用功能。此选题不仅开阔了学生的学术视野,而且帮助学生多视角探究了语言的人际功能。

(三)转化教学、科研实践成果,全面提升学生的高阶思维能力和实践能力

以毕业论文为抓手,实现"教—研—学—用"一体,即将教师的教学与科研成果转化为学生的学习与实践成果(如毕业论文/设计和科研论文),构建教师教学、科研与学生实践融为一体的协同育人培养平台,落实立德树人的根本任务。在实施过程中,完善以专业实践与思政融入为依托的培养模式,进一步加强教学、科研活动与专业实践之间的有机衔接,提升大学生的高阶思维能力和实践能力,切实提升学生的家国情怀,拓展其国际视野,增强学生讲好中国故事、传播中国声音的能力。